• ÉDITEUR •

ÉDITIONS DU SIGNE
BP 94 - 67038 Strasbourg Cedex 2 - France
Tél. (33) 03 88 78 91 91 / (33) 03 88 78 91 99

• RESPONSABLE ÉDITORIAL •
Christian RIEHL

• DIRECTEURS DE COLLECTION •
Albert HARI - Charles SINGER

• AUTEURS •
Emmanuelle BJERKEM-HIRTZ
Jean-Claude BRAU - Francis DUMORTIER
Albert HARI - Yann MARTIN - Etienne MAYENCE
Charles SINGER - Joseph STRICHER - Marie-Anne VANNIER

• ICONOGRAPHE •
Sandrine WINTER

• PHOTOGRAPHES •
Frantisek ZVARDON
ALSACE MÉDIA - René MATTÈS
Patrice THÉBAULT

• DIRECTEUR ARTISTIQUE •
Bernadette BAYLE

• CONCEPTION GRAPHIQUE •
CARRÉ BLANC

• SAISIE •
Véronique NOËL

• RESPONSABLES DE FABRICATION •
Jean-Paul RIEHL - Serge LOESCH

COUVERTURE
• EN HAUT À GAUCHE : *Italie, Florence, Statue du pont Arno* • EN HAUT À DROITE : *Nouvelle-Zélande* • EN BAS À GAUCHE : *Suisse* • EN BAS À DROITE : *Italie, Florence, Michel-Ange, Statue de David*

Imprimé en Italie par G. Canale & C. S.p.A. - TURIN

ISBN 2-87718-406-4

Bible 2000

Ruth & Samuel

Guide de lecture

Vous trouverez dans Bible 2000 *l'intégralité de l'Ancien et du Nouveau Testament. Le texte biblique est imprimé en bleu nuit sur les colonnes extérieures des volumes.*
Chaque livre de la Bible est précédé d'une introduction situant l'écrit dans son contexte historique, littéraire et religieux.
De nombreux encadrés permettent des approches diversifiées du texte biblique.
Douze pictogrammes caractérisent l'approche proposée par l'encadré. (voir ci-contre)

L'encadré est suivi normalement d'un renvoi à un passage du texte biblique : une flèche (→) et la référence (chapitre et verset (s)).
La liste des livres de l'Ancien et du Nouveau Testament se trouve en page 7 du tome 1 et 6 du tome 15.
Les livres sont divisés en chapitres (chiffres gras placés au début du texte) et en versets (chiffres tout au long du texte).
On lit ainsi :
→ Gn 6,1 :
Genèse, chapitre 6 verset 1.
→ Gn 6,1-5 :
Genèse, chapitre 6 versets 1 à 5.
→ Gn 6,1.5 :
Genèse, chapitre 6 versets 1 et 5.
→ Gn 6,1-7, 3 :
Genèse, chapitre 6 verset 1 au chapitre 7 verset 3.
→ Gn 6,1-5 ; 8,4-7 :
Genèse, chapitre 6 versets 1 à 5 et chapitre 8 versets 4 à 7.
Quand il s'agit d'une citation dans le même livre, on omet d'habitude le titre du livre. C'est le cas à la fin des encadrés.

ACTUALITÉ
Événements et problèmes d'aujourd'hui (société, science...)

FEMMES
La place des femmes dans les livres et les sociétés bibliques

GÉOGRAPHIE
Lieux, déplacements, cartes des temps bibliques

HISTOIRE BIBLIQUE
Événements, sociétés, institutions, mentalités du peuple de la Bible

HISTOIRE COMPARÉE
Événements et textes anciens extrabibliques

LITTÉRATURE
Littérature moderne ou contemporaine (romans, poésies, textes philosophiques...) se rapportant directement à la Bible ou évoquant les questions soulevées par le texte biblique

MOTS, NOMS, THÈMES
Explication des mots bibliques, du sens des noms et des thèmes qui traversent la Bible

TEXTE BIBLIQUE
Notes explicatives du texte biblique et guide de lecture

TEXTES PARALLÈLES
Passages bibliques (AT et NT) se rapportant au texte

TRADITION CHRÉTIENNE
Textes chrétiens depuis les origines de l'Église jusqu'à aujourd'hui

TRADITION JUIVE
Textes du judaïsme depuis les écrits intertestamentaires jusqu'à aujourd'hui

TRADITIONS RELIGIEUSES DIVERSES
Textes de l'islam, de l'hindouisme, du bouddhisme, du shinto, des religions primitives...

RENVOI AU TEXTE BIBLIQUE

Le Livre de Ruth

Bible 2000

France, Martinique

Une histoire édifiante

Ce petit livre raconte une histoire qui ressemble à un conte de fées. Une jeune femme, dont le mari est mort sans lui donner d'enfant, décide de suivre sa belle-mère lorsque cette dernière retourne dans son pays. Réduite à la misère, Ruth va glaner dans les champs. Elle y rencontre Booz, un proche parent de sa belle-mère. Elle l'épousera après qu'il aura reconnu sa " piété filiale " (3,10).

Une histoire subversive

Ce récit, trop beau pour être vrai, est des plus révolutionnaire. Cette jeune femme est une étrangère, une " Moabite ", issue d'une nation haïe par les Juifs. Non seulement elle a épousé en premières noces un Juif, ce qui était interdit à l'époque perse (vers - 400), mais elle est accueillie par Booz, un notable de Bethléem qui outrepassant la loi, la prend pour femme. Le conteur, trouvant sans doute que le scandale n'est pas suffisant, estime que le fils né de cette union est l'ancêtre du roi David.

Une histoire théologique

Cette histoire idyllique devient un véritable pamphlet qui s'oppose à l'interdiction des mariages mixtes et à l'assurance d'être le peuple " élu ". Comme le livre de Jonas, elle remet en cause une théologie nationaliste.

L'action de Jésus prolongera et fondera cette ouverture internationale.

רות

RoûT

Ruth

Heemskerck Maerten, (1498-1574), Ruth et Noémi, Kunsthistorisches Museum, Gemaeldegalerie, Vienne (Autriche), © Magnum-Photo E. Lessing

Le livre de Ruth

L'amour engendre l'histoire

Belle histoire que celle de Ruth ! Non seulement la femme venue d'ailleurs, l'étrangère, devient l'arrière-grand mère du roi David, mais elle le devient au terme d'une histoire à la fois belle et simple : une histoire d'amour. Voilà de quoi faire mentir un certain dicton qui prétend que l'amour n'a pas d'histoire. L'amour fait mieux que cela : il engendre l'histoire.

Si l'homme était soumis à la nature, il n'aurait que des besoins et se satisferait de sauvegarder sa vie en mangeant, en buvant et en copulant. Mais l'homme s'arrache à la nature, au monde de l'instinct et des besoins grâce à l'intelligence, certes, qui lui permet d'inventer un monde à sa mesure, mais aussi grâce à l'amour. Aimer un homme ou une femme, sans arrière-pensée, sans idée de profit ou d'intérêt, c'est attester qu'en l'homme, la grâce peut l'emporter sur la nature. Or, c'est cette grâce qui ouvre le temps, qui donne à l'homme d'envisager l'avenir non comme ce qu'on attend, mais comme ce qu'il faut construire. Les enfants que l'on fait sont déjà une part de cet avenir et eux aussi participent, génération après génération, à l'invention de l'histoire. Aimer, c'est donc engager la dynamique de l'histoire. Booz, l'époux de Ruth, engendra Obed. Obed engendra Jessé. Jessé engendra David, le second roi d'Israël. L'histoire est engagée. Elle est en marche. Par-delà les incessantes guerres que mène Israël, il y a place pour une autre histoire. Une histoire sainte ? Peut-être. Une histoire d'amour ? Sans doute !

→ 4,17-22

Hollande, Amsterdam

Livre de Ruth, Miniature du 13ème siècle, Lettre I ornée (ms.53 fol.29), Ruth (détail), © Lauros-Giraudon / Bibliothèque Municipale, Laon (France)

RUTH ET NOÉMI

1. [1]Au temps où gouvernaient les Juges, une famine
survint dans le pays et un homme de Bethléem de
Juda s'en alla avec sa femme et ses deux fils pour
séjourner dans les Champs de Moab. [2]Cet homme
s'appelait Élimélek, sa femme Noémi, et ses deux
fils Mahlôn et Kilyôn ; ils étaient Éphratéens, de
Bethléem de Juda. Arrivés dans les Champs de
Moab, ils s'y établirent. [3]Élimélek, le mari de Noémi,
mourut, et elle lui survécut avec ses deux fils. [4]Ils
prirent pour femmes des Moabites, l'une se nommait
Orpa et l'autre Ruth. Ils demeurèrent là une dizaine d'années. [5]Puis Mahlôn et Kilyôn moururent,
tous deux aussi, et Noémi resta seule, privée de ses
deux fils et de son mari. [6]Alors, avec ses brus, elle se disposa à revenir des Champs de Moab, car elle avait
appris dans les Champs de Moab que Dieu avait visi-
té son peuple pour lui donner du pain. [7]Elle quitta donc
avec ses brus le lieu où elle avait demeuré et elles se
mirent en chemin pour retourner au pays de Juda.
[8]Noémi dit à ses deux brus : « Partez donc et retournez
chacune à la maison de votre mère. Que Yahvé use de bienveillance envers vous comme vous en avez usé envers
ceux qui sont morts et envers moi-même ! [9]Que Yahvé
accorde à chacune de vous de trouver une vie paisible dans
la maison d'un mari ! » Elle les embrassa, mais elles se
mirent à crier et à pleurer, [10]et elles dirent : « Non ! Nous
reviendrons avec toi vers ton peuple. » – [11]« Retournez,
mes filles, répondit Noémi, pourquoi viendriez-vous avec
moi ? Ai-je encore dans mon sein des fils qui puissent devenir vos maris ? [12]Retournez, mes filles, allez-vous-en, car
je suis bien trop vieille pour me marier ! Et quand bien
même je dirais : "Il y a encore pour moi de l'espoir, cette
nuit même je vais appartenir à mon mari et j'aurai des
fils", [13]attendriez-vous qu'ils soient devenus grands ?
Renonceriez-vous à vous marier ? Non mes filles ! Je suis
pleine d'amertume à votre sujet, car la main de Yahvé s'est
levée contre moi. » [14]Elles recommencèrent à crier et à
pleurer, puis Orpa embrassa sa belle-mère et retourna
vers son peuple, mais Ruth lui resta attachée.
[15]Noémi dit alors : « Vois, ta belle-sœur s'en est retour-
née vers son peuple et vers son dieu ; retourne toi aussi,
et suis-la. » [16]Ruth répondit : « Ne me presse pas de
t'abandonner et de m'éloigner de toi, car

où tu iras, j'irai,
où tu demeureras, je demeurerai ;
ton peuple sera mon peuple
et ton Dieu sera mon Dieu.

17 Là où tu mourras, je mourrai
et là je serai ensevelie.
Que Yahvé me fasse ce mal
et qu'il y ajoute encore cet autre,
si ce n'est pas la mort
qui nous sépare ! »

18 Voyant que Ruth s'obstinait à l'accompagner Noémi
cessa d'insister auprès d'elle.
19 Elles s'en allèrent donc toutes deux et arrivèrent à
Bethléem. Leur arrivée à Bethléem mit toute la ville en
émoi : « Est-ce bien là Noémi ? » s'écriaient les femmes.
20 « Ne m'appelez plus Noémi, leur répondit-elle, ap-
pelez-moi Mara, car Shaddaï m'a remplie d'amertume.
21 Comblée j'étais partie, vide Yahvé me ramène !
Pourquoi m'appelleriez-vous encore Noémi, alors que
Yahvé a témoigné contre moi et que Shaddaï m'a rendue malheureuse ? »
22 C'est ainsi que Noémi revint, ayant avec elle sa belle-
fille Ruth, la Moabite, celle qui était revenue des
Champs de Moab. Elles arrivèrent à Bethléem au début
de la moisson des orges.

RUTH DANS LES CHAMPS DE BOOZ

2. 1 Noémi avait, du côté de son mari, un parent. C'était
un homme de condition qui appartenait au même clan
qu'Élimélek, il s'appelait Booz.
2 Ruth la Moabite dit à Noémi : « Permets-moi d'aller
dans les champs glaner des épis derrière celui aux yeux
duquel je trouverai grâce. » Elle lui répondit : « Va,
ma fille. » 3 Ruth partit donc et s'en vint glaner dans les
champs derrière les moissonneurs. Sa chance la conduisit dans une pièce de terre appartenant à Booz, du clan
d'Élimélek. 4 Or voici que Booz arrivait de Bethléem :
« Que Yahvé soit avec vous ! » dit-il aux moissonneurs, et eux répondirent : « Que Yahvé te bénisse ! »
5 Booz demanda alors à celui de ses serviteurs qui commandait aux moissonneurs : « A qui est cette jeune
femme ? » 6 Et le serviteur qui commandait aux moissonneurs répondit : « Cette jeune femme est la Moabite,
celle qui est revenue des Champs de Moab avec Noémi.
7 Elle a dit : "Permets-moi de glaner et de ramasser ce
qui tombe des gerbes derrière les moissonneurs." Elle
est donc venue et elle est restée ; depuis le matin jusqu'à présent elle s'est à peine reposée. »
8 Booz dit à Ruth : « Tu entends, n'est-ce pas ma fille ?
Ne va pas glaner dans un autre champ, ne t'éloigne

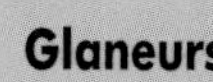

Glaneurs

Ils sont convaincus
de remplir leur devoir
à ton égard, Toi Dieu,
et à mon égard, moi leur prochain,
en me permettant de glaner
les restes des richesses
qu'ils récoltent à longueur
d'intérêts accumulés
et d'économies prospères.
Ils m'autorisent à glaner
le rebut de leur opulence :
une aumône qui ne leur coûte rien.

Pourquoi serais-je ainsi
maintenu dans la mendiante
condition,
obligé de me courber
pour ramasser par bribes
ce que, dans leur surabondance,
ils ne prennent pas la peine
de recueillir ?

Puisque nous sommes
de la même humaine famille,
n'ai-je pas, Seigneur,
comme eux, plein droit
à la pleine part ?

N'as-tu pas remis,
avec justice,
la terre entière et ses fruits
à tous tes enfants
sans que l'un d'entre eux
soit forcé de glaner
ce qui lui est
vitalement nécessaire ?

→ 2,2

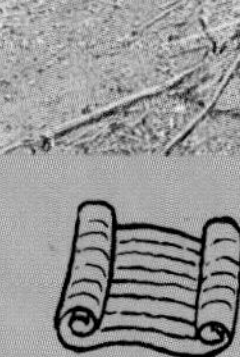

Un choix

Ruth prononce une confession de foi parfaite qui reprend la célèbre formule d'alliance : " Je serai votre Dieu et vous serez mon peuple. " Elle l'inscrit dans un choix : celui de suivre partout Noémi. Elle devient ainsi " disciple " et modèle des païens qui se convertissent.

→ 1,16-17

France, Tignes

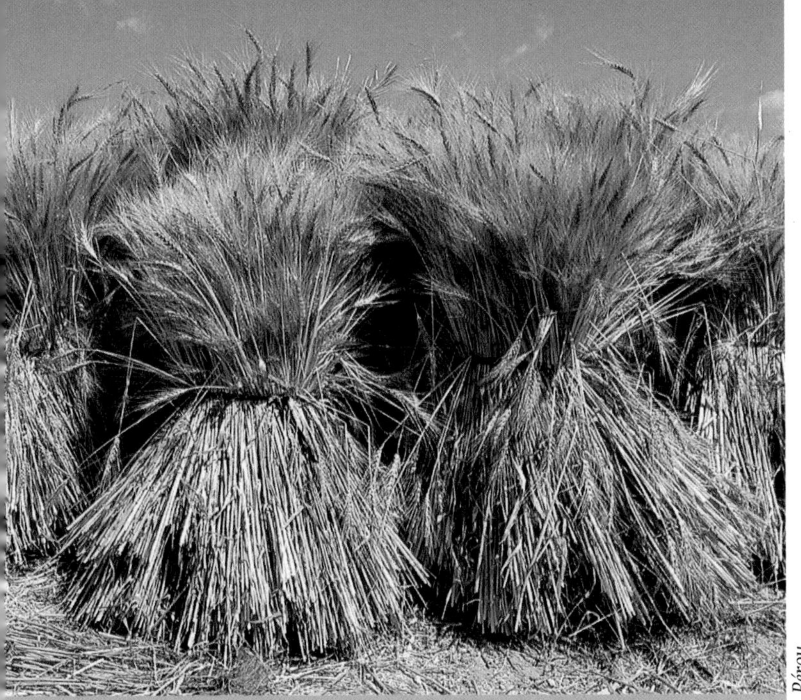

Pérou

"Laissez-la glaner entre les gerbes" (Rt 2,15)

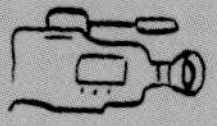

137 glaneurs

Au début du 20e siècle, le père Jaussen a étudié les coutumes des Arabes au pays de Moab, donc de la région où est située l'histoire de Ruth, dans la Jordanie actuelle. D'après le récit biblique, Ruth a glané une mesure d'orge, soit environ 36 litres.

Le livre de Ruth nous porte à croire que le glanage était chose habituelle en Palestine. Je ne sais s'il était plus en honneur que dans notre pays de Moab ; voici les faits actuels. On pourrait presque affirmer que tous les Sararat sont des glaneurs ainsi que les autres Arabes pauvres des Fuqara et des 'Atawneh. Le terme arabe est le même que le mot hébreu (LQT). À ces nomades indigents s'adjoignent une foule de fellahs et de fellahat qui, au moment de la moisson, arrivent en troupes compactes ; ils se tiennent derrière les moissonneurs, et tout épi qui tombe par terre est aussitôt ramassé. Ils s'approchent tellement, que parfois ils paraissent moissonner eux-mêmes. Pour les contenir dans leur avide rapacité, un homme, armé d'un fouet, est souvent obligé de ne les laisser avancer que peu à peu. Lorsque le champ est trop vaste, c'est un cavalier qui prend la peine de surveiller les *laqqatin*, en se transportant rapidement d'un bout du terrain à l'autre. Quand 'Abdallah moissonna sa récolte, il y avait cent trente-sept glaneurs derrière les moissonneurs. Tous réunis, ils ramassèrent au moins vingt *tabbeh* de froment.
Au moment du battage, les pauvres passent aux aires pour mendier le blé ; j'ai rencontré à Madaba un derwis de Neby Moussa parcourant le pays pour recevoir la mesure de blé donnée au grand prophète par chaque propriétaire.

Coutumes des Arabes au pays de Moab de Antonin JAUSSEN, Études bibliques, © J. Gabalda, 1908

→ 2,17

pas d'ici mais attache-toi à mes servantes. 9Regarde la
pièce de terre qu'on moissonne et suis-les. Sache que
j'ai interdit aux serviteurs de te frapper. Si tu as soif,
va aux cruches et bois de ce qu'ils auront puisé. »
10Alors Ruth, tombant la face contre terre, se prosterna
et lui dit : « Comment ai-je trouvé grâce à tes yeux
pour que tu t'intéresses à moi qui ne suis qu'une
étrangère ? » – 11« C'est qu'on m'a bien rapporté, lui
dit Booz, tout ce que tu as fait pour ta belle-mère
après la mort de ton mari ; comment tu as quitté ton
père, ta mère et ton pays natal pour te rendre chez un
peuple que tu n'avais jamais connu, ni d'hier ni
d'avant-hier. 12Que Yahvé te rende ce que tu as fait et
que tu obtiennes pleine récompense de la part de
Yahvé, le Dieu d'Israël, sous les ailes de qui tu es venue
t'abriter ! » 13Elle dit : « Puissé-je toujours trouver
grâce à tes yeux, Monseigneur ! Tu m'as consolée et
tu as parlé au cœur de ta servante, alors que je ne suis
même pas l'égale d'une de tes servantes. »
14Au moment du repas, Booz dit à Ruth : « Approche-
toi, mange de ce pain et trempe ton morceau dans le
vinaigre. » Elle s'assit donc à côté des moissonneurs et
Booz lui fit aussi un tas de grains rôtis. Après qu'elle
eut mangé à satiété, elle en eut de reste. 15Lorsqu'elle
se fut levée pour glaner, Booz donna cet ordre à ses serviteurs : « Laissez-la glaner entre les gerbes, et vous,
ne la molestez pas. 16Et même, ayez soin de tirer vous-
mêmes quelques épis de vos javelles, vous les laisserez tomber, elle pourra les ramasser et vous ne
crierez pas après elle. » 17Ruth glana dans le champ jusqu'au soir, et lorsqu'elle eut battu ce qu'elle avait
ramassé, il y avait environ une mesure d'orge.
18Elle l'emporta, rentra à la ville et sa belle-mère vit ce
qu'elle avait glané ; elle tira ce qu'elle avait mis en
réserve après avoir mangé à sa faim et le lui donna.
19« Où as-tu glané aujourd'hui, lui dit sa belle-mère,
où as-tu travaillé ? Béni soit celui qui s'est intéressé
à toi ! » Ruth fit connaître à sa belle-mère chez qui elle
avait travaillé ; elle dit : « L'homme chez qui j'ai travaillé aujourd'hui s'appelle Booz. » 20Noémi dit à sa
bru : « Qu'il soit béni de Yahvé qui ne cesse d'exercer
sa bienveillance envers les vivants et les morts ! » Et
Noémi ajouta : « Cet homme est notre proche parent,
il est de ceux qui ont sur nous droit de rachat. » 21Ruth
la Moabite dit à sa belle-mère : « Il m'a dit aussi : Reste
avec mes serviteurs jusqu'à ce qu'ils aient achevé toute
la moisson. » 22Noémi dit à Ruth, sa bru : « Il est bon,
ma fille, que tu ailles avec ses servantes, ainsi on ne
te maltraitera pas dans un autre champ. » 23Et elle
resta parmi les servantes de Booz pour glaner jusqu'à la fin de la moisson des orges et de la moisson des
blés, et elle habitait avec sa belle-mère.

BOOZ ENDORMI

3. 1Noémi, sa belle-mère, lui dit : « Ma fille, ne dois-je pas chercher à t'établir pour que tu sois heureuse ? 2Eh bien ! Booz n'est-il pas notre parent, lui dont tu as suivi les servantes ? Cette nuit, il doit vanner l'orge sur l'aire. 3Lave-toi donc et parfume-toi, mets ton manteau et descends à l'aire, mais ne te laisse pas reconnaître par lui avant qu'il ait fini de manger et de boire. 4Quand il sera couché, observe l'endroit où il repose, alors tu iras, tu dégageras une place à ses pieds et tu te coucheras. Il te fera savoir lui-même ce que tu devras faire. » 5Et Ruth lui répondit : « Tout ce que tu me dis, je le ferai. »
6Elle descendit donc à l'aire et fit tout ce que sa belle-mère lui avait commandé. 7Booz mangea et but, puis, le cœur joyeux, s'en alla dormir auprès du tas d'orge. Alors Ruth s'en alla tout doucement, dégagea une place à ses pieds et se coucha. 8Au milieu de la nuit, l'homme eut un frisson ; il se retourna et vit une femme couchée à ses pieds. 9« Qui es-tu ? » dit-il. – « Je suis Ruth, ta servante, lui dit-elle. Étends sur ta servante le pan de ton manteau, car tu as droit de rachat. » – 10« Bénie sois-tu de Yahvé, ma fille, lui dit-il, ce second acte de piété que tu accomplis l'emporte sur le premier, car tu n'as pas recherché des jeunes gens, pauvres ou riches. 11Et maintenant, ma fille, sois sans crainte, tout ce que tu me diras, je le ferai pour toi, car tout le peuple à la porte de ma ville sait que tu es une femme parfaite. 12Toutefois, s'il est vrai que j'ai droit de rachat, il y a un parent plus proche que moi. 13Passe la nuit ici et, au matin, s'il veut exercer son droit à ton égard, c'est bien, qu'il te rachète ; mais s'il ne veut pas te racheter, alors, par Yahvé vivant, c'est moi qui te rachèterai. Reste couchée jusqu'au matin. » 14Elle resta donc couchée à ses pieds jusqu'au matin, puis elle se leva avant l'heure où un homme peut en reconnaître un autre ; il se disait : « Il ne faut pas qu'on sache que cette femme est venue à l'aire. » 15Il dit alors : « Présente le manteau que tu as sur toi et tiens-le. » Elle le tint et il mesura six parts d'orge qu'il chargea sur elle, puis elle retourna à la ville.
16Lorsque Ruth rentra chez sa belle-mère, celle-ci lui dit : « Qu'en est-il de toi, ma fille ? » Ruth lui raconta tout ce que cet homme avait fait pour elle. 17Elle dit : « Ces six parts d'orge, il me les a données en disant : Tu ne reviendras pas les mains vides chez ta belle-mère. » – 18« Ma fille, reste en repos, lui dit Noémi, jusqu'à ce que tu saches comment finira cette affaire ; assurément, cet homme n'aura de cesse qu'il ne l'ait terminée aujourd'hui même. »

France, Paris, Statue d'Antoine Bourdelle

Un homme vertueux

Booz apparaît totalement vertueux, aussi bien par sa conduite parfaitement chaste que par son observance tatillonne de la loi du lévirat. Son attachement à une conduite droite est si fort qu'il l'amène à glorifier le comportement de Ruth. Elle, une étrangère, est une " femme parfaite ".
En elle, toute femme est reconnue l'égale de l'homme. Le récit s'oppose ainsi aux habitudes et aux conceptions courantes en Israël selon lesquelles l'homme domine en tout la femme.
Le livre de Ruth est loin d'être insignifiant pour celles et ceux qui cherchent à faire exister l'égalité et la réciprocité entre les sexes, de par le monde et dans les religions.

→ 3,11

Espagne, Barcelone

Les femmes dans le livre de Ruth

- Noémi, femme d'Élimélek de Bethléem, 1,2.
- Orpa et Ruth du pays de Moab, 1,4.
- Les mères d'Orpa et de Ruth, 1,8.
- Rachel et Léa, épouses de Jacob, évoquées au moment du mariage de Ruth, 4,11.
- Les femmes félicitent Noémi, 4,14.
- Les voisines donnent un nom au fils de Ruth, 4,17.

→ 4,17

Dans l'échelle sociale

Ruth ne cesse de monter dans l'échelle sociale ; elle se dit d'abord " étrangère " (2,10), puis " servante " (2,13 ; 3,9), pour finalement devenir " la femme qui entre dans la maison " (4,11). Booz, lui aussi, passe progressivement de " une jeune femme " (2,15) à " ma fille " (3,11a) pour finir par " une femme de valeur " (3,11b), l'égale, en quelque sorte, du " notable fortuné " (2,1) qu'il est.

Subversives de André LACOQUE, © Les Éditions du Cerf, 1992

→ 4,11

Guatemala, San Lucas

"Asseyez-vous ici" (Rt 4,2)

Le langage caché des généalogies

Voici les liens familiaux tels qu'ils apparaissent dans le livre de Ruth :

NOÉMI *épouse* **ÉLIMÉLEK** à Bethléem (1,2)

↓

Ils ont deux fils **MAHLÔN** *qui épousent* **RUTH**
et **KILYÔN** *et* **ORPA**
au pays de Moab (1,4)

Après la mort de Mahlôn et de Kilyôn (1,5)
Ruth vient à Bethléem *avec Noémi* (1,17-22)

RUTH y épouse **BOOZ** du même clan
↓ qu'Élimélek (2,1-4,12)

Leur descendance : **OBED** (4,17)
JESSÉ (4,21)
DAVID (4,22)

L'arrière-grand-mère de David était une étrangère.

→ 4,18-22

BOOZ ÉPOUSE RUTH

4. [1]Or Booz était monté à la porte et s'y était assis, et
voici que le parent dont Booz avait parlé vint à passer.
« Toi, dit Booz, approche et assieds-toi ici. » L'homme
s'approcha et vint s'asseoir. [2]Booz prit dix hommes
parmi les anciens de la ville : « Asseyez-vous ici », dit-
il, et ils s'assirent. [3]Alors il dit à celui qui avait droit de
rachat : « La pièce de terre qui appartenait à notre frère
Élimélek, Noémi, qui est revenue des Champs de Moab,
la met en vente. [4]Je me suis dit que j'allais t'en informer
en disant : "Acquiers-la en présence de ceux qui sont
assis là et des anciens de mon peuple." Si tu veux exercer ton droit de rachat, rachète. Mais si tu ne le veux pas,
déclare-le moi pour que je le sache. Tu es le premier à avoir
le droit de rachat, moi je ne viens qu'après toi. » L'autre
répondit : « Oui ! je veux racheter. » [5]Mais Booz dit :
« Le jour où, de la main de Noémi, tu acquerras ce
champ, tu acquiers aussi Ruth la Moabite, la femme de
celui qui est mort, pour perpétuer le nom du mort sur
son patrimoine. » [6]Celui qui avait droit de rachat répondit alors : « Je ne puis exercer mon droit, car je craindrais
de nuire à mon patrimoine. Exerce pour toi-même mon
droit de rachat, car moi je ne puis l'exercer. »
[7]Or c'était autrefois la coutume en Israël, en cas de
rachat ou d'héritage, pour valider toute affaire : l'un
ôtait sa sandale et la donnait à l'autre. Telle était en
Israël la manière de témoigner. [8]Celui qui avait droit
de rachat dit donc à Booz : « Fais l'acquisition pour toi-
même », et il retira sa sandale.
[9]Booz dit aux anciens et à tout le peuple : « Vous êtes
témoins aujourd'hui que j'acquiers de la main de Noémi
tout ce qui appartenait à Élimélek et tout ce qui appartenait à Mahlôn et à Kilyôn, [10]et que j'acquiers en même
temps pour femme Ruth la Moabite, veuve de Mahlôn,
pour perpétuer le nom du mort sur son héritage et
pour que le nom du mort ne soit pas retranché d'entre
ses frères ni de la porte de sa ville. Vous en êtes aujour-
d'hui les témoins. » [11]Tout le peuple qui se trouvait à la
porte répondit : « Nous en sommes témoins », et les
anciens répondirent : « Que Yahvé rende la femme qui
va entrer dans ta maison semblable à Rachel et à Léa qui,
à elles deux, ont édifié la maison d'Israël.

Deviens puissant en Ephrata
et fais-toi un nom dans Bethléem.

[12]Que grâce à la postérité que Yahvé t'accordera de
cette jeune femme, ta maison soit semblable à celle de
Pérèç, que Tamar enfanta à Juda. »

13 Booz prit Ruth et elle devint sa femme. Il alla vers elle,
Yahvé donna à Ruth de concevoir et elle enfanta un fils.
14 Les femmes dirent alors à Noémi : « Béni soit Yahvé
qui ne t'a pas laissé manquer aujourd'hui de quelqu'un
pour te racheter. Que son nom soit proclamé en Israël !
15 Il sera pour toi un consolateur et le soutien de ta
vieillesse, car il a pour mère ta bru qui t'aime, elle
qui vaut mieux pour toi que sept fils. » 16 Et Noémi,
prenant l'enfant, le mit sur son sein, et ce fut elle qui
prit soin de lui.
17 Les voisines lui donnèrent un nom, elles dirent : « Il
est né un fils à Noémi » et elles le nommèrent Obed.
C'est le père de Jessé, père de David.

Généalogie de David.

18 Voici la postérité de Pérèç :
Pérèç engendra Heçrôn. 19 Heçrôn engendra Ram et
Ram engendra Amminadab. 20 Amminadab engendra
Nahshôn et Nahshôn engendra Salmôn. 21 Salmôn
engendra Booz et Booz engendra Obed. 22 Et Obed
engendra Jessé et Jessé engendra David.

Guatemala, Quiché

"Il sera pour toi un consolateur et le sôutien de ta vieillesse" (Rt 4,15)

Booz endormi

Booz s'était couché de fatigue accablé ;
Il avait tout le jour travaillé dans son aire ;
Puis avait fait son lit à sa place ordinaire ;
Booz dormait auprès des boisseaux pleins de blé.

Ce vieillard possédait des champs de blé et d'orge ;
Il était, quoique riche, à la justice enclin ;
Il n'avait pas de fange en l'eau de son moulin ;
Il n'avait pas d'enfer dans le feu de sa forge.

Sa barbe était d'argent comme un ruisseau d'avril.
Sa gerbe n'était point avare ni haineuse ;
Quand il voyait passer quelque pauvre glaneuse :
" Laissez tomber exprès des épis ", disait-il.

Cet homme marchait pur loin des sentiers obliques
Vêtu de probité candide et de lin blanc ;
Et, toujours du côté des pauvres ruisselant,
Ses sacs de grains semblaient des fontaines publiques.

Booz était bon maître et fidèle parent ;
Il était généreux, quoiqu'il fût économe ;
Les femmes regardaient Booz plus qu'un jeune homme,
Car le jeune homme est beau, mais le vieillard est grand.

Le vieillard, qui revient vers la source première,
Entre aux jours éternels et sort des jours changeants ;
Et l'on voit de la flamme aux yeux des jeunes gens,
Mais dans l'œil du vieillard on voit de la lumière.

Donc, Booz dans la nuit dormait parmi les siens.
Près des meules, qu'on eût prises pour des décombres,
Les moissonneurs couchés faisaient des groupes sombres ;
Et ceci se passait dans des temps très anciens.

Les tribus d'Israël avaient pour chef un juge ;
La terre, où l'homme errait sous la tente, inquiet
Des empreintes de pieds de géants qu'il voyait,
Était encor mouillée et molle du déluge.

Comme dormait Jacob, comme dormait Judith,
Booz, les yeux fermés, gisait sous la feuillée ;
Or, la porte du ciel s'étant entrebâillée
Au-dessus de sa tête, un songe en descendit.

Et ce songe était tel, que Booz vit un chêne
Qui, sorti de son ventre, allait jusqu'au ciel bleu ;
Une race y montait comme une longue chaîne ;
Un roi chantait en bas, en haut mourait un Dieu.

Et Booz murmurait avec la voix de l'âme :
" Comment se pourrait-il que de moi ceci vînt ?
Le chiffre de mes ans a passé quatre-vingt,
Et je n'ai pas de fils, et je n'ai plus de femme.

" Voilà longtemps que celle avec qui j'ai dormi
Ô Seigneur ! a quitté ma couche pour la vôtre ;
Et nous sommes encor tout mêlés l'un à l'autre,
Elle à demi vivante et moi mort à demi.

" Une race naîtrait de moi ! Comment le croire ?
Comment se pourrait-il que j'eusse des enfants ?
Quand on est jeune, on a des matins triomphants,
Le jour sort de la nuit comme d'une victoire ;

" Mais vieux, on tremble ainsi qu'à l'hiver le bouleau.
Je suis veuf, je suis seul, et sur moi le soir tombe,
Et je courbe, ô mon Dieu ! mon âme vers la tombe,
Comme un boeuf ayant soif penche son front vers l'eau. "

Ainsi parlait Booz dans le rêve et l'extase,
Tournant vers Dieu ses yeux par le sommeil noyés ;
Le cèdre ne sent pas une rose à sa base,
Et lui ne sentait pas une femme à ses pieds.

Pendant qu'il sommeillait, Ruth, une Moabite,
S'était couchée aux pieds de Booz, le sein nu,
Espérant on ne sait quel rayon inconnu,
Quand viendrait du réveil la lumière subite.

Booz ne savait point qu'une femme était là.
Et Ruth ne savait point ce que Dieu voulait d'elle ;
Un frais parfum sortait des touffes d'asphodèle :
Les souffles de la nuit flottaient sur Galgala.

L'ombre était nuptiale, auguste et solennelle.
Les anges y volaient sans doute obscurément.
Car on voyait passer dans la nuit, par moment,
Quelque chose de bleu qui paraissait une aile.

La respiration de Booz qui dormait
Se mêlait au bruit sourd des ruisseaux sur la mousse.
On était dans le mois où la nature est douce,
Les collines ayant des lys sur leur sommet.

Ruth songeait et Booz dormait ; l'herbe était noire ;
Les grelots des troupeaux palpitaient vaguement ;
Une immense bonté tombait du firmament ;
C'était l'heure tranquille où les lions vont boire.

Tout reposait dans Ur et dans Jérimadeth ;
Les astres émaillaient le ciel profond et sombre ;
Le croissant fin et clair parmi ces fleurs de l'ombre
Brillait à l'occident, et Ruth se demandait,

Immobile, ouvrant l'oeil à moitié sous ses voiles,
Quel dieu, quel moissonneur de l'éternel été,
Avait, en s'en allant, négligemment jeté
Cette faucille d'or dans le champ des étoiles.

La Légende des siècles de Victor HUGO

Suède, Stockholm

"Ce jour là, la racine de Jessé se dressera comme le signal des peuples..." (Is 11,10)

Premier livre de Samuel

Vignon Claude dit le Vieux, (1593-1670),
Le Prophète Samuel,
© Lauros - Giraudon /
Musée des Beaux-Arts de Rouen (France)

Une oeuvre politique

Les deux livres de Samuel retracent l'histoire du peuple d'Israël autour de l'an 1000 avant JC, des origines de la monarchie jusqu'à la fin du règne de David. Certaines parties de l'œuvre ont été rédigées peu de temps après les événements, par un chroniste royal de la fin du règne de David ou du début du règne de son successeur, Salomon. L'intention de l'ouvrage est politique. Il s'agit de présenter la version officielle des événements importants du règne. On raconte comment Saül devient roi, comment David lui succède légitimement, comment les deux reçoivent l'onction de Dieu. On présente David comme un roi qui réussit, un roi très humain et très proche de Dieu.

Un ou deux livres ?

À l'origine, les deux livres de Samuel ne formaient qu'un seul ouvrage.Pourquoi avoir séparé l'oeuvre en deux parties ? Les traducteurs grecs sont responsables de cette transformation. La version grecque de la Bible hébraïque, la Septante, qui remonte aux deux derniers siècles avant JC, se présente en deux volumes. Les scribes ont probablement copié la traduction sur deux rouleaux différents, qu'ils ont intitulés 1er et 2e Livre des Règnes (c'est le titre de 1 et 2 Samuel dans la Septante). La Vulgate, traduction latine de la Bible, inspirée de la version grecque, garde le même découpage et donne aux deux parties le titre de 1er et 2e Livre des Rois. À partir des 15e et 16e siècles, cette division s'impose à la Bible hébraïque, qui présente les deux livres comme le premier et le deuxième Livre de Samuel.

Un travail en plusieurs étapes

D'après une ancienne tradition rabbinique, le prophète Samuel lui-même serait l'auteur de l'ouvrage. Le chroniste (auteur d'une histoire d'Israël postérieure) laisse sous-entendre que le chantier inauguré par Samuel aurait été terminé par les deux prophètes Natân et Gad (1 Ch 29,29-30). En fait, la forme actuelle de l'oeuvre est le résultat d'un travail de composition et d'organisation effectué en plusieurs étapes. Les deux livres rassemblent des textes hétérogènes : certains trouvent leur origine dans les traditions remontant au règne de Saül et David, d'autres ont été ajoutés après la chute du royaume, en 587 avant JC.

L'organisation de l'oeuvre

Les diverses parties des livres de Samuel s'organisent selon un ordre chronologique, exception faite des quatre derniers chapitres qui constituent un appendice. Chaque période historique est caractérisée par l'action d'une personnalité ou la relation entre deux personnages marquants. On peut ainsi délimiter les quatre parties suivantes :

1) 1 S 1-7 : Vie et action de Samuel.

2) 1 S 8-15 : Les relations entre Samuel et Saül.
Les chapitres 8 à 12 présentent les interrogations du peuple et du prophète Samuel sur la nécessité d'un roi pour Israël.
Les trois chapitres suivants constituent la chronique du règne de Saül.

3) 1 S 16-2 S 1 : Les relations entre Saül et David.

4) 2 S 2-20 : Le règne de David.
Les chapitres 2 à 8 résument la période faste de David. Il réussit à rassembler derrière lui tout le peuple d'Israël, conquiert Jérusalem et accumule les victoires militaires. Il repousse les Philistins, soumet les derniers îlots cananéens et parvient à étendre le territoire du royaume sur toute la Transjordanie et la Syrie méridionale.
Les chapitres suivants décrivent la période critique pour David fragilisé par des crises intérieures.

Une histoire d'Israël

Les livres de Samuel ne sont pas une chronique décrivant pas à pas les événements des règnes de Saül et David. Une lecture cursive de l'ensemble de l'oeuvre révèle de nombreuses imprécisions. Certains faits - la mort de Saül, par exemple - sont racontés deux fois et de deux façons différentes. Nous avons à faire à une compilation de récits qui reflètent quelquefois des points de vue différents sur les événements relatés.
Mais cette diversité ne signifie pas pour autant que les faits racontés n'aient aucun lien avec la réalité historique. Les livres de Samuel transmettent quelques précieuses informations sur l'histoire d'Israël au début de la monarchie.

Ce fut sous la pression des Philistins, établis en position de force en plein coeur d'Israël, que s'instaura la monarchie israélite. Ils avaient envahi le territoire occupé par les Cananéens et les Israélites. Ils gardaient jalousement le monopole du travail du fer dans tout le pays. Les prophètes encouragèrent le peuple à mener campagne contre l'ennemi. Saül, sur le conseil du prophète Samuel, prit la tête de l'offensive contre les Philistins. Grâce à son fils, Jonathan, il gagna la bataille de Mikmas. Les Philistins, malgré quelques tentatives dans les étroites vallées vers Juda, ne parvinrent pas à reprendre leurs positions à l'intérieur des terres. Retranchés sur la plaine côtière et les basses terres du centre, ils profitèrent de l'apaisement des hostilités pour préparer une nouvelle offensive contre Saül et son armée. La bataille de Gelboé fut une cuisante défaite pour Israël, Saül et son fils Jonathan moururent sur le champ de bataille.

L'unique héritier survivant de Saül, Ishbaal, chercha refuge au-delà du Jourdain et David fut proclamé roi à Hébron. Les Philistins ne s'opposèrent pas à David qui ne semblait pas les menacer. Ce n'est que lorsqu'Ishbaal fut tué et que David devint le maître de tout Israël, qu'ils commencèrent à s'inquiéter. Ils tentèrent donc une offensive, mais David parvint sans peine à les arrêter et même à exercer sa suzeraineté sur eux. Auparavant, David s'était emparé de Jérusalem, pour en faire sa capitale.

Le pouvoir du nouveau roi ne cessa de s'accroître, il devint le maître du plus grand empire qu'Israël eût jamais possédé. L'une de ses tâches principales fut d'organiser le royaume. Il s'entoura de conseillers et de fonctionnaires royaux chargés de diverses tâches administratives (chancellerie, relations publiques....), mit en place une armée de métier constituée de mercenaires.

L'autorité de David fut menacée par la conspiration organisée par son fils Absalon. Il dut fuir la capitale en catastrophe. Mais sa présence d'esprit et son expérience politique lui permirent de retrouver rapidement le trône.

La royauté

Un thème principal jalonne l'ensemble de l'oeuvre de Samuel, c'est celui de la royauté. Pour Israël, le seul qui mérite le titre de roi, c'est Yahvé. Le souverain humain, dont la présence est rendue nécessaire par les circonstances de l'histoire est " appelé par Dieu, à travers la voix du prophète ". L'exercice de l'autorité royale est conçu comme un service rempli sous l'autorité de Yahvé ; les prophètes de cour sont là pour guider le roi ou le rappeler à l'ordre si nécessaire.

La figure du roi

Le personnage central des livres de Samuel est David. Son portrait est tracé avec un soin particulier. Il fait figure de roi idéal, vaillant, magnanime et humble. Mais il n'a rien d'un héros angélique. Il est présenté comme un homme qui peut fauter, pleurer, vivre le déchirement entre sa fonction de père et celle de chef politique. Alors que le peuple de la Bible a presque complètement oublié le premier roi Saül, il n'a jamais cessé de cultiver la mémoire de David. La tradition du roi sage et pieux prend racine dans les récits des livres de Samuel, mais elle ne cessera de s'enrichir au cours de l'histoire.

Au retour de l'exil s'opère une relecture du passé à la lumière des événements présents. En cette période postexilique, les déportés, revenus au pays et longtemps privés de leur lieu de prière, accordent une grande importance à la liturgie du Temple. On se souvient alors que le roi David n'était pas seulement un roi juste, mais également l'initiateur du culte de Yahvé à Jérusalem. Cette tradition, du roi homme de culte, se trouve essentiellement développée dans les livres des Chroniques qui ont été écrits après l'exil, au 4e siècle avant JC. Elle est complétée par le livre des Psaumes qui fait de David LE psalmiste d'Israël. Au fil de l'histoire, le souvenir du grand roi David s'idéalise. À l'heure des épreuves, on espère ardemment la venue d'un envoyé de Dieu qui serait un nouveau David (Jr 23,5-6).

Au temps de Jésus, cette attente est très forte. Beaucoup reconnaissent en lui les traits de ce " nouveau David ".

David au-delà de la Bible

La tradition davidique est si forte qu'elle s'exprime au-delà des frontières du judaïsme et du christianisme naissant.

Le monde musulman vénère " Nebi Da'ud " (en arabe, " le prophète David ") comme l'un des illustres précurseurs de Mahomet. De nombreuses sourates du Coran parlent de David ; certaines présentent même des anecdotes inédites le concernant. Son tombeau devient un lieu de pèlerinage musulman au 16e siècle et une mosquée est construite sur le lieu présumé de son tribunal.

La figure du deuxième roi d'Israël inspira de nombreux artistes : les peintres byzantins, les sculpteurs des cathédrales du Moyen Âge, mais également les artistes de la Renaissance qui transmirent à la postérité de nombreuses sculptures représentant le jeune David

Italie, Florence, Michel-Ange, statue de David

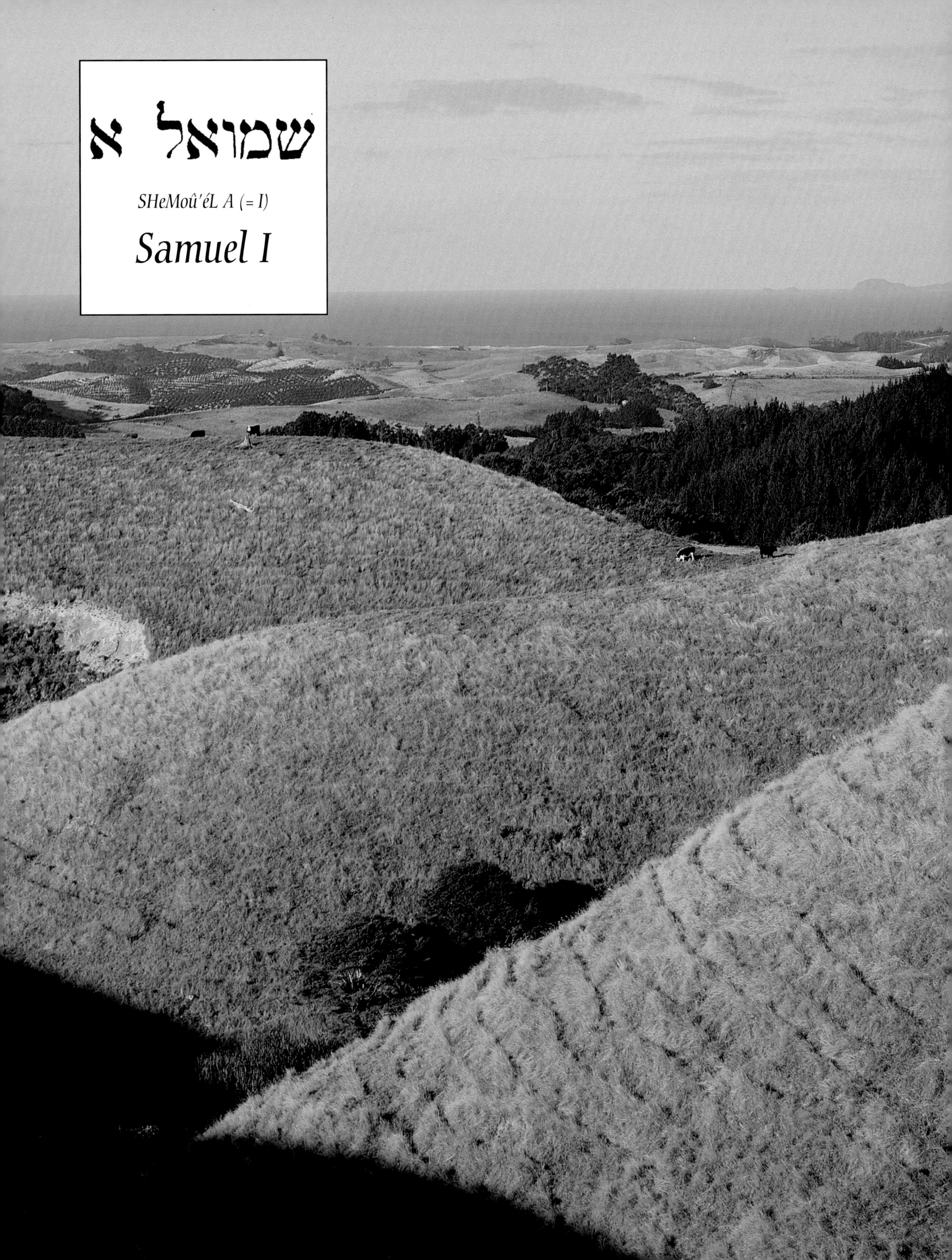

שמואל א

SHeMoû'éL A (= I)

Samuel I

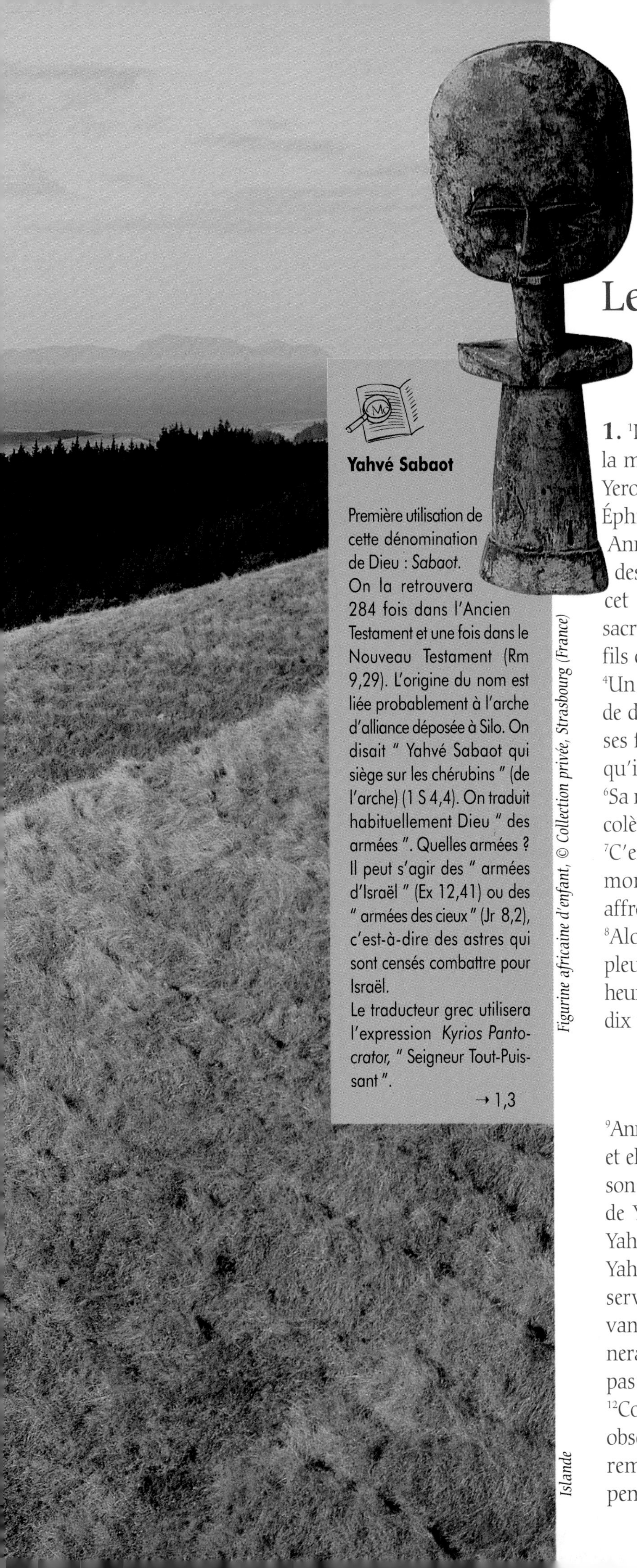

I
Les enfances de Samuel

Le pèlerinage de Silo.

1. [1]Il y avait un homme de Ramatayim, un Çuphite de
la montagne d'Éphraïm, qui s'appelait Elqana, fils de
Yeroham, fils d'Élihu, fils de Tohu, fils de Çuph, un
Éphraïmite. [2]Il avait deux femmes : l'une s'appelait
Anne, l'autre Peninna ; mais alors que Peninna avait
des enfants, Anne n'en n'avait point. [3]Chaque année,
cet homme montait de sa ville pour adorer et pour
sacrifier à Yahvé Sabaot à Silo (là se trouvaient les deux
fils d'Éli, Hophni et Pinhas, comme prêtres de Yahvé).
[4]Un jour Elqana offrit un sacrifice. – Il avait coutume
de donner des portions à sa femme Peninna et à tous
ses fils et filles, [5]et il n'en donnait qu'une à Anne bien
qu'il préférât Anne, mais Yahvé l'avait rendue stérile.
[6]Sa rivale lui faisait aussi des affronts pour la mettre en
colère, parce que Yahvé avait rendu son sein stérile.
[7]C'est ce qui arrivait annuellement, chaque fois qu'ils
montaient au temple de Yahvé : elle lui faisait des
affronts. – Or donc, Anne pleura et resta sans manger.
[8]Alors son mari Elqana lui dit : « Anne, pourquoi
pleures-tu et ne manges-tu pas ? Pourquoi es-tu malheureuse ? Est-ce que je ne vaux pas pour toi mieux que
dix fils ? »

Yahvé Sabaot

Première utilisation de cette dénomination de Dieu : *Sabaot.* On la retrouvera 284 fois dans l'Ancien Testament et une fois dans le Nouveau Testament (Rm 9,29). L'origine du nom est liée probablement à l'arche d'alliance déposée à Silo. On disait " Yahvé Sabaot qui siège sur les chérubins " (de l'arche) (1 S 4,4). On traduit habituellement Dieu " des armées ". Quelles armées ? Il peut s'agir des " armées d'Israël " (Ex 12,41) ou des " armées des cieux " (Jr 8,2), c'est-à-dire des astres qui sont censés combattre pour Israël.
Le traducteur grec utilisera l'expression *Kyrios Pantocrator,* " Seigneur Tout-Puissant ".

→ 1,3

Figurine africaine d'enfant, © Collection privée, Strasbourg (France)

La prière d'Anne.

[9]Anne se leva après qu'ils eurent mangé dans la chambre
et elle se tint devant Yahvé – le prêtre Éli était assis sur
son siège, contre le montant de la porte, au sanctuaire
de Yahvé. [10]Dans l'amertume de son âme, elle pria
Yahvé et elle pleura beaucoup. [11]Elle fit ce vœu : « O
Yahvé Sabaot ! Si tu voulais considérer la misère de ta
servante, te souvenir de moi, ne pas oublier ta servante et lui donner un petit d'homme, alors je le donnerai à Yahvé pour toute sa vie et le rasoir ne passera
pas sur sa tête. »
[12]Comme elle prolongeait sa prière devant Yahvé, Éli
observait sa bouche. [13]Anne parlait tout bas : ses lèvres
remuaient mais on n'entendait pas sa voix, et Éli
pensa qu'elle était ivre. [14]Alors Éli lui dit : « Jusques

Islande

à quand seras-tu dans l'ivresse ? Fais passer ton vin ! »
15Mais Anne répondit ainsi : « Non, Monseigneur, je ne
suis qu'une femme affligée, je n'ai bu ni vin ni bois-
son fermentée, j'épanche mon âme devant Yahvé. 16Ne
juge pas ta servante comme une vaurienne : c'est par
excès de peine et de dépit que j'ai parlé jusqu'à maintenant. » 17Alors Éli lui répondit : « Va en paix et que
le Dieu d'Israël t'accorde ce que tu lui as demandé. »
18Elle dit : « Puisse ta servante trouver grâce à tes
yeux », et la femme alla son chemin ; elle mangea et
son visage ne fut plus le même.

Naissance et consécration de Samuel.

19Ils se levèrent de bon matin et, après s'être prosternés
devant Yahvé, ils s'en retournèrent et arrivèrent chez eux,
à Rama. Elqana s'unit à sa femme Anne, et Yahvé se sou-
vint d'elle. 20Anne conçut et, au temps révolu, elle mit
au monde un fils qu'elle nomma Samuel « car, dit-elle,
je l'ai demandé à Yahvé ». 21Le mari Elqana monta, avec
toute sa famille, pour offrir à Yahvé le sacrifice annuel
et accomplir son vœu. 22Mais Anne ne monta pas car elle
dit à son mari : « Pas avant que l'enfant ne soit sevré !
Alors je le conduirai ; il sera présenté devant Yahvé et il
restera là pour toujours. » 23Elqana, son mari, lui répondit : « Fais comme il te plaît et attends de l'avoir sevré.
Que seulement Yahvé réalise sa parole ! » La femme
resta donc et allaita l'enfant jusqu'à son sevrage.
24Lorsqu'elle l'eut sevré, elle l'emmena avec elle, en
même temps qu'un taureau de trois ans, une mesure de farine et une outre de vin, et elle le fit entrer
dans le temple de Yahvé à Silo ; l'enfant était tout
jeune. 25Ils immolèrent le taureau et ils conduisirent
l'enfant à Éli. 26Elle dit : « S'il te plaît, Monseigneur !
Aussi vrai que tu vis, Monseigneur, je suis la femme
qui se tenait près de toi ici, priant Yahvé. 27C'est pour
cet enfant que je priais et Yahvé m'a accordé la demande que je lui ai faite. 28A mon tour, je le cède à Yahvé
tous les jours de sa vie : il est cédé à Yahvé. » Et, là,
ils se prosternèrent devant Yahvé.

Cantique d'Anne.

2. 1Alors Anne fit cette prière :
« Mon cœur exulte en Yahvé,
ma corne s'élève en mon Dieu,
ma bouche est large ouverte contre mes ennemis,
car je me réjouis en ton secours.

2Point de Saint comme Yahvé
(car il n'y a personne excepté toi),
point de Rocher comme notre Dieu.

Stérile...

La stérilité est une calamité pour les peuples anciens.
Une descendance nombreuse, surtout de garçons, est signe de la bénédiction de Dieu. Dans un peuple qui ne croit pas en un au-delà, les enfants permettent de continuer à se survivre. Dans un peuple qui n'a pas de protection sociale, de nombreux enfants assurent la garantie d'une vieillesse heureuse.
Le thème de la stérilité parcourt toute la Bible.

- Sara, épouse d'Abraham, enfante Isaac dans sa vieillesse (Gn 18,9-15).
- Rébecca est stérile avant de mettre au monde les jumeaux Ésaü et Jacob (Gn 25,19-26).
- Rachel donne à Jacob son fils Joseph lorsque, enfin, " Dieu se souvient d'elle " (Gn 30,22-24).
- Élisabeth est avancée en âge quand elle est enceinte de Jean le Baptiste (Lc 1,5-25).

Les grands héros de la Bible se doivent d'avoir une naissance " miraculeuse ", annonciatrice d'un destin prestigieux voulu par Dieu.

→ 1,5

« Le Miroir de l'Humaine Salvation », 15ème siècle, Consécration du jeune Samuel (ms.139/1363 fol.12r°), © Lauros - Giraudon / Musée Condé, Chantilly (France)

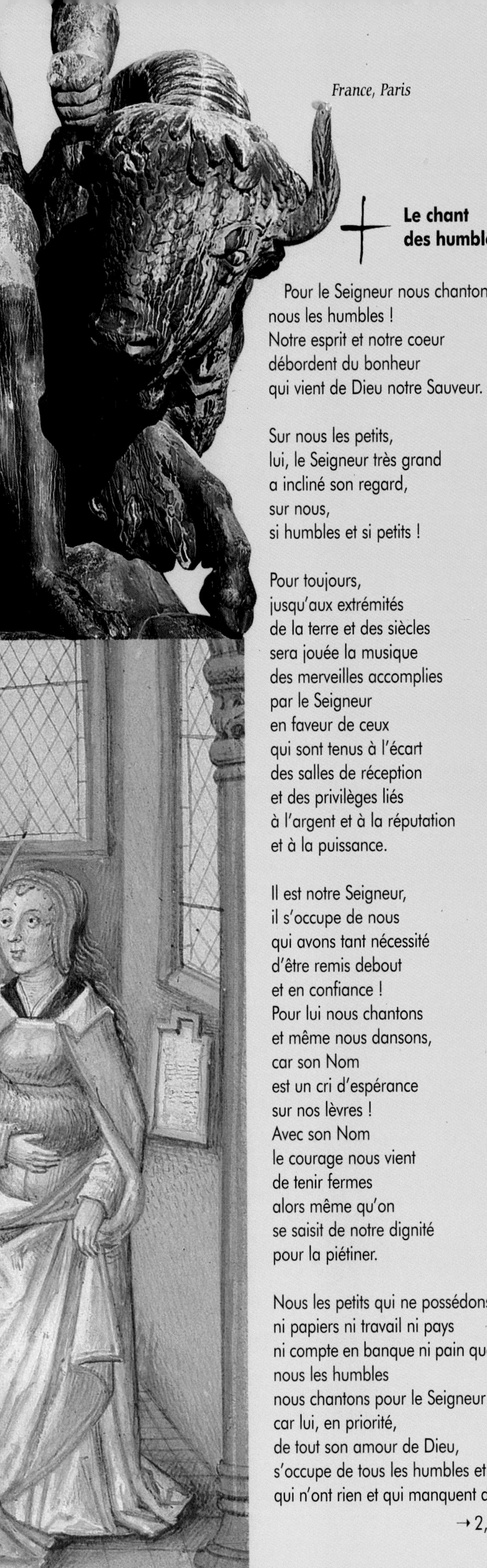

France, Paris

Le chant des humbles

Pour le Seigneur nous chantons,
nous les humbles !
Notre esprit et notre coeur
débordent du bonheur
qui vient de Dieu notre Sauveur.

Sur nous les petits,
lui, le Seigneur très grand
a incliné son regard,
sur nous,
si humbles et si petits !

Pour toujours,
jusqu'aux extrémités
de la terre et des siècles
sera jouée la musique
des merveilles accomplies
par le Seigneur
en faveur de ceux
qui sont tenus à l'écart
des salles de réception
et des privilèges liés
à l'argent et à la réputation
et à la puissance.

Il est notre Seigneur,
il s'occupe de nous
qui avons tant nécessité
d'être remis debout
et en confiance !
Pour lui nous chantons
et même nous dansons,
car son Nom
est un cri d'espérance
sur nos lèvres !
Avec son Nom
le courage nous vient
de tenir fermes
alors même qu'on
se saisit de notre dignité
pour la piétiner.

Nous les petits qui ne possédons rien
ni papiers ni travail ni pays
ni compte en banque ni pain quotidien,
nous les humbles
nous chantons pour le Seigneur
car lui, en priorité,
de tout son amour de Dieu,
s'occupe de tous les humbles et petits
qui n'ont rien et qui manquent de tout !

→ 2,1-10

3 Ne multipliez pas les paroles hautaines,
que l'arrogance ne sorte pas de votre bouche.
Un Dieu plein de savoir, voilà Yahvé,
à lui de peser les actions.

4 L'arc des puissants est brisé,
mais les défaillants sont ceinturés de force.
5 Les rassasiés s'embauchent pour du pain,
mais les affamés cessent de travailler.
La femme stérile enfante sept fois,
mais la mère de nombreux enfants se flétrit.

6 C'est Yahvé qui fait mourir et vivre,
qui fait descendre au shéol et en remonter.
7 C'est Yahvé qui appauvrit et qui enrichit,
qui abaisse et aussi qui élève.

8 Il retire de la poussière le faible,
du fumier il relève le pauvre,
pour les faire asseoir avec les nobles
et leur assigner un siège d'honneur ;
car à Yahvé sont les piliers de la terre,
sur eux il a posé le monde.

9 Il garde les pas de ses fidèles,
mais les méchants disparaissent dans les ténèbres
(car ce n'est pas par la force que l'homme triomphe).
10 Yahvé, ses ennemis sont brisés,
le Très Haut tonne dans les cieux.

Yahvé juge les confins de la terre,
il donne la force à son Roi,
il exalte la vigueur de son Oint. »

11 Elqana partit pour Rama dans sa maison mais l'enfant restait à servir Yahvé, en présence du prêtre Éli.

Les fils d'Éli.

12 Or les fils d'Éli étaient des vauriens, qui ne se sou-
ciaient pas de Yahvé 13 ni du droit des prêtres vis-à-vis
du peuple : si quelqu'un offrait un sacrifice, le serviteur du prêtre venait pendant qu'on cuisait la viande,
tenant une fourchette à trois dents, 14 il piquait dans
le chaudron ou dans la marmite ou dans la terrine
ou dans le pot, et le prêtre s'attribuait tout ce que
ramenait la fourchette ; on agissait ainsi avec tous
les Israélites qui venaient là, à Silo. 15 Et même, on
n'avait pas encore fait fumer la graisse que le serviteur du prêtre venait et disait à celui qui sacrifiait :
« Donne de la viande à rôtir pour le prêtre, il n'ac-
ceptera pas de toi de la viande bouillie, seulement de
la viande crue. » 16 Et si cet homme lui disait : « Qu'on
fasse d'abord fumer la graisse, puis prends pour toi

"Un signe d'alliance entre moi et la terre..." (Gn 9,13)

Norvège

à ta guise », il répondait : « Non, tu vas me donner tout de suite, sinon je prends de force. » 17Le péché des jeunes gens était très grand devant Yahvé, car ils traitaient avec mépris l'offrande faite à Yahvé.

Samuel à Silo.

18Samuel était au service de Yahvé, un enfant vêtu du pagne de lin. 19Sa mère lui faisait un petit manteau qu'elle lui apportait chaque année, lorsqu'elle montait avec son mari pour offrir le sacrifice annuel. 20Éli bénissait Elqana et sa femme et disait : « Que Yahvé te rende une progéniture de cette femme, en échange du prêt qu'elle a cédé à Yahvé », et ils s'en allaient chez eux. 21Yahvé visita Anne, elle conçut et elle mit au monde trois fils et deux filles ; le jeune Samuel grandissait auprès de Yahvé.

Encore les fils d'Éli.

22Bien qu'Éli fût très âgé, il était informé de tout ce que ses fils faisaient à tout Israël. 23Il leur dit : « Pourquoi agissez-vous de la manière que j'entends dire par tout le peuple ? 24Non, mes fils, elle n'est pas belle la rumeur que j'entends le peuple de Yahvé colporter. 25Si un homme pèche contre un autre homme, Dieu sera l'arbitre, mais si c'est contre Yahvé que pèche un homme, qui intercédera pour lui ? » Cependant ils n'écoutèrent pas la voix de leur père. C'est qu'il avait plu à Yahvé de les faire mourir.

26Quant au jeune Samuel, il continuait de croître en taille et en grâce tant auprès de Yahvé qu'auprès des hommes.

Annonce du châtiment.

27Un homme de Dieu vint chez Éli et lui dit : « Ainsi parle Yahvé. Voilà donc que je me suis révélé à la maison de ton père quand ils étaient en Égypte, esclaves de la maison de Pharaon. 28Je l'ai distinguée de toutes les tribus d'Israël pour exercer mon sacerdoce, pour monter à mon autel, pour faire fumer l'offrande, pour porter l'éphod en ma présence, et j'ai concédé à la maison de ton père toutes les viandes offertes par les Israélites. 29Pourquoi piétinez-vous l'offrande et le sacrifice que j'ai ordonnés pour ma Demeure, et honores-tu tes fils plus que moi, en vous engraissant du meilleur de toutes les offrandes d'Israël, mon peuple ? 30C'est pourquoi – oracle de Yahvé, Dieu d'Israël – j'avais bien dit que ta maison et la maison de ton père marcheraient en ma présence pour toujours, mais maintenant – oracle de Yahvé – je m'en garderai !

Viêt-nam

Guatemala, Chichicastenango

Fils indignes

Les héros du livre de Samuel n'ont pas de chance avec leurs fils ! Les fils d'Éli profitent de leur situation (le rôle de prêtre est héréditaire) pour faire bonne chère et s'attribuer les meilleurs morceaux des viandes offertes en sacrifice... Les fils de Samuel sont attirés par le lucre et infléchissent la loi (1 S 8,1-6). David ne sera pas mieux loti avec ses fils légitimes. Ceux-ci comploteront contre lui et finalement, c'est Salomon, fils illégitime qui héritera.
Ces notices comportent peut-être une pointe polémique contre le caractère héréditaire des fonctions dirigeantes, particulièrement de la fonction royale.

→ 2,12-17

Parle, Yahvé, car il écoute, ton serviteur.

1 Samuel 3,9

Ta voix

Dépêche-toi, Seigneur,
les jours s'en vont
et mon enthousiasme aussi.

Il me faut entendre ta Voix
m'appelant à l'unique vocation
que tu as élaborée pour moi.
Je suis prêt, Seigneur,
depuis longtemps disponible,
assidu à la régulière prière,
adonné à l'ascèse, au chant mystique
et à la silencieuse adoration
de ton Très Saint Nom.
Mais ta Voix, je ne l'entends pas !

Pourtant il me faut ta Voix
afin d'être sûr
de ne pas gaspiller mes énergies
en vaines activités.
J'attends d'entendre ta Voix
afin de m'appliquer sérieusement
à la mission précieuse
que tu me destines.

Je me mets en réserve,
j'attends, Seigneur,
et je bondirai
dès que je l'entendrai, ta Voix !

Est-ce ta Voix, Seigneur,
qu'enfin je distingue ?
J'ai du mal à comprendre.
" Ma Voix
a la même musique
que la voix de ton prochain.
Ma Voix résonne
dans les mots quotidiens
de tendresse et d'appel à l'aide.
Écoute :
ma Voix,
ne la reconnais-tu pas,
clairement, distinctement,
dans la Voix de tes frères ? "

→ 3,4

Car j'honore ceux qui m'honorent et ceux qui me méprisent sont traités comme rien. [31]Voici que des jours viennent où j'abattrai ton bras et le bras de la maison de ton père, en sorte qu'il n'y ait pas de vieillard dans ta maison. [32]Tu regarderas, à côté de la Demeure, tout le bien que je ferai à Israël, et il n'y aura pas de vieillard dans ta maison, à jamais. [33]Je maintiendrai quelqu'un des tiens près de mon autel, pour que ses yeux se consument et que son âme s'étiole, mais tout l'ensemble de ta maison périra par l'épée des hommes. [34]Le présage sera pour toi ce qui va arriver à tes deux fils, Hophni et Pinhas : le même jour, ils mourront tous deux. [35]Je me susciterai un prêtre fidèle, qui agira selon mon cœur et mon désir, je lui assurerai une maison qui dure et il marchera toujours en présence de mon oint. [36]Quiconque subsistera de ta famille viendra se prosterner devant lui pour avoir une piécette d'argent et une galette de pain, et dira : "Je t'en prie, attache-moi à n'importe quelle fonction sacerdotale, pour que j'aie un morceau de pain à manger." »

L'appel de Dieu à Samuel.

3. [1]Le jeune Samuel servait donc Yahvé en présence d'Éli ; en ce temps-là, il était rare que Yahvé parlât, les visions n'étaient pas fréquentes. [2]Or, un jour, Éli était couché dans sa chambre – ses yeux commençaient de faiblir et il ne pouvait plus voir – [3]la lampe de Dieu n'était pas encore éteinte et Samuel était couché dans le sanctuaire de Yahvé, là où se trouvait l'arche de Dieu. [4]Yahvé appela : « Samuel, Samuel ! » Il répondit : « Me voici ! » [5]et il courut près d'Éli et dit : « Me voici, puisque tu m'as appelé. » – « Je ne t'ai pas appelé, dit Éli ; retourne te coucher. » Il alla se coucher. [6]Yahvé recommença d'appeler : « Samuel, Samuel ! » Il se leva et alla près d'Éli et dit : « Me voici, puisque tu m'as appelé. » – « Je ne t'ai pas appelé, mon fils, dit Éli ; retourne te coucher. » [7]Samuel ne connaissait pas encore Yahvé et la parole de Yahvé ne lui avait pas encore été révélée. [8]Yahvé recommença d'appeler Samuel pour la troisième fois. Il se leva et alla près d'Éli et dit : « Me voici, puisque tu m'as appelé. » Alors Éli comprit que c'était Yahvé qui appelait l'enfant [9]et il dit à Samuel : « Va te coucher et, si on t'appelle, tu diras : Parle, Yahvé, car ton serviteur écoute », et Samuel alla se coucher à sa place. [10]Yahvé vint et se tint présent. Il appela comme les autres fois : « Samuel, Samuel ! », et Samuel répondit : « Parle, car ton serviteur écoute. » [11]Yahvé dit à Samuel : « Je m'en vais faire en Israël une chose telle que les deux oreilles en tinteront à quiconque l'apprendra. [12]En ce jour-là, j'accomplirai contre Éli tout ce que j'ai

dit sur sa maison, du commencement à la fin. 13Tu lui
annonceras que je condamne sa maison pour toujours ; parce qu'il a su que ses fils maudissaient Dieu
et qu'il ne les a pas corrigés. 14C'est pourquoi – je le
jure à la maison d'Éli – ni sacrifice ni offrande n'ef-
faceront jamais la faute de la maison d'Éli. »
15Samuel reposa jusqu'au matin, puis il ouvrit les
portes du temple de Yahvé. Samuel craignait de raconter la vision à Éli, 16mais Éli l'appela en disant :
« Samuel, mon fils ! », et il répondit : « Me voici ! »
17Il demanda : « Quelle est la parole qu'il t'a dite ? Ne me
cache rien ! Que Dieu te fasse ce mal et qu'il ajoute
encore cet autre si tu me caches un mot de ce qu'il t'a
dit. » 18Alors Samuel lui rapporta tout, il ne lui cacha
rien. Éli dit : « Il est Yahvé ; qu'il fasse ce qui lui
semble bon ! »
19Samuel grandit. Yahvé était avec lui et ne laissa rien
tomber à terre de tout ce qu'il lui avait dit. 20Tout
Israël sut, depuis Dan jusqu'à Bersabée, que Samuel
était accrédité comme prophète de Yahvé. 21Yahvé
continua de se manifester à Silo, car il se révélait à
Samuel, à Silo,
4. 1Et la parole de Samuel fut pour tout Israël comme
la parole de Yahvé. Éli était très âgé et ses fils persé-
véraient dans leur mauvaise conduite à l'égard de
Yahvé.

II
L'arche chez les Philistins

Défaite des Israélites et capture de l'arche.

Il advint en ce temps-là que les Philistins se rassemblèrent pour combattre Israël, et les Israélites sortirent à leur rencontre pour le combat. Ils campèrent
près d'Ében-ha-Ézer, tandis que les Philistins étaient
campés à Apheq. 2Les Philistins s'étant mis en ligne
contre Israël, il y eut un rude combat et Israël fut battu
devant les Philistins : environ quatre mille hommes
furent tués dans les lignes, en rase campagne. 3L'armée
revint au camp et les anciens d'Israël dirent :
« Pourquoi Yahvé nous a-t-il fait battre aujourd'hui
par les Philistins ? Allons chercher à Silo l'arche de
notre Dieu, qu'elle vienne au milieu de nous et qu'elle
nous sauve de l'emprise de nos ennemis. » 4L'armée

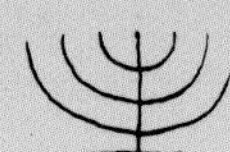

Le soleil de Samuel se lèvera

Selon la Aggadah, avant sa naissance, " une voix divine le précéda " et proclama l'imminence de l'avènement d'un homme juste. Lorsque les gens observaient ses volontés, ils étaient certains qu'elles émanaient d'un juste (*MidrS* 3,4). Peu après son entrée au sanctuaire, Éli parvint aux trois fonctions les plus éminentes du pays : celle de grand prêtre, de président du Sanhédrin et de juge d'Israël (*Tan chemini* 2). Les fils d'Éli ne furent pas dignes de lui succéder, mais " avant que le soleil d'Éli ne se couchât, le soleil de Samuel se leva " (*GnR* 58,2). La grandeur accordée à Samuel ne fut jamais octroyée à aucun roi ni à aucun prophète. Personne ne pouvait mettre en doute son autorité et cinq épithètes élogieuses lui sont attachées : loyal, honoré, prophète, voyant et homme de Dieu (*Michnat R. Éliézer*, p. 151). C'était un juge incorruptible, refusant jusqu'aux rétributions légitimes (*Ned* 38a). Il reçut directement la parole divine, que Moïse lui-même devait recevoir dans la Tente de la rencontre (*ExR* 16,4). Bien que ses fils n'aient pas suivi sa trace, il eut tout de même la satisfaction de voir l'un d'entre eux devenir le prophète Joël (*MidrS* 1,6).

Dictionnaire encyclopédique du Judaïsme, © Les Éditions du Cerf, 1993

→ 3,21

Colombe Jean (mort en 1529), « Très Riches Heures du duc de Berry », L'Arche d'Alliance introduite dans le Temple (ms.65/1284 fol.29 r°), fin du 15ème siècle, © Giraudon - Musée Condé, Chantilly (France)

Qui sont les Philistins ?

C'est le nom d'un peuple installé sur la côte est de la Méditerranée, parvenu jusque-là à l'issue des migrations qui ont bousculé l'Europe orientale vers 1200 avant JC. Les Philistins étaient organisés en une fédération de cinq villes (" la ligue de la mer " selon So 2,5) : Gaza, Ashquelôn, Ashdod, Gat, Ekrôn.
D'après le prophète Amos (9,7), ils auraient migré de Kaphtor (de Crète) et ne seraient donc pas d'origine sémite. Ils avaient cependant très largement intégré la culture cananéenne environnante, en particulier le culte de Dagôn (1 S 5,2) et de Baal (2 R 1,2). On leur doit l'apparition des armes de fer et le nom de Palestine conféré ultérieurement à cette région orientale de la Méditerranée.
Les Philistins furent de tout temps les ennemis inconditionnels des Israélites. Les premières oppositions remontent à l'an 1000 avant JC. La grande gloire de David fut de parvenir à les battre (cf 2 S 5,17 ; 8,1 ; 21,15 ; 23,9). Il semble cependant qu'ils ne devinrent jamais les vassaux du roi.

→ 4,1

Qu'est-ce que l'arche ?

L'arche d'alliance est un coffre rectangulaire que l'on transporte à l'aide de barres de bois. Il est fabriqué en bois d'acacia, plaqué d'or pur. Il est recouvert d'un couvercle d'or massif orné de chérubins. Cette arche était destinée à conserver le " témoignage " (Ex 25,16), c'est-à-dire le décalogue reçu par Moïse au Mont Sinaï, donné aux Israélites comme signe de la présence de Dieu. Ces derniers avaient l'habitude de transporter l'arche avec eux partout où ils se rendaient, jusqu'à ce que Salomon construisît le temple de Jérusalem où elle devait reposer pour toujours.

→ 4,3

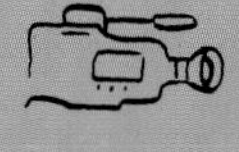

" Dieu avec nous "

L'arche de Yahvé dans la bataille : l'arme secrète des Israélites. Car si Dieu est avec nous, la victoire est assurée. La suite du récit prouvera le contraire.
Au 17e siècle, des immigrants installés en Amérique du Nord se croyaient peuple élu de Dieu, et pensaient diriger leurs pas vers la terre de Canaan. Cette croyance a conduit à la quasi extermination des Peaux-Rouges.Au cours de l'histoire, nombreux sont ceux qui ont voulu mettre Dieu de leur côté pour remporter la victoire.
Les Boers d'Afrique du Sud, lors du Grand Trek au nord du Cap en 1836-1838, se considéraient comme le peuple de Dieu en quête de la terre promise. Dieu était avec eux pour vaincre les Zoulous et autres tribus noires, nations païennes privées de lois comme les Cananéens et les Philistins.
Les soldats nazis portaient sur leur ceinturon la mention : Gott mit uns, " Dieu avec nous ". La tentation d'annexer Dieu pour des causes partisanes est loin d'avoir disparu à la veille du troisième millénaire

→ 4,3

Espagne, Valencia

envoya à Silo et on enleva de là l'arche de Yahvé Sabaot, qui siège sur les chérubins ; les deux fils d'Éli, Hophni et Pinhas, accompagnaient l'arche. [5]Quand l'arche de Yahvé arriva au camp, tous les Israélites poussèrent une grande acclamation, qui fit résonner la terre. [6]Les Philistins entendirent le bruit de l'acclamation et dirent : « Que signifie cette grande acclamation au camp des Hébreux ? », et ils connurent que l'arche de Yahvé était arrivée au camp. [7]Alors les Philistins eurent peur, car ils se disaient : « Dieu est venu au camp ! » Ils dirent : « Malheur à nous ! Car une chose pareille n'est pas arrivée auparavant. [8]Malheur à nous ! Qui nous délivrera de la main de ce Dieu puissant ? C'est lui qui a frappé l'Égypte de toutes sortes de plaies au désert. [9]Prenez courage et soyez virils, Philistins, pour n'être pas asservis aux Hébreux comme ils vous ont été asservis ; soyez virils et combattez ! » [10]Les Philistins livrèrent bataille, les Israélites furent battus et chacun s'enfuit à ses tentes ; ce fut un très grand massacre et trente mille hommes de pied tombèrent du côté d'Israël. [11]L'arche de Dieu fut prise et les deux fils d'Éli moururent, Hophni et Pinhas.

Mort d'Éli.

[12]Un homme de Benjamin courut hors des lignes et atteignit Silo le même jour, les vêtements déchirés et la tête couverte de poussière. [13]Lorsqu'il arriva, Éli était assis sur son siège, à côté de la porte, surveillant la route, car son cœur tremblait pour l'arche de Dieu. Cet homme donc vint apporter la nouvelle à la ville, et ce furent des cris dans toute la ville. [14]Éli entendit les cris et demanda : « Quelle est cette grande rumeur ? » L'homme se hâta et vint avertir Éli. – [15]Celui-ci avait quatre-vingt-dix-huit ans, il avait le regard fixe et ne pouvait plus voir. – [16]L'homme dit à Éli : « J'arrive du camp, je me suis enfui des lignes aujourd'hui », et celui-ci demanda : « Que s'est-il passé, mon fils ? » [17]Le messager répondit : « Israël a fui devant les Philistins, ce fut même une grande défaite pour l'armée, et encore tes deux fils sont morts, et l'arche de Dieu a été prise ! » [18]A cette mention de l'arche de Dieu, Éli tomba de son siège à la renverse, en travers de la porte, sa nuque se brisa et il mourut, car l'homme était âgé et pesant. Il avait jugé Israël pendant quarante ans.

Mort de la femme de Pinhas.

19Or sa bru, la femme de Pinhas, était enceinte et sur
le point d'accoucher. Dès qu'elle eut appris la nouvelle
relative à la prise de l'arche de Dieu et à la mort de son
beau-père et de son mari, elle s'accroupit et elle accou-
cha, car ses douleurs l'avaient assaillie. 20Comme elle
était à la mort, celles qui l'assistaient lui dirent : « Aie
confiance, c'est un fils que tu as enfanté ! » mais elle
ne répondit pas et n'y fit pas attention. 21Elle appela l'enfant Ikabod, disant : « La gloire a été bannie d'Israël »,
par allusion à la prise de l'arche de Dieu, et à son beau-
père et son mari. 22Elle dit : « La gloire a été bannie
d'Israël, parce que l'arche de Dieu a été prise. »

Déboires des Philistins avec l'arche.

5. 1Lorsque les Philistins se furent emparés de l'arche
de Dieu, ils la conduisirent d'Ében-ha-Ézèr à Ashdod.
2Les Philistins prirent l'arche de Dieu, l'introduisirent
dans le temple de Dagôn et la déposèrent à côté de
Dagôn. 3Quand les Ashdodites se levèrent le lendemain matin et vinrent au temple de Dagôn, voilà que
Dagôn était tombé sur sa face, par terre, devant l'arche
de Yahvé. Ils relevèrent Dagôn et le remirent à sa place.
4Mais, quand ils se levèrent le lendemain de bon matin,
voilà que Dagôn était tombé sur sa face, par terre,
devant l'arche de Yahvé, et la tête de Dagôn et ses
deux mains gisaient coupées sur le seuil : il ne restait
à sa place que le tronc de Dagôn. 5C'est pourquoi les
prêtres de Dagôn et tous ceux qui entrent dans le
temple de Dagôn ne foulent pas du pied le seuil de
Dagôn à Ashdod, encore aujourd'hui.
6La main de Yahvé s'appesantit sur les Ashdodites : il
les ravagea et les affligea de tumeurs, Ashdod et son
territoire. 7Quand les gens d'Ashdod virent ce qui arrivait, ils dirent : « Que l'arche du Dieu d'Israël ne reste
pas chez nous, car sa main s'est raidie contre nous et
contre notre dieu Dagôn. » 8Ils firent donc convoquer
tous les princes des Philistins auprès d'eux et dirent :
« Que devons-nous faire de l'arche du Dieu d'Israël ? »
Ils décidèrent : « C'est à Gat que s'en ira l'arche du
Dieu d'Israël », et on emmena l'arche du Dieu d'Israël.
9Mais après qu'ils l'eurent amenée, la main de Yahvé
fut sur la ville et il y eut une très grande panique : les
gens de la ville furent frappés, du plus petit au plus
grand, et il leur sortit des tumeurs. 10Ils envoyèrent
alors l'arche de Dieu à Éqrôn, mais lorsque l'arche de
Dieu arriva à Éqrôn, les Éqronites s'écrièrent : « Ils
m'ont amené l'arche du Dieu d'Israël pour me faire
périr moi et mon peuple ! » 11Ils firent convoquer tous

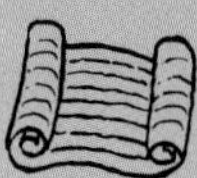

Un peu d'humour

L'arche n'a pas joué son rôle de fétiche. Sa présence n'a pas permis la victoire. La voici aux mains des ennemis. Le sanctuaire est détruit, la famille sacerdotale décimée, le peuple dérouté. Yahvé a-t-il changé de camp ? Le récit qui fait suite à ce tableau tragique ne manque pas d'humour. Entre les mains des Philistins le trophée de la victoire devient brûlant. Il faut s'en débarrasser. On s'envoie ce cadeau empoisonné de ville en ville. On payera même pour le rendre aux Israélites. C'est un récit tonifiant qui semble de nouveau mettre en valeur le caractère quasi magique de l'arche. La suite de l'histoire d'Israël démystifiera peu à peu cette croyance.

→ 5,1-6,21

Le voyage de l'arche d'Alliance

Après la conquête de Canaan et avant que le Temple ne soit construit, les Israélites transportent l'arche d'Alliance avec eux dans leurs déplacements. Son itinéraire est représenté sur cette carte.
À Ében-ha-Ézèr, les Philistins s'en emparent comme d'un trophée de guerre et la restituent aux Israélites à Beth-Shémesh. Elle demeure vingt ans à Qiryat-Yéarim, puis David la transporte à Jérusalem en grande pompe.

→ 5,1-6,21

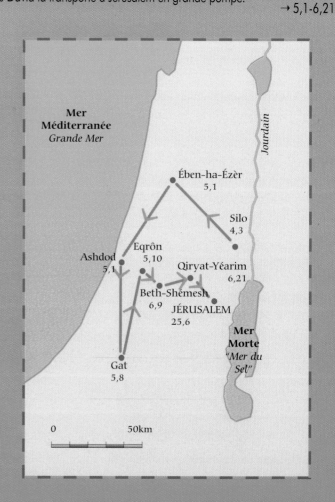

Mer Méditerranée
Grande Mer
Jourdain
Ében-ha-Ézèr 5,1
Silo 4,3
Ashdod 5,1
Eqrôn 5,10
Qiryat-Yéarim 6,21
Beth-Shémesh 6,9
JÉRUSALEM 25,6
Gat 5,8
Mer Morte
"Mer du Sel"
0 50km

France, Calais, Détail des « Bourgeois de Calais » d'Auguste Rodin

Aucun temple n'est éternel

Au temps de Jérémie, 450 ans après la destruction du sanctuaire de Silo, les habitants de Jérusalem se sentaient en sécurité à cause de la présence du Temple dans leur ville.
Le prophète Jérémie ébranle leurs pauvres certitudes en se référant à Silo.

Quoi ! voler, tuer, commettre l'adultère, se parjurer, encenser Baal, suivre des dieux étrangers, que vous ne connaissez pas, puis venir se présenter devant moi, en ce Temple qui porte mon Nom, et dire : " Nous voilà en sûreté ! " pour continuer toutes ces abominations ! A vos yeux, est-ce une caverne de voleurs ce Temple qui porte mon Nom ? Moi, en tout cas, je ne suis pas aveugle ! - oracle de Yahvé.

Allez donc à mon lieu de Silo : naguère j'y fis habiter mon Nom ; regardez ce que j'en ai fait, à cause de la perversité de mon peuple Israël. Et maintenant, puisque vous avez commis tous ces actes - oracle de Yahvé - et que vous n'avez pas écouté quand je vous parlais instamment et sans me lasser, et que vous n'avez pas répondu à mes appels, je vais traiter ce Temple qui porte mon Nom, et dans lequel vous placez votre confiance, et ce lieu que j'ai donné à vous et à vos pères, comme j'ai traité Silo. Je vous rejeterai de devant moi comme j'ai rejeté tous vos frères, toute la race d'Éphraïm.

Jérémie 7,9-15

→ 4,10-22

Poussin Nicolas (1594-1605), La Peste d'Asdod, dit aussi Les Philistins frappés de la peste,
© Giraudon - Musée du Louvre, Paris (France)

les princes des Philistins et dirent : « Renvoyez l'arche du Dieu d'Israël, et qu'elle retourne à son lieu et ne me fasse pas mourir, moi et mon peuple. » Il y avait en effet une panique mortelle dans toute la ville, tant s'y était appesantie la main de Dieu. 12 Les gens qui ne mouraient pas étaient affligés de tumeurs et le cri de détresse de la ville montait jusqu'au ciel.

Renvoi de l'arche.

6. 1 L'arche de Yahvé fut sept mois dans le territoire des Philistins. 2 Les Philistins en appelèrent aux prêtres et aux devins et demandèrent : « Que devons-nous faire de l'arche de Yahvé ? Indiquez-nous comment nous la renverrons en son lieu. » 3 Ils répondirent : « Si vous voulez renvoyer l'arche du Dieu d'Israël, ne la renvoyez pas sans rien, mais payez-lui une réparation. Alors vous guérirez et vous saurez pourquoi sa main ne s'était pas détournée de vous. » 4 Ils demandèrent : « Quelle doit être la réparation que nous lui paierons ? » Ils répondirent : « D'après le nombre des princes des Philistins, cinq tumeurs d'or et cinq rats d'or, car ce fut la même plaie pour vous et pour vos princes. 5 Faites des images de vos tumeurs et des images de vos rats, qui ravagent le pays, et rendez gloire au Dieu d'Israël. Peut-être sa main se fera-t-elle plus légère sur vous, vos dieux et votre pays. 6 Pourquoi endurciriez-vous votre cœur comme l'ont endurci les Égyptiens et Pharaon ? Lorsque Dieu les eut malmenés, ne les ont-ils pas laissés partir ? 7 Maintenant, prenez et préparez un chariot neuf et deux vaches qui allaitent et n'ont pas porté le joug : vous attellerez les vaches au chariot et vous ramènerez leurs petits en arrière à l'étable. 8 Vous prendrez l'arche de Yahvé et vous la placerez sur le chariot. Quant aux objets d'or que vous lui payez comme réparation, vous les mettrez dans un coffre, à côté d'elle, et vous la laisserez partir. 9 Puis regardez : s'il prend le chemin de son territoire, vers Bet-Shémesh, c'est lui qui nous a causé ce grand mal, sinon nous saurons que ce n'est pas sa main qui nous a frappés et que cela nous est arrivé par accident. »

10 Ainsi firent les gens : ils prirent deux vaches qui allaitaient et ils les attelèrent au chariot, mais ils retinrent les petits à l'étable. 11 Ils placèrent l'arche de Yahvé sur le chariot, ainsi que le coffre avec les rats d'or et les images de leurs tumeurs.

12 Les vaches prirent tout droit la route de Bet-Shémesh et gardèrent le même chemin, elles meuglaient en marchant, sans dévier ni à droite ni à gauche. Les princes des Philistins les suivirent jusqu'aux confins de Bet-Shémesh.

La ménagerie du Bon Dieu

Elles sont sympathiques, ces deux vaches qui, laissant leurs petits à l'étable, marchent tout droit dans la direction indiquée par Yahvé. Elles font partie de ces animaux dociles à Dieu qui apparaissent de temps en temps dans les récits bibliques. L'ânesse de Balaam voit l'ange de Yahvé bien avant son maître (Nb 22,22-35). Le poisson de Jonas sait où déposer le prophète récalcitrant (Jn 2,1.11). Des corbeaux nourrissent matin et soir Élie près du torrent du Kérith (1 R 17,4-7). Les sept lions affamés jeûnent pendant sept jours en compagnie de Daniel qui leur a été jeté en pâture (Dn 14,21-42).

→ 6,7-12

Canada, Ottawa

La maison du soleil

Bet-Shémesh, " la maison (bet) du soleil (shémeh) " mérite-t-elle bien son nom ? Le passage de l'arche d'alliance dans cette ville située aux confins du territoire des Philistins n'est qu'un bref épisode d'une histoire mouvementée. Fondée vers -2200, fortifiée vers -1600, la ville fut à plusieurs reprises détruite par les Égyptiens (vers -1550 et -1425). Au temps des Juges, les Israélites occupèrent le site. Bet-Shémesh fut de nouveau détruite lors des affrontements entre les Philistins et les Israélites à l'époque de Saül ou de David.

Aujourd'hui une ville moderne se développe à côté du tell biblique dont les fouilles ont restitué de la poterie philistine décorée, datant des années -1200 à -1000.

→ 6,13-19

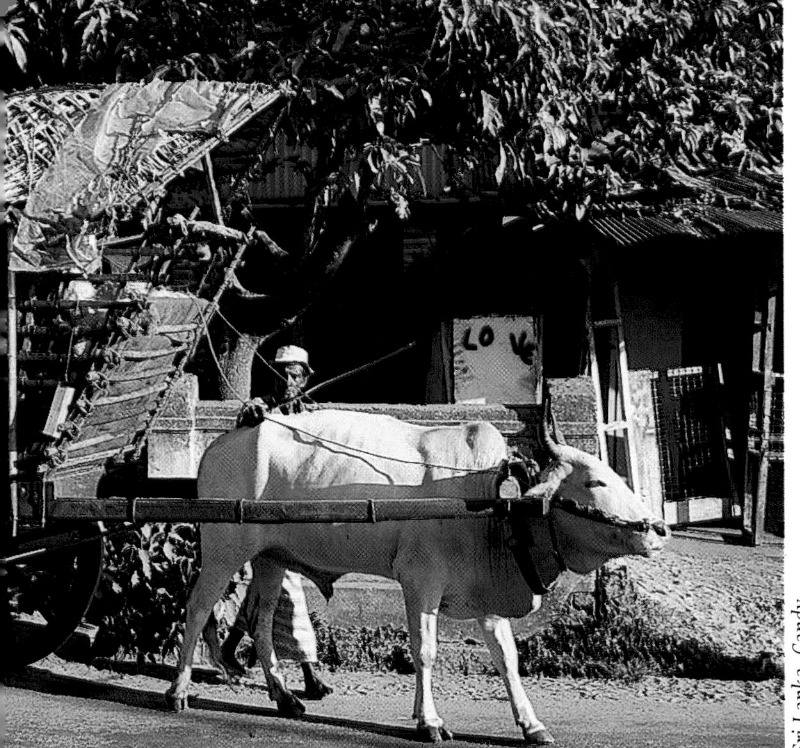

Sri Lanka, Candy

Quel sacré ?

On appelle sécularisation le processus contemporain qui élimine de plus en plus le recours à un arrière-monde, à un autre " siècle " pour expliquer et régler le monde réel. Aujourd'hui, le domaine du sacré diminue donc considérablement. Les interdits disparaissent. Les mythes s'analysent, mais ne fondent plus. Les rites tombent en désuétude, la psychologie par exemple ayant pris leur relais pour accompagner les " passages ". (...) Sans sacré, l'homme moderne reste ainsi à la fois autonome et solitaire, délivré et désenchanté, souverain et impuissant, partagé entre ce qu'il ne peut plus croire et ce qu'il voudrait cependant espérer. On n'en conclura ni qu'il puisse jamais revenir aux sacrés perdus, ni qu'il soit satisfait par leur disparition. (...)
L'humanité présente est héritière d'une tradition du sacré, qui à la fois a engendré ses plus hautes oeuvres et a nourri ses plus vaines terreurs. Si le sacré dépérit sous l'éclairage scientifique et technique, faut-il pour autant que disparaisse une transcendance personnelle, capable de s'adresser à l'humanité, comme si elle était un seul homme, et de parler à chaque homme, comme s'il représentait l'humanité ?

" Sacré " in Encyclopædia Universalis,

→ 6,19

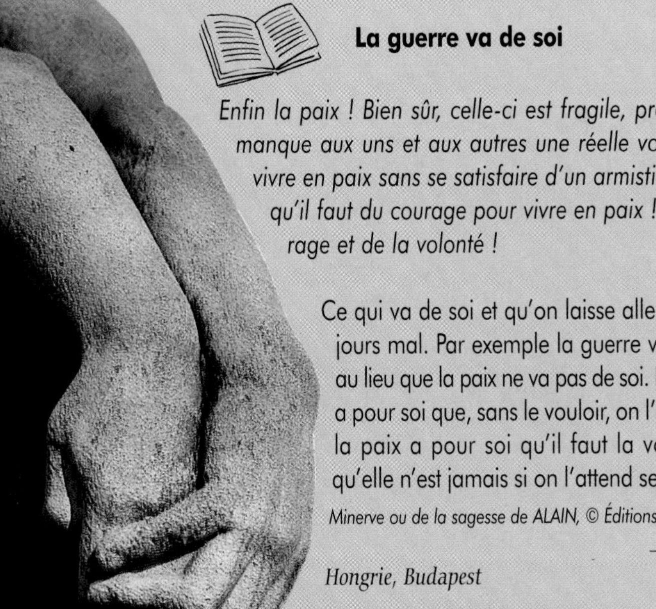

La guerre va de soi

Enfin la paix ! Bien sûr, celle-ci est fragile, précaire. Il manque aux uns et aux autres une réelle volonté de vivre en paix sans se satisfaire d'un armistice. C'est qu'il faut du courage pour vivre en paix ! Du courage et de la volonté !

Ce qui va de soi et qu'on laisse aller est toujours mal. Par exemple la guerre va de soi, au lieu que la paix ne va pas de soi. La guerre a pour soi que, sans le vouloir, on l'accepte ; la paix a pour soi qu'il faut la vouloir, et qu'elle n'est jamais si on l'attend seulement.

Minerve ou de la sagesse de ALAIN,

→ 7,14

Hongrie, Budapest

L'arche à Bet-Shémesh.

13Les gens de Bet-Shémesh faisaient la moisson des
blés dans la plaine. Levant les yeux, ils virent l'arche
et ils allèrent avec joie à sa rencontre. 14Lorsque le
chariot fut arrivé au champ de Josué de Bet-Shémesh,
il s'y arrêta. Il y avait là une grande pierre. On fendit le bois du chariot et on offrit les vaches en holocauste à Yahvé. 15Les lévites avaient descendu l'arche
de Yahvé et le coffre qui était près d'elle et qui contenait les objets d'or, et ils avaient déposé le tout sur la grande pierre. Les gens de Bet-Shémesh offrirent ce jour-là des holocaustes et firent des sacrifices à Yahvé.
16Quand les cinq princes des Philistins eurent vu cela,
ils revinrent à Éqrôn, le même jour. 17Voici les tumeurs
d'or que les Philistins payèrent en réparation à Yahvé : pour Ashdod une, pour Gaza une, pour Ashqelôn
une, pour Gat une, pour Éqrôn une. 18Et des rats d'or,
autant que toutes les villes des Philistins, celles des cinq princes, depuis les villes fortes jusqu'aux villages ouverts. Témoin la grande pierre sur laquelle on déposa l'arche de Yahvé, et qui est encore aujourd'hui dans
le champ de Josué de Bet-Shémesh. 19Les fils de
Yekonya, parmi les gens de Bet-Shémesh, ne s'étaient pas réjouis lorsqu'ils avaient vu l'arche de Yahvé, et Yahvé frappa soixante-dix hommes d'entre eux. Et le peuple fut en deuil, parce que Yahvé l'avait durement frappé.

L'arche à Qiryat-Yéarim.

20Alors les gens de Bet-Shémesh dirent : « Qui pourrait tenir en face de Yahvé, le Dieu Saint ? Chez qui
montera-t-il loin de nous ? » 21Ils envoyèrent des messagers aux habitants de Qiryat-Yéarim, avec ces mots : « Les Philistins ont rendu l'arche de Yahvé. Descendez et faites-la monter chez vous. »
7. 1Les gens de Qiryat-Yéarim vinrent et firent monter l'arche de Yahvé. Ils la conduisirent dans la maison d'Abinadab, sur la hauteur, et ils consacrèrent son fils Éléazar pour garder l'arche de Yahvé.

Samuel juge et libérateur.

2Depuis le jour où l'arche fut installée à Qiryat-Yéarim
un long temps s'écoula – vingt ans – et toute la maison d'Israël soupira après Yahvé. 3Alors Samuel parla
ainsi à toute la maison d'Israël : « Si c'est de tout votre cœur que vous revenez à Yahvé, écartez les dieux étrangers du milieu de vous, et les Astartés, fixez votre cœur en Yahvé et ne servez que lui : alors il

vous délivrera de la main des Philistins. » 4Les
Israélites écartèrent donc les Baals et les Astartés et
ne servirent que Yahvé.
5Samuel dit : « Rassemblez tout Israël à Miçpa et je
supplierai Yahvé pour vous. » 6Ils se rassemblèrent
donc à Miçpa, ils puisèrent de l'eau qu'ils répan-
dirent devant Yahvé, ils jeûnèrent ce jour-là et
ils dirent : « Nous avons péché contre Yahvé. »
Et Samuel jugea les Israélites à Miçpa.
7Lorsque les Philistins surent que les Israélites
s'étaient rassemblés à Miçpa, les princes des Philistins
montèrent à l'attaque d'Israël. Les Israélites l'apprirent et ils eurent peur des Philistins. 8Ils dirent à
Samuel : « Ne cesse pas d'invoquer Yahvé notre Dieu,
pour qu'il nous délivre de la main des Philistins. »
9Samuel prit un agneau de lait et l'offrit en holocauste
complet à Yahvé, il invoqua Yahvé pour
Israël et Yahvé l'exauça. 10Pendant que
Samuel offrait l'holocauste, les Philistins
engagèrent le combat contre Israël, mais
Yahvé, ce jour-là, tonna à grand fracas sur
les Philistins, il les frappa de panique et ils
furent battus devant Israël. 11Les gens
d'Israël sortirent de Miçpa et poursuivirent les Philistins, et ils les battirent jusqu'en dessous de Bet-Kar. 12Alors Samuel
prit une pierre et la dressa entre Miçpa et
La Dent, et il lui donna le nom d'Ében-
ha-Ézèr, en disant : « C'est jusqu'ici que
Yahvé nous a secourus. »
13Les Philistins furent abaissés. Ils ne revinrent plus sur le territoire d'Israël et la
main de Yahvé pesa sur les Philistins pendant toute la vie de Samuel. 14Les villes
que les Philistins avaient prises à Israël
lui firent retour depuis Éqrôn jusqu'à Gat,
et Israël délivra leur territoire de la main
des Philistins. Il y eut paix entre Israël et
les Amorites.
15Samuel jugea Israël pendant toute sa
vie. 16Il allait chaque année faire une tour-
née par Béthel, Gilgal, Miçpa, et il jugeait
Israël en tous ces endroits. 17Puis il revenait à Rama, car c'est là qu'il avait sa
maison et qu'il jugeait Israël. Il y construisit un autel à Yahvé.

Statuette d'Astarté, © Photo R.M.N. - P. Bernard / Louvre, Paris (France)

Première place

Dans mon désir, Seigneur,
la première place,
je l'ai réservée
à la recherche fascinée
de la brillante apparence.

J'adore, Seigneur,
être sur le devant de la scène !

Pour être admiré,
pour être reçu
dans les salons où se font
et se défont les pouvoirs,
pour faire ce qu'il faut
afin de ne déplaire à personne,
pour que les micros
se tendent vers moi
et recueillent mes bons mots,
pour être reconnu
sur la place publique,
pour qu'on parle de moi,
pour étinceler
au firmament des façades,
pour avoir le beau visage
sans ride et à la mode.

J'ai cédé la première place
à une idole !
J'étais prêt, Seigneur,
à laisser en moi
se flétrir
ton image et ta ressemblance.
J'ai péché contre toi !

→ 7,6

Stèle du dieu Baal au foudre, © photo R.M.N. - Chuzeville / Louvre, Paris (France)

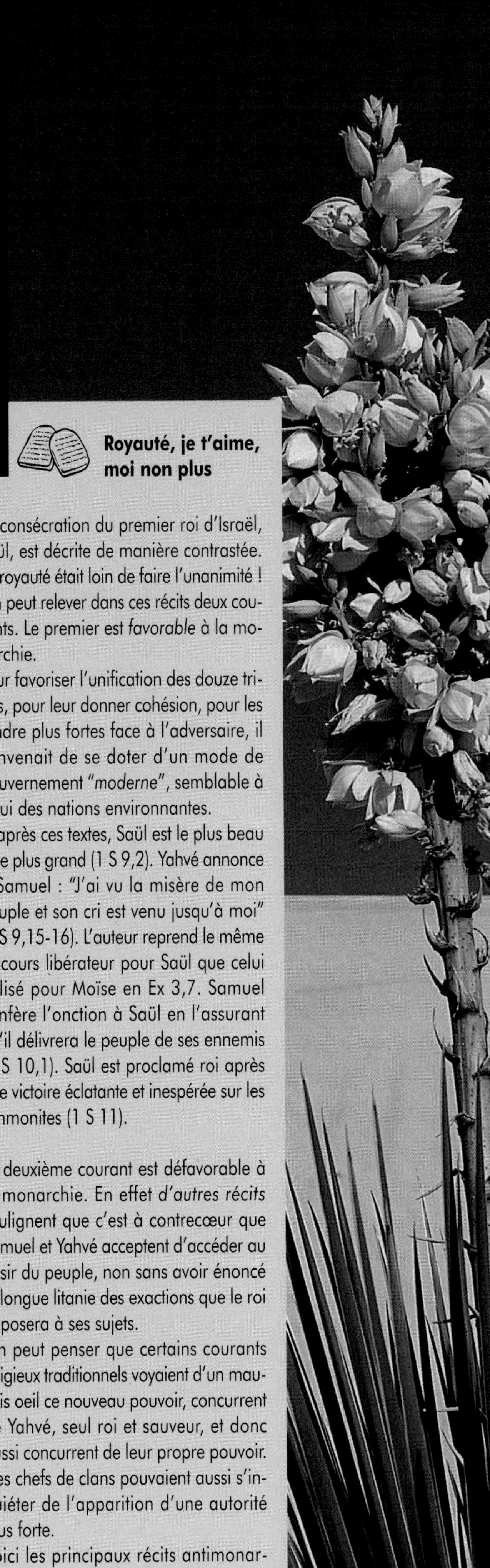

États-Unis, White Sand

Royauté, je t'aime, moi non plus

La consécration du premier roi d'Israël, Saül, est décrite de manière contrastée. La royauté était loin de faire l'unanimité ! On peut relever dans ces récits deux courants. Le premier est *favorable* à la monarchie.
Pour favoriser l'unification des douze tribus, pour leur donner cohésion, pour les rendre plus fortes face à l'adversaire, il convenait de se doter d'un mode de gouvernement "*moderne*", semblable à celui des nations environnantes.
D'après ces textes, Saül est le plus beau et le plus grand (1 S 9,2). Yahvé annonce à Samuel : "J'ai vu la misère de mon peuple et son cri est venu jusqu'à moi" (1 S 9,15-16). L'auteur reprend le même discours libérateur pour Saül que celui utilisé pour Moïse en Ex 3,7. Samuel confère l'onction à Saül en l'assurant qu'il délivrera le peuple de ses ennemis (1 S 10,1). Saül est proclamé roi après une victoire éclatante et inespérée sur les Ammonites (1 S 11).

Le deuxième courant est défavorable à la monarchie. En effet d'*autres récits* soulignent que c'est à contrecœur que Samuel et Yahvé acceptent d'accéder au désir du peuple, non sans avoir énoncé la longue litanie des exactions que le roi imposera à ses sujets.
On peut penser que certains courants religieux traditionnels voyaient d'un mauvais oeil ce nouveau pouvoir, concurrent de Yahvé, seul roi et sauveur, et donc aussi concurrent de leur propre pouvoir. Des chefs de clans pouvaient aussi s'inquiéter de l'apparition d'une autorité plus forte.
Voici les principaux récits antimonarchiques : 1 S 8,1-22 ; 1 S 10,17-19 ; 1 S 12.

→ 8,1-22

2 • SAMUEL ET SAÜL •

I
Institution de la royauté

Le peuple demande un roi.

8. 1Lorsque Samuel fut devenu vieux, il établit ses
fils comme juges en Israël. 2Son fils aîné s'appelait
Yoël et son cadet Abiyya ; ils étaient juges à Bersabée.
3Mais ses fils ne suivirent pas son exemple : ils furent
attirés par le gain, acceptèrent des présents et firent flé-
chir le droit. 4Tous les anciens d'Israël se réunirent et
vinrent trouver Samuel à Rama. 5Ils lui dirent : « Tu
es devenu vieux et tes fils ne suivent pas ton exemple.
Eh bien ! établis-nous un roi pour qu'il nous juge,
comme toutes les nations. » 6Cela déplut à Samuel
qu'ils aient dit : « Donne-nous un roi, pour qu'il nous
juge », et il invoqua Yahvé. 7Mais Yahvé dit à Samuel :
« Satisfais à tout ce que te dit le peuple, car ce n'est pas
toi qu'ils ont rejeté, c'est moi qu'ils ont rejeté, ne voulant plus que je règne sur eux. 8Tout ce qu'ils m'ont
fait depuis le jour où je les ai fait monter d'Égypte jusqu'à maintenant – ils m'ont abandonné et ont servi
des dieux étrangers – ils te le font aussi. 9Eh bien,
satisfais à leur demande. Seulement, tu les avertiras
solennellement et tu leur apprendras le droit du roi qui
va régner sur eux. »

Les inconvénients de la royauté.

10Samuel répéta toutes les paroles de Yahvé au peuple
qui lui demandait un roi. 11Il dit : « Voici le droit du
roi qui va régner sur vous. Il prendra vos fils et les
affectera à sa charrerie et à ses chevaux et ils courront
devant son char. 12Il les emploiera comme chefs de
mille et comme chefs de cinquante ; il leur fera labou-
rer son labour, moissonner sa moisson, fabriquer ses
armes de guerre et les harnais de ses chars. 13Il prendra vos filles comme parfumeuses, cuisinières et boulangères. 14Il prendra vos champs, vos vignes et vos
oliveraies les meilleures et les donnera à ses officiers.
15Sur vos cultures et vos vignes, il prélèvera la dîme

et la donnera à ses eunuques et à ses officiers. [16]Les
meilleurs de vos serviteurs, de vos servantes et de vos
bœufs, et vos ânes, il les prendra et les fera travailler
pour lui. [17]Il prélèvera la dîme sur vos troupeaux et
vous-mêmes deviendrez ses esclaves. [18]Ce jour-là, vous
pousserez des cris à cause du roi que vous vous serez
choisi, mais Yahvé ne vous répondra pas, ce jour-là ! »
[19]Le peuple refusa d'écouter Samuel et dit : « Non !
Nous aurons un roi [20]et nous serons, nous aussi,
comme toutes les nations : notre roi nous jugera, il sor-
tira à notre tête et combattra nos combats. » [21]Samuel
entendit toutes les paroles du peuple et les redit à
l'oreille de Yahvé. [22]Mais Yahvé lui dit : « Satisfais à leur
demande et intronise-leur un roi. » Alors Samuel dit
aux hommes d'Israël : « Retournez chacun dans sa
ville. »

Saül et les ânesses de son père.

9. [1]Il y avait, parmi les Benjaminites, un homme qui
s'appelait Qish, fils d'Abiel, fils de Çeror, fils de Bekorat,
fils d'Aphiah ; c'était un Benjaminite, homme de
condition. [2]Il avait un fils nommé Saül, qui était dans
la fleur de l'âge et beau. Nul parmi les Israélites n'était
plus beau que lui : de l'épaule et au-dessus, il dépas-
sait tout le monde.
[3]Les ânesses appartenant à Qish, père de Saül, s'étant
égarées, Qish dit à son fils Saül : « Prends avec toi
l'un des serviteurs et va, pars à la recherche des
ânesses. » [4]Ils traversèrent la montagne d'Éphraïm,
ils traversèrent le pays de Shalisha sans rien trouver ; ils traversèrent le pays de Shaalim : elles n'y
étaient pas ; ils traversèrent le pays de Benjamin sans
rien trouver. [5]Lorsqu'ils furent arrivés au pays de
Çuph, Saül dit au serviteur qui l'accompagnait :
« Allons ! Retournons, de peur que mon père ne laisse les ânesses pour s'inquiéter de nous. » [6]Mais celui-
ci lui répondit : « Voici qu'un homme de Dieu habite
cette ville-là. C'est un homme réputé : tout ce qu'il dit
arrive sûrement. Allons-y donc, peut-être nous éclai-
rera-t-il sur le voyage que nous avons entrepris. »
[7]Saül dit à son serviteur : « A supposer que nous y
allions, qu'offrirons-nous à l'homme ? Le pain a
disparu de nos sacs et nous n'avons pas de rétribu-
tion à offrir à l'homme de Dieu. Qu'avons-nous
d'autre ? » [8]Le serviteur reprit la parole et dit à Saül :
« Il se trouve que j'ai en main un quart de sicle d'argent, je le donnerai à l'homme de Dieu et il nous
éclairera sur notre voyage. » [10]Saül dit à son serviteur :
« Tu as bien parlé, allons donc ! » Et ils allèrent à la
ville où se trouvait l'homme de Dieu.

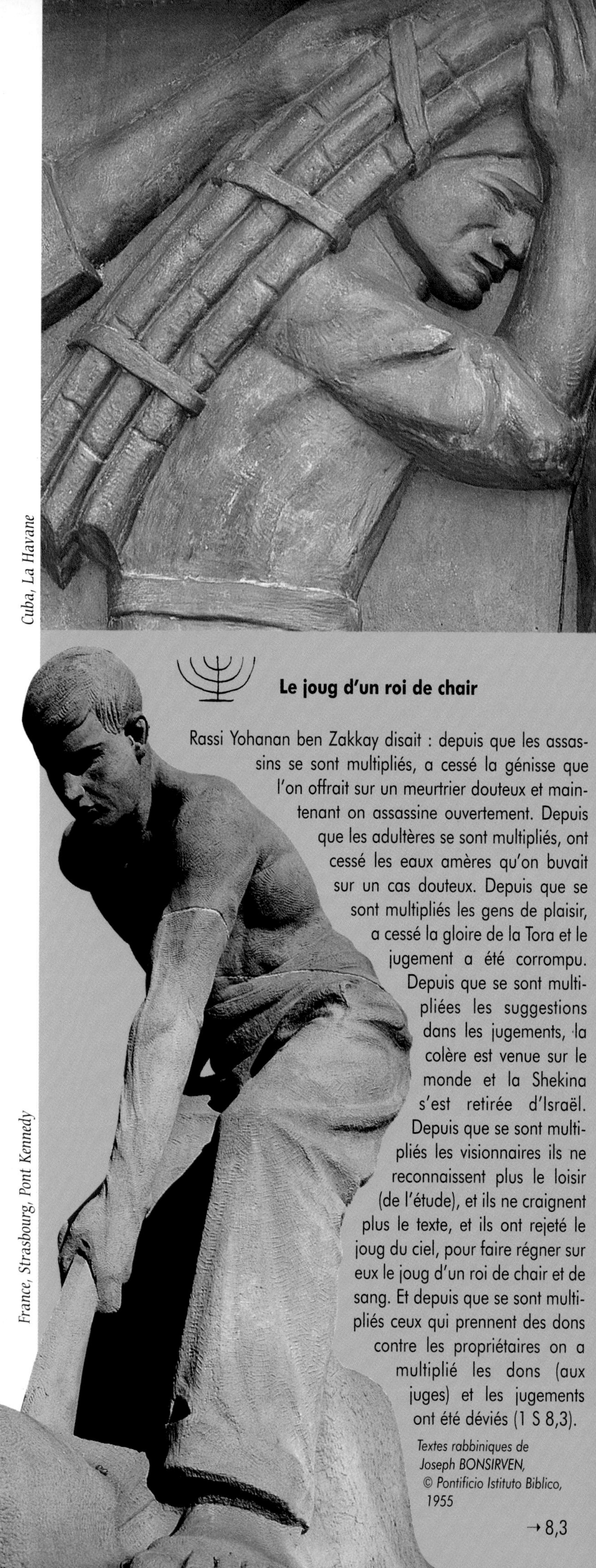

Cuba, La Havane

France, Strasbourg, Pont Kennedy

Le joug d'un roi de chair

Rassi Yohanan ben Zakkay disait : depuis que les assassins se sont multipliés, a cessé la génisse que l'on offrait sur un meurtrier douteux et maintenant on assassine ouvertement. Depuis que les adultères se sont multipliés, ont cessé les eaux amères qu'on buvait sur un cas douteux. Depuis que se sont multipliés les gens de plaisir, a cessé la gloire de la Tora et le jugement a été corrompu. Depuis que se sont multipliées les suggestions dans les jugements, la colère est venue sur le monde et la Shekina s'est retirée d'Israël. Depuis que se sont multipliés les visionnaires ils ne reconnaissent plus le loisir (de l'étude), et ils ne craignent plus le texte, et ils ont rejeté le joug du ciel, pour faire régner sur eux le joug d'un roi de chair et de sang. Et depuis que se sont multipliés ceux qui prennent des dons contre les propriétaires on a multiplié les dons (aux juges) et les jugements ont été déviés (1 S 8,3).

Textes rabbiniques de Joseph BONSIRVEN,

→ 8,3

" Non " à la royauté !

Voici le rejet le plus fort de la royauté dans l'Ancien Testament :

Les gens d'Israël dirent à Gédéon : " Règne sur nous, toi, ton fils et ton petit-fils, puisque tu nous as sauvés de la main de Madiân. " Mais Gédéon leur répondit : " Ce n'est pas moi qui régnerai sur vous, ni mon fils non plus, car c'est Yahvé qui doit être votre souverain. "

Juges 8,22-23

→ 8,7

" Oui " à la royauté !

Natân dit à David de la part de Dieu au sujet de Salomon :
Je serai pour lui un père et il sera pour moi un fils.

2 Samuel 7,14

Le psaume 2 souligne la même idée. Le roi parle de Dieu :
Il m'a dit : " Tu es mon fils,
moi aujourd'hui je t'ai engendré. "

Psaume 2,7

→ 8,22

Ils l'ont voulu

Les Israëlites ont voulu un roi. Ils l'auront ! Mais si l'unité du pouvoir central est nécessaire à un pays qui désire vivre en paix autant que possible, la monarchie a bien des inconvénients. Ceux-ci nous sont connus, et ce célèbre texte de Jean-Jacques Rousseau ne fait que les rappeler :

Ainsi, la volonté du peuple, et la volonté du prince, et la force publique de l'État, et la force particulière du gouvernement, tout répond au même mobile, tous les ressorts de la machine sont dans la même main, tout marche au même but, il n'y a point de mouvements opposés qui s'entre-détruisent, et l'on ne peut imaginer aucune sorte de constitution dans laquelle un moindre effort produise une action plus considérable (...)
Mais s'il n'y a point de gouvernement qui ait plus de vigueur, il n'y en a point où la volonté particulière ait plus d'empire et domine plus aisément les autres ; tout marche au même but, il est vrai ; mais ce but n'est point celui de la félicité publique, et la force même de l'administration tourne sans cesse au préjudice de l'État.

Du contrat social de Jean-Jacques ROUSSEAU,

→ 8,11

Liban

Ânes et ânesses

Dès les temps anciens, l'âne servait de monture aux princes. Un vieux chant interpelle les chefs d'Israël " montant des ânesses blanches " (Jg 5,10). Assez rapidement cependant, l'âne devient le moyen de locomotion et de transport populaire pour les hommes (Ex 20,17) et pour les femmes (Aksa, Jg 1,14 ; Abigaïl, 1 S 25,18). On l'employait aussi pour tirer la charrue ou faire tourner la meule. Mais on n'avait pas le droit de l'atteler avec un boeuf (Dt 22,10). Les ânes étaient utilisés pour les grands déplacements et souvent chargés lourdement. Les fils de Joseph vont chercher du blé en Égypte avec des ânes (Gn 42,27). Le domestique de Mefiboshet vient à la rencontre de David " avec une paire d'ânes bâtés, chargés de 200 pains, cent grappes de raisins secs, cent fruits de saison et une outre de vin " (2 S 16,1 ; cf. Ne 13,15). Le mulet allie la prudence de l'âne et la force de la jument. Ni David (1 R 1,33) ni ses fils (2 S 13,29) ne le dédaignent comme monture. Jésus utilise une ânesse pour entrer à Jérusalem (Lc 19,28-40).

L'écologie et la Bible de Albert HARI,

→ 9,1-10

"Les ânesses s'étant égarées..." (1 S 9,3)

Saül rencontre Samuel.

11 Comme ils gravissaient la montée de la ville, ils rencontrèrent des jeunes filles qui sortaient pour puiser l'eau et ils leur demandèrent : « Le voyant est-il là ? » – 9 Autrefois en Israël, voici ce qu'on disait en allant consulter Dieu : « Allons donc chez le voyant », car au lieu de « prophète » comme aujourd'hui on disait autrefois « voyant ». – 12 Elles leur répondirent en ces termes : « Il est là, il t'a juste précédé. Hâte-toi maintenant : il est venu aujourd'hui en ville, car il y a aujourd'hui un sacrifice pour le peuple sur le haut lieu. 13 Dès que vous entrerez en ville, vous le trouverez avant qu'il ne monte au haut lieu pour le repas. Le peuple ne mangera pas avant son arrivée, car c'est lui qui doit bénir le sacrifice ; après quoi, les invités mangeront. Maintenant, montez : vous le trouverez sur l'heure. »

14 Ils montèrent donc à la ville. Comme ils entraient dans la porte, Samuel sortait à leur rencontre pour monter au haut lieu. 15 Or, un jour avant que Saül ne vînt, Yahvé avait fait cette révélation à Samuel : 16 « Demain à pareille heure, avait-il dit, je t'enverrai un homme du pays de Benjamin, tu lui donneras l'onction comme chef de mon peuple Israël, et il délivrera mon peuple de la main des Philistins, car j'ai vu la misère de mon peuple et son cri est venu jusqu'à moi. » 17 Et quand Samuel aperçut Saül, Yahvé lui signifia : « Voilà l'homme dont je t'ai dit : C'est lui qui jugera mon peuple. ». 18 Saül aborda Samuel au milieu de la porte et dit : « Indique-moi, je te prie, où est la maison du voyant. » 19 Samuel répondit à Saül : « Je suis le voyant. Monte devant moi au haut lieu. Vous mangerez aujourd'hui avec moi. Je te dirai adieu demain matin et je t'expliquerai tout ce qui occupe ton cœur. 20 Quant aux ânesses que tu as perdues il y a trois jours, ne t'en inquiète pas : elles sont retrouvées. D'ailleurs, à qui revient toute la richesse d'Israël ? N'est-ce pas à toi et à toute la maison de ton père ? »

21 Saül répondit ainsi : « Ne suis-je pas un Benjaminite, la plus petite des tribus d'Israël, et ma famille n'est-elle pas la moindre de toutes celles de la tribu de Benjamin ? Pourquoi me dire de telles paroles ? »

22 Samuel emmena Saül et son serviteur. Il les introduisit dans la salle et leur donna une place en tête des invités, qui étaient une trentaine. 23 Puis Samuel dit au cuisinier : « Sers la part que je t'ai donnée en te disant de la mettre de côté. » 24 Le cuisinier préleva le gigot et la queue, qu'il mit devant Saül, et il dit : « Voilà posé devant toi ce qu'on a laissé. Mange !... » Ce jour-là, Saül mangea avec Samuel.

25 Ils descendirent du haut lieu à la ville. On prépara un lit sur la terrasse pour Saül 26 et il se coucha.

Le petit dernier

La préhistoire de la tribu de Benjamin est obscure. Son nom n'est mentionné que dans les récits tardifs de la traversée du désert.

Il semble qu'après l'entrée en terre de Canaan avec les troupes de Josué, elle se soit installée dans le sud de la Palestine centrale. Son territoire englobait Jérusalem, ville entre les mains des Jébuséens. Son nom, Binyamin (fils de la droite ou fils du sud) lui vient peut-être de sa situation géographique. Le livre des Juges évoque plusieurs fois les hauts faits guerriers de cette tribu (Jg 3,12-30 ; 5,14 ; 19-21). Quelques grands personnages en sont issus : le juge gaucher Éhud, le prophète Jérémie et Paul de Tarse (Ac 13,21). D'après la Bible, Benjamin est la plus petite des douze tribus d'Israël. Elle descendrait du dernier fils de Jacob (Gn 35,18). C'est l'origine du mot français *benjamin* qui désigne le dernier fils d'une famille.

→ 9,16

Choix surprise

Le thème du petit, préféré au grand, traverse de nombreux écrits bibliques.

- Yahvé agrée l'offrande d'Abel, le cadet et non celle de Caïn, l'aîné (Gn 4,1-16).
- Isaac prend le pas sur Ismaël, le premier fils d'Abraham (Gn 21,1-14).
- Jacob, le cadet, reçoit de son père Isaac la bénédiction qui était normalement réservée à l'aîné, Ésaü (Gn 27,1-45).
- Le juge Gédéon, choisi par Dieu, est le dernier de la famille du clan le plus pauvre de Manassé (Jg 6,11-18).
- David est le dernier de sept frères, tellement insignifiant qu'on oublie de le présenter à Samuel en quête d'un roi (1 S 16,11).

Pourquoi cette insistance des scribes royaux qui ont écrit ces textes ? Peut-être voulaient-ils défendre une thèse et justifier le choix de Salomon, fils cadet et illégitime, comme successeur de David ? En même temps, ils exprimaient leur foi en un Dieu qui préfère les petits et dont les vues ne sont pas celles des hommes.

→ 10,21

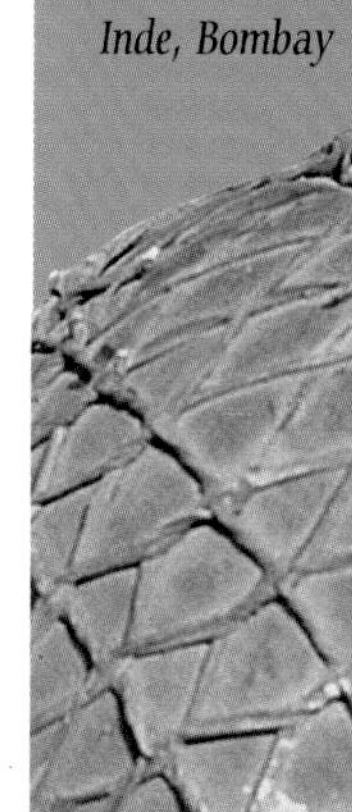

Inde, Bombay

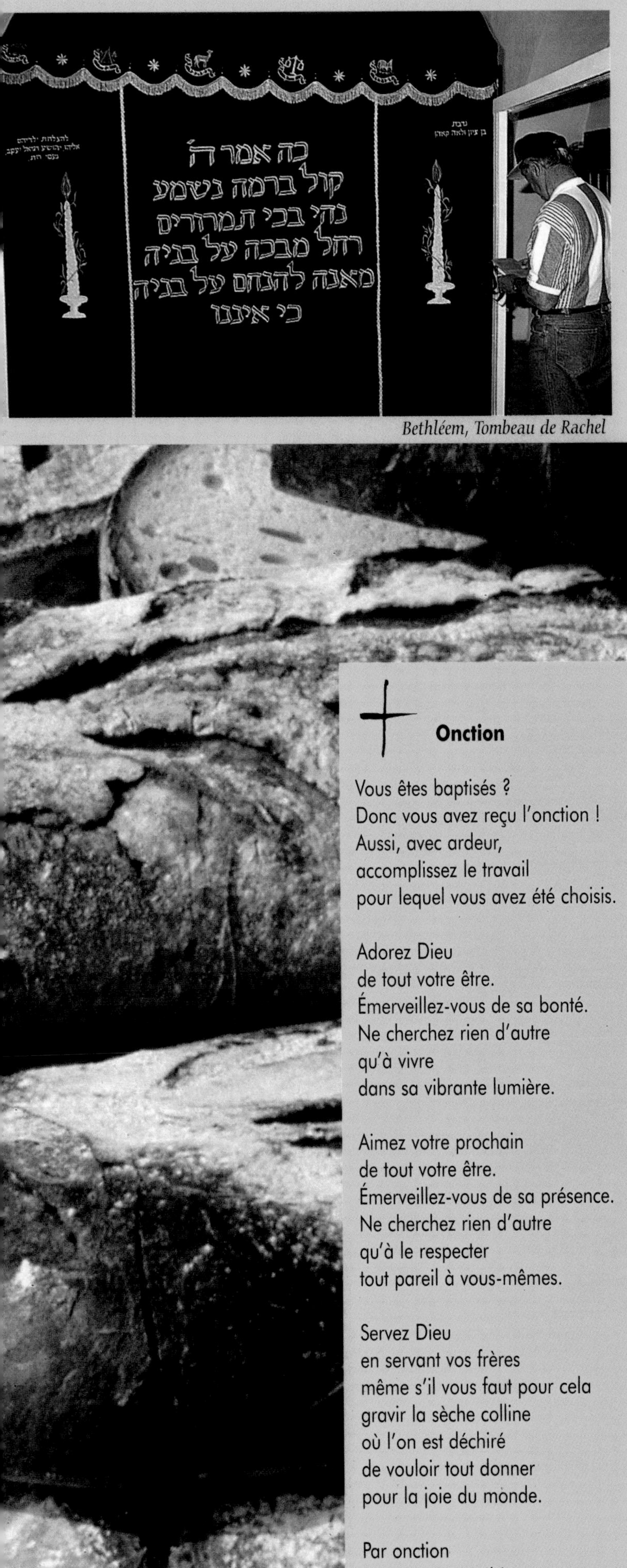

Bethléem, Tombeau de Rachel

Onction

Vous êtes baptisés ?
Donc vous avez reçu l'onction !
Aussi, avec ardeur,
accomplissez le travail
pour lequel vous avez été choisis.

Adorez Dieu
de tout votre être.
Émerveillez-vous de sa bonté.
Ne cherchez rien d'autre
qu'à vivre
dans sa vibrante lumière.

Aimez votre prochain
de tout votre être.
Émerveillez-vous de sa présence.
Ne cherchez rien d'autre
qu'à le respecter
tout pareil à vous-mêmes.

Servez Dieu
en servant vos frères
même s'il vous faut pour cela
gravir la sèche colline
où l'on est déchiré
de vouloir tout donner
pour la joie du monde.

Par onction
c'est votre travail !

→ 10,1

Le sacre de Saül.

Dès que parut l'aurore, Samuel appela Saül sur la terrasse : « Lève-toi, dit-il, je vais te dire adieu. » Saül se
leva, et Samuel et lui sortirent tous deux au-dehors. 27Ils
étaient descendus à la limite de la ville quand Samuel
dit à Saül : « Ordonne au serviteur qu'il passe devant
nous, mais toi, reste maintenant, que je te fasse entendre
la parole de Dieu. »
10. 1Samuel prit la fiole d'huile et la répandit sur la tête
de Saül, puis il l'embrassa et dit : « N'est-ce pas Yahvé
qui t'a oint comme chef de son peuple Israël ? C'est
toi qui jugeras le peuple de Yahvé et le délivreras de la
main de ses ennemis d'alentour. Et voici pour toi le
signe que Yahvé t'a oint comme chef sur son héritage.
2Quand tu m'auras quitté aujourd'hui, tu rencontre-
ras deux hommes près du tombeau de Rachel, sur la
frontière de Benjamin... et ils te diront : "Les ânesses que
tu étais parti chercher sont retrouvées. Voici que ton père
a oublié l'affaire des ânesses et s'inquiète de vous, se
disant : Que faut-il faire pour mon fils ?" 3Passant
outre, tu arriveras au Chêne de Tabor et tu y rencon-
treras trois hommes montant vers Dieu à Béthel, l'un
portant trois chevreaux, l'autre portant trois miches de
pain, le dernier portant une outre de vin. 4Ils te salue-
ront et te donneront deux pains, que tu accepteras de
leur main. 5Ensuite, tu arriveras à Gibéa de Dieu (où se
trouve le préfet des Philistins) et, à l'entrée de la ville,
tu te heurteras à une troupe de prophètes descendant
du haut lieu, précédés de la harpe, du tambourin, de
la flûte et de la cithare, et ils seront en délire. 6Alors
l'esprit de Yahvé fondra sur toi, tu entreras en délire avec
eux et tu seras changé en un autre homme. 7Lorsque
ces signes se seront réalisés pour toi, agis comme l'occasion se présentera, car Dieu est avec toi. 8Tu descen-
dras avant moi à Gilgal et je t'y rejoindrai pour offrir
des holocaustes et immoler des sacrifices de communion. Tu attendras sept jours que je vienne vers toi et
je t'apprendrai ce que tu dois faire. »

Retour de Saül.

9Dès qu'il eut tourné le dos pour quitter Samuel, Dieu
lui changea le cœur et tous ces signes s'accomplirent
le jour même. 10De là ils arrivèrent à Gibéa et voici
qu'une troupe de prophètes venait à sa rencontre ;
l'esprit de Dieu fondit sur lui et il entra en délire au
milieu d'eux. 11Lorsque ceux qui le connaissaient de
longue date virent qu'il prophétisait avec les prophètes, les gens se dirent l'un à l'autre : « Qu'est-il
arrivé au fils de Qish ? Saül est-il aussi parmi les

prophètes ? » 12 Un homme du groupe reprit : « Et qui
est leur père ? » C'est pourquoi il est passé en proverbe
de dire : « Saül est-il aussi parmi les prophètes ? »
13 Lorsqu'il fut sorti de transe, il rentra à Gibéa.
14 L'oncle de Saül lui demanda ainsi qu'à son serviteur : « Où êtes-vous allés ? » – « A la recherche des
ânesses, répondit-il. Nous n'avons rien vu et nous
sommes allés chez Samuel. » 15 L'oncle de Saül lui
dit : « Raconte-moi donc ce que Samuel vous a dit. »
16 Saül répondit à son oncle : « Il nous a seulement
annoncé que les ânesses étaient retrouvées », mais
il ne lui raconta pas l'affaire de la royauté, que
Samuel avait dite.

Saül est désigné comme roi par le sort.

17 Samuel convoqua le peuple auprès de Yahvé à Miçpa
18 et il dit aux Israélites : « Ainsi parle Yahvé, le Dieu
d'Israël : Moi, j'ai fait monter Israël d'Égypte et vous
ai délivrés de l'emprise de l'Égypte et de tous les
royaumes qui vous opprimaient. 19 Mais vous, aujour-
d'hui, vous avez rejeté votre Dieu, celui qui vous sau-
vait de tous vos maux et de toutes vos angoisses, et
vous avez dit : "Non, mais établis sur nous un roi !"
Maintenant, comparaissez devant Yahvé par tribus
et par clans. »
20 Samuel fit approcher toutes les tribus d'Israël et la
tribu de Benjamin fut désignée par le sort. 21 Il fit
approcher la tribu de Benjamin par clans, et le clan de
Matri fut désigné. Il fit approcher le clan de Matri
homme par homme, et Saül, fils de Qish, fut désigné ;
on le chercha, mais on ne le trouva pas.
22 On consulta encore Yahvé : « L'homme est-il venu
ici ? » Et Yahvé répondit : « Le voilà caché parmi les
bagages. » 23 On courut l'y prendre et il se présenta
au milieu du peuple : de l'épaule et au-dessus, il dépas-
sait tout le monde. 24 Samuel dit à tout le peuple :
« Avez-vous vu celui qu'a choisi Yahvé ? Il n'a pas
son pareil dans tout le peuple. » Et tous poussèrent des
acclamations et crièrent : « Vive le roi ! »
25 Samuel exposa au peuple le droit du roi et il l'écrivit
dans un livre qu'il déposa devant Yahvé. Puis Samuel
renvoya le peuple chacun chez soi. 26 Saül aussi rentra
chez lui à Gibéa, et partirent avec lui les vaillants dont
Dieu avait touché le cœur. 27 Mais des vauriens dirent :
« Comment celui-là nous sauverait-il ? » Ils le mépri-
sèrent et ne lui offrirent pas de présent.

Pas d'absolutisme

La royauté n'est pas absolue. Elle ne se fait pas par elle-même. D'après les récits sur ses origines, c'est le prophète qui fait le roi. Tout au long de son histoire, l'institution de la monarchie apparaîtra comme dépendante et interpellée par les prophètes. Ceux-ci reconnaîtront la mission du roi. Mais quand les actes du souverain ne seront pas conformes à l'alliance, ils réagiront. Ils seront la voix de la conscience de la royauté. Leur action peut aussi être vue comme l'affirmation de la liberté de Dieu face à toute institution humaine.

→ 10,1,8

Bande de prophètes

En Asie Mineure, en Phénicie et dans la terre de Canaan, des hommes considérés comme prophètes vivaient en groupes. Ils étaient censés bénéficier de visions et proféraient des oracles. Il cherchaient l'extase par la musique, la gesticulation et la danse. Leur délire pouvait devenir contagieux. Ils étaient censés être possédés par l'esprit de la divinité qui s'exprimait par leur bouche. Dans les temps anciens, de tels groupes existaient en Israël. Samuel lui-même aurait été à la tête d'une communauté de prophètes (1 S 19,20).

→ 10,10-12

"Le voilà caché parmi les bagages" (1 S 10,22)

Finlande

Qui sont les Ammonites ?

Les Ammonites se sont établis vers le 12e siècle avant JC en Transjordanie, entre le Jourdain et le désert.
Leur capitale, Rabba, aujourd'hui Amman, possède une source importante. Depuis des siècles, elle était le lieu d'arrêt des caravanes dont elle tirait sa richesse. Elle était située au croisement de deux grandes routes internationales : la *Voie Royale* qui allait du sud de l'Arabie à la Syrie et la *Route des nomades* qui partait du sud de la Mésopotamie et de l'Arabie du nord-est vers Jéricho et Jérusalem.
Le roi des Ammonites s'appelait Nahash, ce qui en hébreu signifie " serpent ". Dérision de la part de leurs adversaires : le serpent est le symbole du mal !

→ 11,1

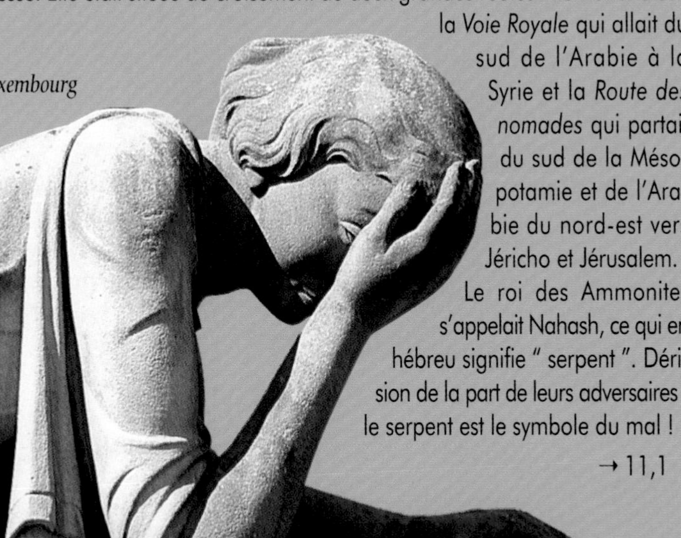

Luxembourg

Turquie

Villes jumelées

Yabesh en Galaad est éloignée d'environ 100 km de Gibéa de Benjamin. Pourquoi les habitants de la première ville font-ils appel à des alliés si lointains ? La réponse se trouve à la fin du livre des Juges.
Selon ce récit (Jg 19-22), des vauriens de Gibéa ont abusé, jusqu'à la mort, de la concubine d'un lévite de passage dans leur ville. Mais les notables de Gibéa refusèrent de livrer les coupables aux autres tribus. Celles-ci s'unirent contre Benjamin dont la population fut décimée. Alors les Israélites se repentirent. Ils organisèrent une expédition à Yabesh de Galaad, une cité qui avait refusé de se joindre à eux. Ils donnèrent à Benjamin 400 jeunes filles de Yabesh pour que la tribu puisse continuer à exister.
Yabesh et Gibéa étaient unies par de nombreux liens matrimoniaux. Ceci explique cela.

→ 11,1-4

Victoire contre les Ammonites.

11. Environ un mois après, 1Nahash l'Ammonite
vint dresser son camp contre Yabesh de Galaad. Tous
les gens de Yabesh dirent à Nahash : « Fais un traité
avec nous et nous te servirons. » 2Mais Nahash
l'Ammonite leur répondit : « Voici à quel prix je
traiterai avec vous ; je vous crèverai à tous l'œil
droit, j'en ferai un défi à tout Israël. » 3Les anciens
de Yabesh lui dirent : « Accorde-nous une trêve de
sept jours. Nous enverrons des messagers dans tout
le territoire d'Israël et, si personne ne vient à notre
secours, nous nous rendrons à toi. » 4Les messagers
arrivèrent à Gibéa de Saül et exposèrent les choses
aux oreilles du peuple, et tout le peuple se mit à
crier et à pleurer.
5Or, voici que Saül revenait des champs derrière ses
bœufs et il demanda : « Qu'a donc le peuple à pleurer ainsi ? » On lui raconta les propos des hommes
de Yabesh, 6et quand Saül entendit ces choses l'esprit
de Yahvé fondit sur lui et il entra dans une grande
colère. 7Il prit une paire de bœufs et la dépeça en
morceaux qu'il envoya par messagers dans tout le
territoire d'Israël, avec ces mots : « Quiconque ne
marchera pas à la suite de Saül, ainsi sera-t-il fait de
ses bœufs. » Une terreur de Yahvé s'abattit sur le
peuple et ils marchèrent comme un seul homme. 8Il
les passa en revue à Bézeq : il y avait trois cent mille
Israélites et trente mille hommes de Juda. 9Il dit aux
messagers qui étaient venus : « Dites aux hommes
de Yabesh de Galaad : Demain, quand le soleil sera
ardent, le secours vous arrivera. » Une fois rentrés,
les messagers donnèrent la nouvelle aux hommes
de Yabesh, qui se réjouirent. 10Ceux-ci dirent à
Nahash : « Demain, nous sortirons vers vous et vous
nous ferez tout ce qu'il vous plaira. »
11Le lendemain, Saül disposa l'armée en trois corps,
qui envahirent le camp à la veille du matin, et ils battirent les Ammonites jusqu'au plus chaud du jour.
Les survivants se dispersèrent, il n'en resta pas deux
ensemble.

Saül est proclamé roi.

12Alors le peuple dit à Samuel : « Qui donc disait :
"Saül régnera-t-il sur nous ?" Livrez ces gens, que
nous les mettions à mort. » 13Mais Saül dit : « On ne
mettra personne à mort en ce jour, car aujourd'hui
Yahvé a opéré un salut en Israël. » 14Puis Samuel dit
au peuple : « Venez et allons à Gilgal et nous y
renouvellerons la royauté. »

[15]Tout le peuple se rendit à Gilgal et Saül y fut proclamé roi devant Yahvé, à Gilgal. Là, on immola
devant Yahvé des sacrifices de communion, et Saül
et tous les hommes d'Israël se livrèrent à de grandes
réjouissances.

Samuel se retire devant Saül.

12. [1]Samuel dit à tout Israël : « J'ai satisfait à tout
ce que vous m'avez demandé et j'ai fait régner un roi
sur vous. [2]Désormais, c'est le roi qui marchera devant
vous. Pour moi, je suis devenu vieux, j'ai blanchi et
mes fils sont parmi vous. J'ai marché devant vous
depuis ma jeunesse jusqu'à ce jour. [3]Me voici !
Témoignez contre moi devant Yahvé et devant son
oint : de qui ai-je pris le bœuf et de qui ai-je pris
l'âne ? Qui ai-je frustré et qui ai-je opprimé ? De qui
ai-je reçu une compensation pour que je ferme les
yeux ? Je vous restituerai. » [4]Ils répondirent : « Tu ne
nous as ni frustrés ni opprimés, tu n'as rien reçu de
personne.» [5]Il leur dit : « Yahvé est témoin contre
vous, et son oint est témoin aujourd'hui, que vous
n'avez rien trouvé entre mes mains. » Et ils répondirent : « Il est témoin. »
[6]Alors Samuel dit au peuple : « Il est témoin, Yahvé
qui a suscité Moïse et Aaron et qui a fait monter
vos pères du pays d'Égypte. [7]Comparaissez maintenant ; que je plaide avec vous devant Yahvé et que je
vous rappelle tous les bienfaits que Yahvé a accomplis à votre égard et à l'égard de vos pères : [8]quand
Jacob fut venu en Égypte, les Égyptiens les oppri-
mèrent et vos pères crièrent vers Yahvé. Celui-ci
envoya Moïse et Aaron qui firent sortir vos pères
d'Égypte, et il les installa en ce lieu. [9]Mais ils oubliè-
rent Yahvé leur Dieu et celui-ci les livra aux mains
de Sisera, chef de l'armée de Haçor, aux mains des
Philistins et du roi de Moab qui leur firent la guerre. [10]Ils crièrent vers Yahvé : “Nous avons péché,
dirent-ils, car nous avons abandonné Yahvé et servi
les Baals et les Astartés. Maintenant, délivre-nous
de la main de nos ennemis et nous te servirons !”
[11]Alors Yahvé envoya Yerubbaal, Baraq, Jephté,
Samuel, il vous a délivrés de vos ennemis d'alentour
et vous êtes demeurés en sécurité.
[12]« Cependant, lorsque vous avez vu Nahash, le roi
des Ammonites, marcher contre vous, vous m'avez
dit : “Non ! Il faut qu'un roi règne sur nous.”
Pourtant, Yahvé votre Dieu, c'est lui votre roi ! [13]Voici
maintenant le roi que vous avez choisi, Yahvé a établi sur vous un roi. [14]Si vous craignez Yahvé et le servez, si vous lui obéissez et ne vous révoltez pas contre

Désigné par Dieu

Le Coran présente un dialogue entre le prophète Samuel et le peuple à l'occasion de l'accession de Saül à la royauté :

Le prophète leur dit :
" Dieu a désigné Saül pour être votre roi. "
Ils dirent :
" Comment pourrait-il être notre souverain ?
Nous avons plus de droits que lui à la royauté,
et il ne possède pas une abondance de biens. "
Le prophète leur dit :
" Dieu l'a choisi de préférence à vous tous.
Il lui a donné la science
et la force en abondance.
Dieu donne la royauté à qui il veut.
Dieu est bienfaisant et omniscient. "

Coran II,247

→ 10,24

Déjà la corruption

Les paroles de Samuel évoquent les fautes contre la justice sociale redoutées par le peuple. Le Deutéronome exprime la même inquiétude. Selon lui, Dieu dit à Moïse :

Tu constitueras des juges et des scribes, en chacune des villes que Yahvé te donne, pour toutes tes tribus ; ils jugeront le peuple en des jugements justes.
Tu ne porteras pas atteinte au droit, tu ne feras pas acception de personne et tu n'accepteras pas de présent, car le présent aveugle les yeux des sages et compromet la cause des justes.

Deutéronome 16,18-19

→ 12,3-5

Adieux

Dans l'historiographie d'Israël, la vie des grands chefs s'achève par un discours récapitulatif. Comme Moïse (Dt 29-31) et Josué (Jos 24), Samuel rappelle l'action passée de Dieu pour son peuple et promet son aide pour l'avenir. Mais ces discours ne sont pas qu'une conclusion. Ils inaugurent une nouvelle étape de l'histoire. Après Moïse, voici la conquête avec Josué. Après Josué, voici la période des Juges. Après Samuel, regardé comme le dernier des Juges, voici le début de la royauté. Pour l'historien, il s'agit d'une succession de structures sociales : nomadisme, sédentarisation et fédération des tribus, centralisation et royauté. Pour le théologien, il s'agit de différentes étapes de l'Alliance.

→ 12,6-25

Les idoles de néant qui ne servent de rien

Très tôt dans l'histoire de la pensée, Dieu a été assimilé au suprême degré de réalité : il est l'Être, et lui seul donne l'être aux choses. Du coup, tout ce qui n'est pas Dieu manque d'être ; de l'homme, qui ne se cherche que parce qu'il sait manquer de lui-même, aux idoles qui, en ce qui les concerne, ne sont à proprement parler rien. Voilà donc le drame de la relation de l'homme à Dieu : incapable de tendre vers le plus haut degré de l'Être, l'homme lui substitue cette illusion chimérique sans réalité, l'idole. Créé pour connaître l'Être, l'homme déchoit en s'emparant de ce qui n'est rien, ce néant qui est négation absolue de toute réalité :

De toute nécessité, il faut dire et penser que l'Être est, puisqu'il est l'Être. Quant au Non-Être, il n'est rien, affirmation que je t'invite à bien peser (...) Il nous reste un seul chemin à parcourir : l'Être est. Et il y a une foule de signes que l'Être est incréé, impérissable, car seul il est complet, immobile et éternel. On ne peut dire qu'il a été ou qu'il sera, puisqu'il est à la fois tout entier dans l'instant présent, un, continu.

Fragments de PARMÉNIDE in Les penseurs grecs avant Socrate, traduction Jean VOILQUIN, © Éditions Garnier-Flammarion

→ 12,21

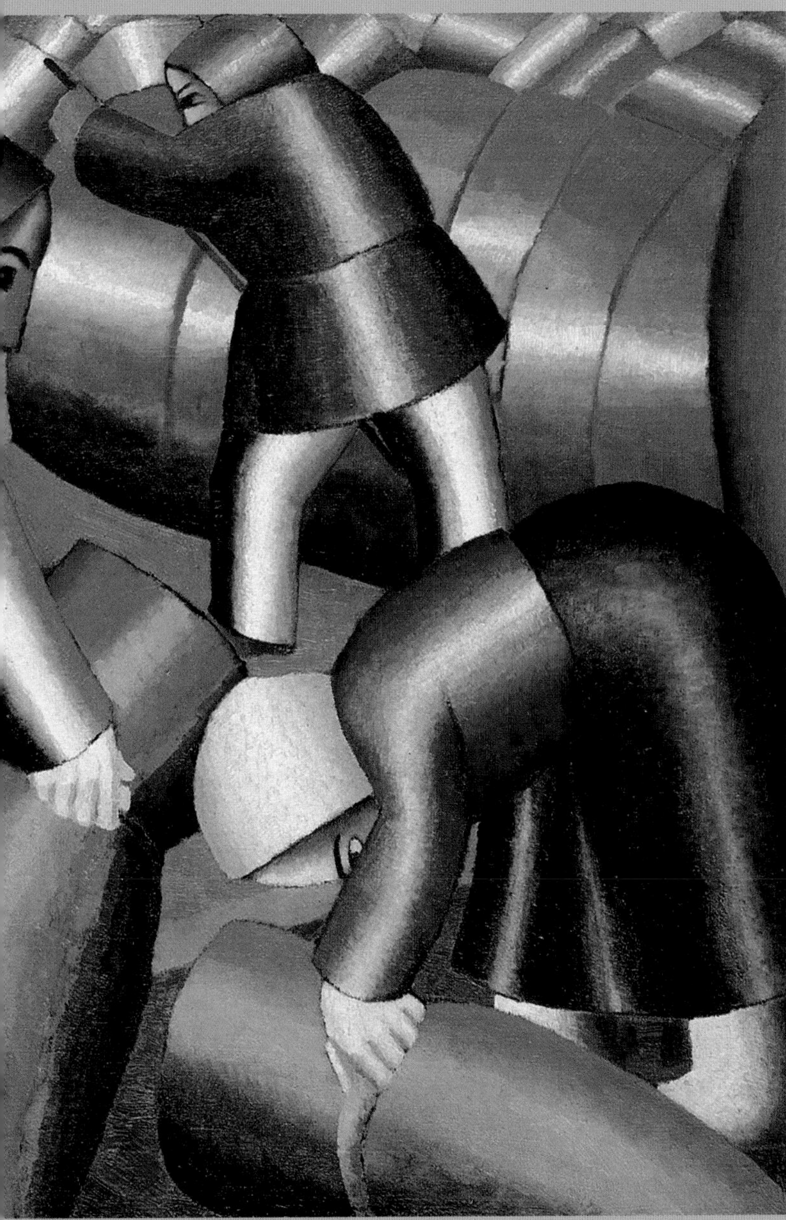

Kasimir Malevitch (1878-1935), La rentrée des moissons, © Sedelijk museum, Amsterdam (Hollande)

ses ordres, si vous-mêmes et le roi qui règne sur
vous, vous suivez Yahvé votre Dieu, c'est bien ! 15Mais
si vous n'obéissez pas à Yahvé, si vous vous révoltez
contre ses ordres, alors la main de Yahvé pèsera sur
vous et sur votre roi.
16« Encore une fois comparaissez et voyez le grand
prodige que Yahvé accomplit sous vos yeux. 17N'est-
ce pas maintenant la moisson des blés ? Eh bien, je vais
invoquer Yahvé et il fera tonner et pleuvoir.
Reconnaissez clairement combien grave est le mal que
vous avez commis au regard de Yahvé en demandant
pour vous un roi. » 18Samuel invoqua Yahvé et celui-
ci fit tonner et pleuvoir le jour même, et tout le peuple
eut une grande crainte de Yahvé et de Samuel. 19Tous
dirent à Samuel : « Prie Yahvé ton Dieu en faveur de
tes serviteurs, afin que nous ne mourions pas ; nous
avons mis le comble à tous nos péchés en demandant
pour nous un roi. »
20Mais Samuel dit au peuple : « Ne craignez pas. Oui,
vous avez commis tout ce mal. Seulement, ne vous
écartez pas de Yahvé et servez-le de tout votre cœur.
21Ne vous écartez pas à la suite des idoles de néant qui
ne servent de rien, qui ne sont d'aucun secours, car elles
ne sont que néant. 22En effet, Yahvé ne réprouvera pas
son peuple, pour l'honneur de son grand nom, car
Yahvé a daigné faire de vous son peuple. 23Pour ma
part, que je me garde de pécher contre Yahvé en ces-
sant de prier pour vous et de vous enseigner le bon et
droit chemin. 24Craignez seulement Yahvé et servez-le
sincèrement de tout votre cœur, car voyez le grand
prodige qu'il a accompli parmi vous. 25Mais si vous
commettez le mal, vous périrez, vous et votre roi. »

II
Débuts du règne de Saül

Soulèvement contre les Philistins.

13. 1Saül était âgé de ... ans lorsqu'il devint roi, et il
régna ... ans sur Israël. 2Saül se choisit trois mille
hommes d'Israël : il y en eut deux mille avec Saül à
Mikmas et dans la montagne de Béthel, il y en eut mille
avec Jonathan à Géba de Benjamin, et Saül renvoya
le reste du peuple chacun à sa tente.

"Que les nuages déversent la justice, que la terre s'ouvre et produise le salut…" (Is 45,8)

3Jonathan tua le préfet des Philistins qui se trouvait
à Gibéa et les Philistins apprirent que les Hébreux
s'étaient révoltés. Saül fit sonner du cor dans tout le
pays 4et tout Israël reçut la nouvelle : « Saül a tué le
préfet des Philistins, Israël s'est même rendu odieux
aux Philistins ! » et le peuple se groupa derrière Saül
à Gilgal. 5Les Philistins se rassemblèrent pour combattre
Israël, trois mille chars, six mille chevaux et une
troupe aussi nombreuse que le sable du bord de la
mer, et ils vinrent camper à Mikmas, à l'orient de
Bet-Avèn. 6Lorsque les Israélites se virent en détresse,
car on les serrait de près, les gens se cachèrent dans
les grottes, les trous, les failles de rocher, les souterrains et les citernes. 7Ils passèrent aussi par les gués
du Jourdain, au pays de Gad et de Galaad.

Rupture entre Samuel et Saül.

Saül était encore à Gilgal et le peuple tremblait derrière
lui. 8Il attendit sept jours, selon le terme que Samuel
avait fixé, mais Samuel ne vint pas à Gilgal et l'armée,
quittant Saül, se débanda. 9Alors celui-ci dit :
« Amenez-moi l'holocauste et les sacrifices de communion », et il offrit l'holocauste.
10Or il achevait d'offrir l'holocauste lorsque Samuel
arriva, et Saül sortit à sa rencontre pour le saluer.
11Samuel dit : « Qu'as-tu fait ? », et Saül répondit :
« J'ai vu que l'armée me quittait et se débandait, que
d'autre part tu n'étais pas venu au jour fixé et que les
Philistins étaient rassemblés à Mikmas. 12Je me suis
dit : Maintenant les Philistins vont descendre sur moi
à Gilgal et je n'aurai pas apaisé Yahvé ! Alors je me suis
contraint et j'ai offert l'holocauste. » 13Samuel dit à
Saül : « Tu as agi en insensé ! Tu n'as pas observé
l'ordre que Yahvé ton Dieu t'a donné. Autrement
Yahvé aurait affermi pour toujours ta royauté sur
Israël, 14mais maintenant, ta royauté ne tiendra pas :
Yahvé s'est cherché un homme selon son cœur et il l'a
désigné comme chef sur son peuple, parce que tu n'as
pas observé ce que Yahvé t'avait commandé. » 15Samuel
se leva et partit de Gilgal pour suivre son chemin. Ce
qui restait du peuple monta derrière Saül à la rencontre des hommes de guerre et vint de Gilgal à Géba
de Benjamin. Saül passa en revue la troupe qui se
trouvait avec lui : il y avait environ six cents hommes.

Préparatifs de combat.

16Saül et son fils Jonathan et la troupe qui était avec
eux résidaient à Géba de Benjamin et les Philistins
campaient à Mikmas. 17Le corps de destruction sortit

Double fonction

Le cor avait une double fonction. En temps de guerre, il était utilisé pour sonner l'alarme. En temps de paix, on l'employait pour annoncer certaines fêtes religieuses.
Aujourd'hui encore, de façon plus sophistiquée, les moyens de communication jouent un double rôle. Ils peuvent servir des projets militaires ou favoriser les rapports entre les humains.

→ 13,3

Trois mille chars

Le char était le moyen de combat le plus performant des armées du Proche-Orient. Les chars égyptiens poursuivirent les Hébreux en fuite (Ex 14,6). Lors de leur installation en Canaan les tribus d'Israël durent affronter les chars des Cananéens (Jg 4,3) et des Philistins (1 S 13,5). L'armement d'Israël était modeste (1 S 13,19-22). Ce n'est que Salomon qui dota le pays d'une charrerie " moderne ". Les chars servaient aussi pour certains déplacements, pour l'agriculture et pour les parades des hauts dignitaires (Gn 41,43).

→ 13,5

Égypte, Le Caire

Six mille chevaux

Venant d'Asie Mineure, le cheval fut sans doute introduit au 18e siècle en Égypte. Pendant longtemps, il servit exclusivement pour l'attelage de chars de combats. Salomon fit construire plusieurs grandes écuries pour les chevaux de son armée (1 R 9,19). Ce n'est qu'à l'époque d'Assurbanipal, un roi d'Assyrie du 7e siècle, que les premières unités de cavaliers furent créées.
Le récit biblique parle de 3 000 chars et de 6 000 chevaux. Ces chiffres sont sans aucun doute surfaits. Ils sont destinés à souligner la puissance des adversaires face à la modestie de l'armement des Hébreux. Le caractère prodigieux de la victoire d'Israël apparaît alors clairement.

→ 13,5

Embargo sur le fer

La main des Philistins pesait lourdement sur le pays. Aux commandos répétés qui ravageaient la région, s'ajoutait un procédé nouveau : l'embargo sur le fer. Les Philistins, arrivés récemment, avaient apporté avec eux cette technique nouvelle et se la réservaient jalousement. Il en sera de même en d'autres temps et en d'autres lieux : à Rome, au 6e siècle avant JC, le roi étrusque Porséna ne permit aux Romains l'utilisation du fer que pour l'agriculture et l'empereur perse Cyrus interdit les armes aux Lydiens.

→ 13,19-22

Portugal, Porto

Jordanie, Madaba

du camp philistin en trois bandes : une bande prit la
direction d'Ophra, au pays de Shual, 18une bande prit
la direction de Bet-Horôn et une bande prit la direction
de la hauteur qui surplombe la Vallée des Hyènes, vers
le désert.
19Il n'y avait pas de forgeron dans tout le pays d'Israël,
car les Philistins s'étaient dit : « Il faut éviter que les
Hébreux ne fabriquent des épées ou des lances. » 20Aussi
tous les Israélites descendaient chez les Philistins pour
reforger chacun son soc, sa hache, son herminette ou
sa faucille. 21Le prix était de deux tiers de sicle pour les
socs et les haches, d'un tiers de sicle pour aiguiser les
herminettes et redresser les aiguillons. 22Aussi arriva-
t-il qu'au jour de la bataille, dans l'armée qui était avec
Saül et Jonathan, personne n'avait en main ni épée ni
lance. Il y en avait cependant pour Saül et pour son fils
Jonathan.
23Un poste de Philistins partit pour la passe de Mikmas.

Jonathan attaque le poste.

14. 1Un jour le fils de Saül, Jonathan, dit à son écuyer :
« Viens, traversons jusqu'au poste des Philistins qui
sont de l'autre côté », mais il n'avertit pas son père. 2Saül
était assis à la limite de Géba, sous le grenadier qui est
près de l'aire, et la troupe qui était avec lui était d'environ six cents hommes. 3Ahiyya, fils d'Ahitub, frère
d'Ikabod, fils de Pinhas, fils d'Éli, le prêtre de Yahvé à
Silo, portait l'éphod. La troupe ne remarqua pas que
Jonathan était parti.
4Dans le défilé que Jonathan cherchait à franchir pour
atteindre le poste philistin, il y a une dent de rocher d'un
côté et une dent de rocher de l'autre côté. L'une est
appelée Boçèç, et l'autre Senné ; 5la première dent est au
nord, face à Mikmas, la seconde est au sud, face à Géba.
6Jonathan dit à son écuyer : « Viens, traversons jusqu'au poste de ces incirconcis. Peut-être Yahvé fera-t-
il quelque chose pour nous, car rien n'empêche Yahvé
de donner la victoire, qu'on soit beaucoup ou peu. » 7Son
écuyer lui répondit : « Fais tout ce vers quoi penche
ton cœur. Je suis avec toi, mon cœur est comme ton
cœur. » 8Jonathan dit : « Voici que nous allons passer
vers ces gens et nous découvrir à eux. 9S'ils nous disent :
"Ne bougez pas jusqu'à ce que nous vous rejoignions",
nous resterons sur place et nous ne monterons pas
vers eux. 10Mais s'ils nous disent : "Montez vers nous",
nous monterons, car Yahvé les aura livrés entre nos
mains : cela nous servira de signe. »
11Lorsqu'ils se découvrirent tous les deux au poste des
Philistins, ceux-ci dirent : « Voilà des Hébreux qui sortent des trous où ils se cachaient », 12et les gens du

Cuba, La Havane

Une panique de Dieu

Dans de nombreux récits de bataille où l'ennemi est mis en débandade, les auteurs bibliques parlent d'une " panique de Dieu ". Ainsi, " Moab fut pris de panique " devant les Hébreux (Nb 22,3) ; " tous les habitants du pays furent pris de panique " à l'arrivée de Josué (Jos 2,9) ; " Yahvé frappa de panique Sisera, tous ses chars et toute son armée " (Jg 4,15). Cette manière de raconter l'événement traduit deux réalités : d'une part le souvenir de la confusion qui règne dans une armée en défaite, d'autre part la foi de l'auteur en Yahvé qui provoque cette confusion pour donner la victoire à Israël.

→ 14,15

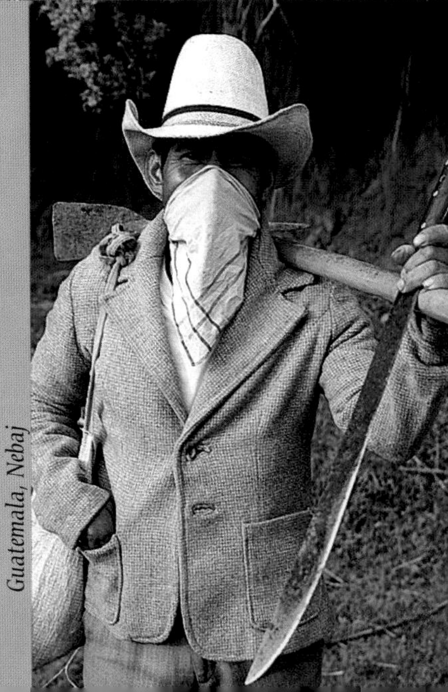

Guatemala, Nebaj

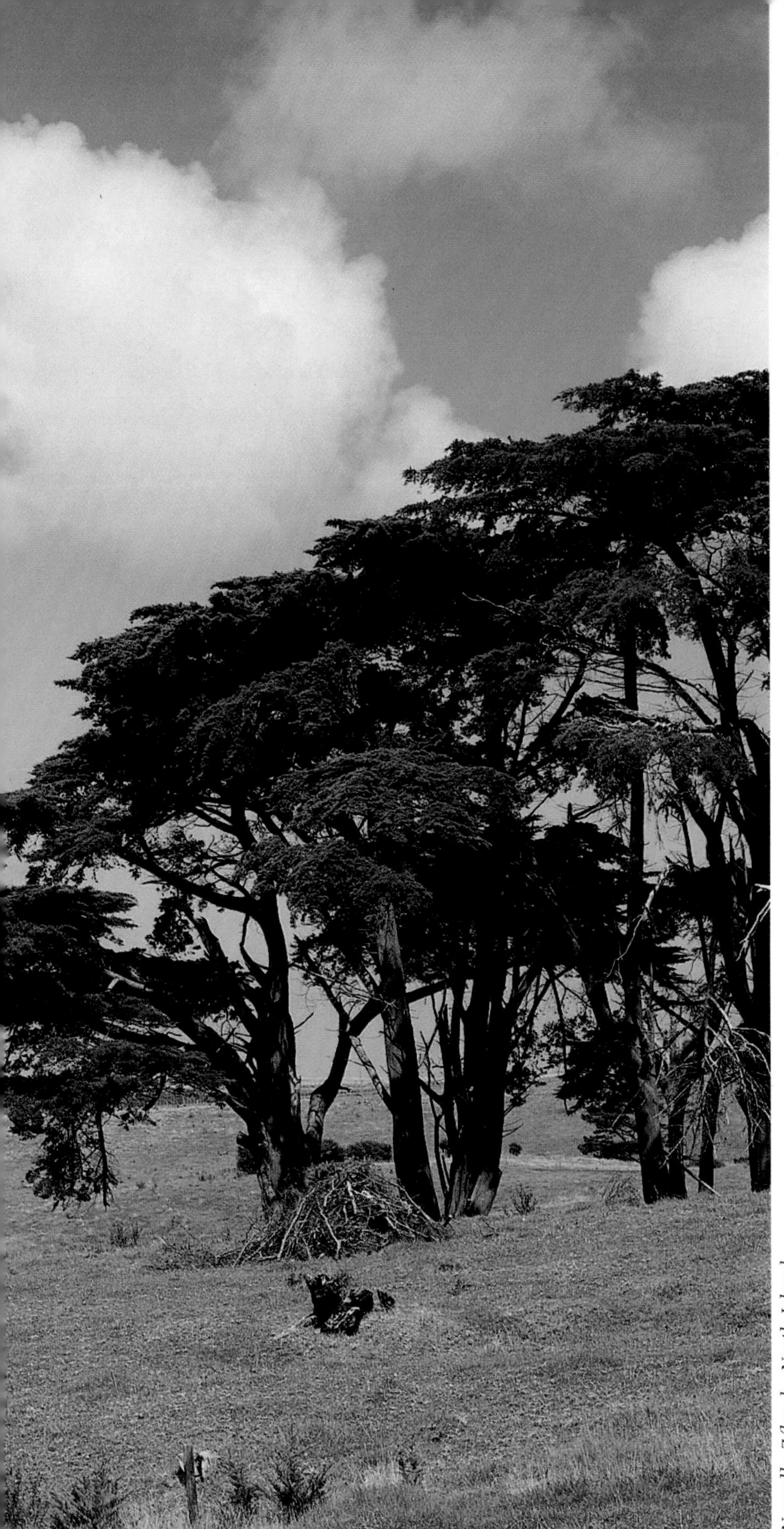

Nouvelle-Zélande, North Island

Des trous pour se cacher

Les grottes ont souvent servi de refuges devant l'ennemi ou de repaires pour les résistants. Devant le péril philistin, les Israélites "se cachèrent dans les grottes, les trous, les failles des rochers, les souterrains et les citernes" (1 S 13,6). David fuyant devant Saül, se réfugie dans la grotte d'Adullam (1 S 22,1 ; 23,25 ; 24,1). Les grottes du mont Arbet, sur la rive occidentale du lac de Tibériade, furent utilisées lors de la révolte des Maccabées au 2e siècle avant JC (2 M 10,6). Plus tard, les zélotes y trouvèrent refuge. Pour les déloger, en l'an 38 de notre ère, Hérode fit descendre des soldats dans des cages suspendues au sommet de la falaise. Ils enfumèrent les occupants qui furent précipités dans le vide. En 132, l'arrestation et l'exécution de Bar Kocheba et de ses partisans par l'armée romaine dans les failles rocheuses du désert de Juda, marque la fin de la deuxième révolte juive.

→ 14,11

poste, s'adressant à Jonathan et à son écuyer, dirent :
« Montez vers nous, que nous vous apprenions quelque
chose. » Alors Jonathan dit à son écuyer : « Monte
derrière moi, car Yahvé les a livrés aux mains d'Israël. »
13Jonathan monta en s'aidant des mains et des pieds,
et son écuyer le suivit ; ils tombaient devant Jonathan
et son écuyer les achevait derrière lui. 14Ce premier
massacre que firent Jonathan et son écuyer fut d'une
vingtaine d'hommes...

Bataille générale.

15La terreur se répandit dans le camp, dans la campagne et dans tout le peuple ; le poste et le corps de destruction furent saisis d'effroi eux aussi, la terre trembla
et ce fut une panique de Dieu. 16Les guetteurs de Saül,
qui étaient à Géba de Benjamin, virent que le camp
s'agitait en tous sens, 17et Saül dit à la troupe qui était
avec lui : « Faites l'appel et voyez qui d'entre nous est
parti. » On fit l'appel et voilà que Jonathan et son
écuyer étaient absents !
18Alors Saül dit à Ahiyya : « Apporte l'éphod », car
c'était lui qui portait l'éphod en présence d'Israël. 19Mais
pendant que Saül parlait au prêtre, le tumulte au camp
philistin allait croissant et Saül dit au prêtre : « Retire
ta main. » 20Saül et toute la troupe qui était avec lui se
réunirent et arrivèrent au lieu du combat : voilà qu'ils
tiraient l'épée les uns contre les autres, une énorme
panique ! 21Les Hébreux qui s'étaient mis auparavant
au service des Philistins et qui étaient montés avec eux
au camp firent défection eux aussi, pour se joindre
aux Israélites qui étaient avec Saül et Jonathan. 22Tous
les Israélites qui s'étaient cachés dans la montagne
d'Éphraïm, apprenant que les Philistins étaient en fuite,
les talonnèrent aussi, en combattant. 23Ce jour-là Yahvé
donna la victoire à Israël.

Une interdiction de Saül violée par Jonathan.

Le combat s'étendit au-delà de Bet-Horôn. 24Comme les
gens d'Israël étaient serrés de près ce jour-là, Saül pro-
nonça sur le peuple cette imprécation : « Maudit soit
l'homme qui mangera quelque chose avant le soir,
avant que j'aie tiré vengeance de mes ennemis ! » Et personne du peuple ne goûta d'aucune nourriture.
25Or, il y avait un rayon de miel en plein champ. 26Le
peuple arriva au rayon de miel et le miel coulait, mais
personne ne porta la main à sa bouche, car le peuple
redoutait le serment juré. 27Cependant Jonathan n'avait
pas entendu son père imposer le serment au peuple.

Il avança le bout du bâton qu'il avait à la main et le
plongea dans le rayon de miel, puis il ramena la main
à sa bouche ; alors ses yeux s'éclaircirent. 28Mais quelqu'un de la troupe prit la parole et dit : « Ton père a
imposé ce serment au peuple : "Maudit soit l'homme,
a-t-il dit, qui mangera quelque chose aujourd'hui". »
29Jonathan répondit : « Mon père a fait le malheur du
pays ! Voyez donc comme j'ai les yeux plus clairs pour
avoir goûté ce peu de miel. 30A plus forte raison, si le
peuple avait mangé aujourd'hui du butin qu'il a trouvé
chez l'ennemi, est-ce qu'alors la défaite des Philistins
n'aurait pas été plus grande ? »

Faute rituelle du peuple.

31Ce jour-là, on battit les Philistins depuis Mikmas
jusqu'à Ayyalôn et le peuple était à bout de force.
32Alors le peuple se rua sur le butin, il prit du petit
bétail, des bœufs, des veaux, les immola à même la
terre et il se mit à manger avec le sang. 33On avertit
ainsi Saül : « Le peuple est en train de pécher contre
Yahvé en mangeant avec le sang ! » Alors il dit : « Vous
avez été infidèles ! Roulez-moi ici une grande pierre ! »
34Puis Saül dit : « Répandez-vous dans le peuple et
dites : "Que chacun m'amène son bœuf ou son mou-
ton" ; vous les immolerez ici et vous mangerez, sans
pécher contre Yahvé en mangeant avec le sang. » Les
hommes amenèrent chacun ce qu'il avait cette nuit-
là et ils firent l'immolation en cet endroit. 35Saül
construisit un autel à Yahvé ; ce fut le premier autel
qu'il lui construisit.

Jonathan reconnu coupable est sauvé par le peuple.

36Saül dit : « Descendons de nuit à la poursuite des
Philistins et pillons-les jusqu'au lever du jour ; nous
ne leur laisserons pas un homme. » On lui répondit :
« Fais tout ce qui te semble bon. » Mais le prêtre dit :
« Approchons-nous ici de Dieu. » 37Saül consulta Dieu :
« Descendrai-je à la poursuite des Philistins ? Les livre-
ras-tu entre les mains d'Israël ? » Mais il ne lui répondit pas ce jour-là. 38Alors, Saül dit : « Approchez ici,
vous tous, chefs du peuple ! Examinez bien en quoi a
consisté la faute d'aujourd'hui. 39Aussi vrai que vit
Yahvé qui donne la victoire à Israël, même s'il s'agit
de mon fils Jonathan, il mourra sûrement ! » Personne
dans tout le peuple n'osa lui répondre. 40Il dit à tout
Israël : « Mettez-vous d'un côté et moi avec mon fils
Jonathan nous nous mettrons de l'autre », et le peuple
répondit à Saül : « Fais ce qui te semble bon. »

Irrespect filial

Jonathan n'est pas tendre vis-à-vis de son père Saül. Il le regarde comme celui qui a " fait le malheur du pays " (14,29). Pourquoi ce jugement négatif sur ce roi qui avait été présenté comme " le plus beau des Israélites " (9,2) ? Pourquoi le conteur biblique se plaît-il maintenant à obscurcir la figure du premier roi ? Au fur et à mesure de la lecture des chapitres 13 à 15 le malaise du lecteur grandit. On est gêné et insatisfait. On peut se demander, à juste titre, si l'auteur n'a pas grossi et dramatisé certains faits pour expliquer l'échec de Saül et son remplacement par David. Le mystère de la destinée de Saül, présenté comme appelé, puis rejeté par Dieu, continue à planer sur la suite de ce livre jusqu'au dénouement tragique de Gelboé (1 S 31).

→ 14,29

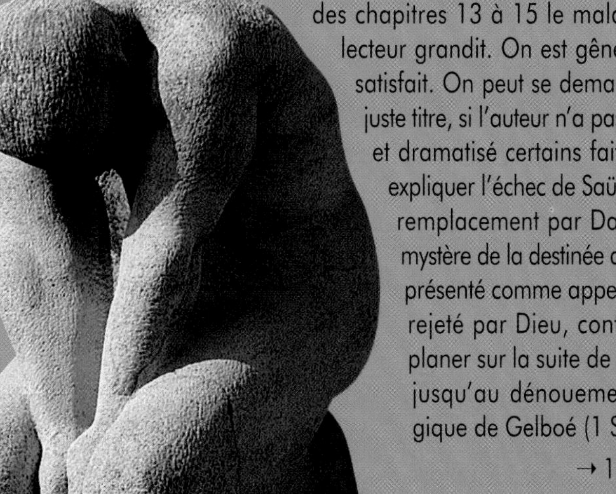

Belgique, Bruxelles

Vers une armée de métier

Jusqu'à présent, à propos des batailles, les récits bibliques parlaient de levées en masse du peuple. Maintenant, Saül s'attache des braves et des vaillants. L'armée de métier fait son apparition. Même si les mercenaires ne sont que quelques centaines, ils constituent une force nouvelle, permanente et sûre. On passe du temps des juges à celui de la royauté, de la guerre " sainte " (menée par un homme saisi par l'esprit de Dieu) à la guerre profane.

→ 14,52

Equateur, Gayaquil

Qui donc est Samuel ?

Le livre de l'Ecclésiastique (2e siècle avant JC) fait l'éloge des ancêtres. Il ne parle pas de Saül mais s'attarde sur Samuel. Qui est donc Samuel ? Un nazir, c'est-à-dire un homme consacré à Dieu ? Le dernier des Juges, chef militaire et politique charismatique ? Le premier des prophètes ? Un prêtre ? Un voyant ? Le meneur d'un groupe de prophètes extatiques ? Un faiseur de roi ? Le livre de Samuel présente son héros jouant tour à tour ces différents rôles. Il est impossible qu'il les ait cumulé tous. Les textes les plus anciens présentent Samuel comme un voyant qui exerce des fonctions sacerdotales. Les traditions ultérieures lui en ont attribué d'autres.

Samuel fut le bien-aimé de son Seigneur ;
prophète du Seigneur, il établit la royauté
et donna l'onction aux chefs établis sur son peuple.
Dans la loi du Seigneur, il jugea l'assemblée
et le Seigneur visita Jacob.
Par sa fidélité, il fut reconnu comme prophète,
par ses discours, il se montra un voyant véridique.
Il invoqua le Seigneur tout-puissant,
quand les ennemis le pressaient de toutes parts,
en offrant un agneau de lait.
Et du ciel le Seigneur fit retentir son tonnerre,
à grand fracas il fit entendre sa voix ;
il anéantit les chefs de l'ennemi
et tous les princes des Philistins.
Avant l'heure de son éternel repos,
il rendit témoignage devant le Seigneur et son oint :
" De ses biens, pas même de ses sandales,
je n'ai dépouillé personne. "
Et personne ne l'accusa.
Après s'être endormi il prophétisa encore
et annonça au roi sa fin ;
du sein de la terre il éleva la voix pour prophétiser
pour effacer l'iniquité du peuple.

Ecclésiastique 46,13,20

→ 7,15 → 29,12-20

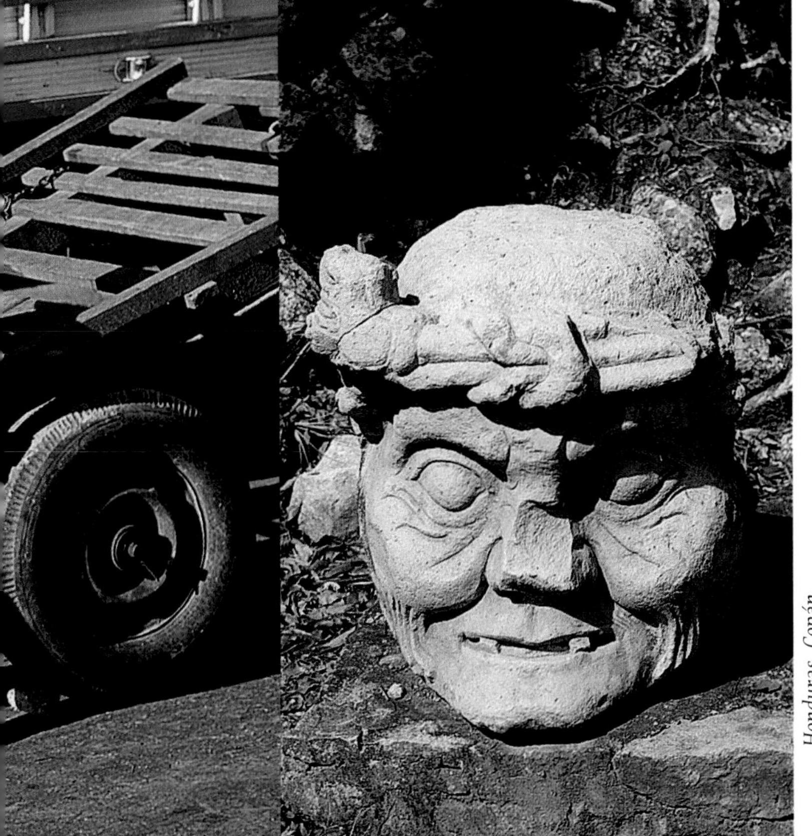

Honduras, Copán

41 Saül dit alors : « Yahvé, Dieu d'Israël, pourquoi n'as-
tu pas répondu aujourd'hui à ton serviteur ? Si la
faute est sur moi ou sur mon fils Jonathan, Yahvé,
Dieu d'Israël, donne *urim* ; si la faute est sur ton
peuple Israël, donne *tummim.* » Saül et Jonathan
furent désignés et le peuple échappa. 42 Saül dit : « Jetez
le sort entre moi et mon fils Jonathan », et Jonathan
fut désigné.
43 Alors Saül dit à Jonathan : « Avoue-moi ce que tu
as fait. » Jonathan répondit : « J'ai seulement goûté
un peu de miel avec le bout du bâton que j'avais à la
main. Je suis prêt à mourir. » 44 Saül reprit : « Que
Dieu me fasse ce mal et qu'il ajoute cet autre si tu ne
meurs pas, Jonathan ! » 45 Mais le peuple dit à Saül :
« Est-ce que Jonathan va mourir, lui qui a opéré cette
grande victoire en Israël ? Gardons-nous-en ! Aussi vrai
que Yahvé est vivant, il ne tombera pas à terre un
cheveu de sa tête, car c'est avec Dieu qu'il a agi aujour-
d'hui ! » Ainsi le peuple racheta Jonathan et il ne
mourut pas.
46 Saül renonça à poursuivre les Philistins et les
Philistins gagnèrent leur pays.

Résumé du règne de Saül.

47 Saül s'assura la royauté sur Israël et fit la guerre de
tous côtés contre tous ses ennemis, contre Moab, les
Ammonites, Édom, le roi de Çoba et les Philistins ;
où qu'il se tournât, il était victorieux. 48 Il fit des
prouesses de vaillance, battit les Amalécites et délivra
Israël des mains de ceux qui le pillaient.
49 Saül eut pour fils Jonathan, Ishyo et Malki-Shua. Les
noms de ses deux filles étaient Mérab pour l'aînée et
Mikal pour la cadette. 50 La femme de Saül se nommait Ahinoam, fille d'Ahimaaç. Le chef de son armée
se nommait Abner, fils de Ner, l'oncle de Saül : 51 Qish,
le père de Saül, et Ner, le père d'Abner, étaient les fils
d'Abiel.
52 Il y eut une guerre acharnée contre les Philistins
tant que vécut Saül. Tous les braves et tous les vaillants
que voyait Saül, il se les attachait.

Guerre sainte contre les Amalécites.

15. 1 Samuel dit à Saül : « C'est moi que Yahvé a
envoyé pour te sacrer roi sur son peuple Israël. Écoute
donc les paroles de Yahvé : 2 Ainsi parle Yahvé Sabaot :
J'ai résolu de punir ce qu'Amaleq a fait à Israël, en lui
coupant la route quand il montait d'Égypte.
3 Maintenant, va, frappe Amaleq, voue-le à l'anathème avec tout ce qu'il possède, sois sans pitié pour lui,

tue hommes et femmes, enfants et nourrissons, bœufs
et brebis, chameaux et ânes. »
4Saül convoqua le peuple et le passa en revue à Télam :
deux cent mille fantassins (et dix mille hommes de
Juda). 5Saül s'avança jusqu'à la ville d'Amaleq et se
mit en embuscade dans le ravin. 6Saül dit aux Qénites :
« Partez, séparez-vous des Amalécites, de peur que je
ne vous fasse disparaître avec eux, car vous avez été
bienveillants à tous les Israélites quand ils montaient
d'Égypte. » Et les Qénites se séparèrent des Amalécites.
7Saül battit les Amalécites à partir de Havila en direction de Shur, qui est à l'orient de l'Égypte. 8Il prit
vivant Agag, roi des Amalécites, et il passa tout le
peuple au fil de l'épée, en exécution de l'anathème.
9Mais Saül et l'armée épargnèrent Agag et le meilleur
du petit et du gros bétail, les bêtes grasses et les
agneaux, bref tout ce qu'il y avait de bon ; il ne vou-
lurent pas le vouer à l'anathème. Mais tout le troupeau vil et sans valeur, ils le vouèrent à l'anathème.

Saül est rejeté par Yahvé.

10La parole de Yahvé fut adressée à Samuel en ces
termes : 11« Je me repens d'avoir donné la royauté à
Saül, car il s'est détourné de moi et n'a pas exécuté mes
ordres. » Samuel s'enflamma et cria vers Yahvé pendant toute la nuit.
12Le matin, Samuel partit à la rencontre de Saül. On
lui donna cette information : « Saül est allé à Karmel
pour s'y dresser un trophée, puis il est reparti plus loin
et il est descendu à Gilgal. » 13Samuel arriva auprès de
Saül et Saül lui dit : « Béni sois-tu de Yahvé ! J'ai exécuté l'ordre de Yahvé. » 14Mais Samuel demanda : « Et
qu'est-ce que c'est que ces bêlements qui viennent à
mes oreilles et ces meuglements que j'entends ? »
– 15« On les a amenés d'Amaleq, répondit Saül, car le
peuple a épargné le meilleur du petit et du gros bétail
en vue de l'offrir en sacrifice à Yahvé ton Dieu. Quant
au reste, nous l'avons voué à l'anathème. »
16Mais Samuel dit à Saül : « Cesse donc, et laisse-moi
t'annoncer ce que Yahvé m'a révélé cette nuit. » Il lui
dit : « Parle. » 17Alors Samuel dit : « Si petit que tu
sois à tes propres yeux, n'es-tu pas le chef des tribus
d'Israël ? Yahvé t'a sacré roi sur Israël. 18Il t'a envoyé
en expédition et il t'a dit : "Pars, voue à l'anathème ces
pécheurs, les Amalécites, fais-leur la guerre jusqu'à
l'extermination." 19Pourquoi n'as-tu pas obéi à Yahvé ?
Pourquoi t'es-tu rué sur le butin et as-tu fait ce qui
déplaît à Yahvé ? » 20Saül répondit à Samuel : « J'ai
obéi à Yahvé ! J'ai fait l'expédition où il m'envoyait,
j'ai ramené Agag, roi d'Amaleq, et j'ai voué Amaleq

Égypte, Louxor

Un usage égyptien

L'onction du roi n'était pas propre à Israël.

Une lettre d'Amarna nous apprend que les rois de Syrie et de Palestine recevaient l'onction comme vassaux du pharaon et un balsamaire égyptien trouvé dans une des tombes royales de Byblos a peut-être servi pour une telle investiture. Plutôt qu'une coutume indigène, ces faits attestent un usage égyptien : nous savons par ailleurs que les grands officiers d'Égypte étaient oints à leur entrée en charge mais le pharaon lui-même ne l'était pas. Les rois mésopotamiens ne semblent pas l'avoir été ; on ne pourrait citer qu'un seul texte et il est douteux : c'est un passage mutilé du rituel royal assyrien, qui parle peut-être de l'onction. Par contre, les rois hittites étaient sacrés avec " l'huile sainte de la royauté " et, dans leur titulature, ces souverains se nomment " Tabarna ", l'Oint, le Grand Roi, etc.

Les Institutions de l'Ancien Testament vol.1 de R. de VAUX, © les Éditions du Cerf

→ 10,1 ; 16,12-13

Le repentir de Dieu

De même que chez les hommes la main, le pied, l'oeil, l'oreille et toutes les dénominations semblables indiquent les membres de notre corps tandis qu'en Dieu la main signifie la puissance de créer, l'œil celle d'inspecter, l'oreille celle d'entendre, le pied celle de se rendre présent quand il agit, de même l'Écriture désigne par colère de Dieu un châtiment contre les auteurs d'une faute et non une passion de Dieu, et par repentir le changement du dessein de Dieu d'une chose à une autre. Ce que nous faisons nous-mêmes en nous repentant, à savoir d'éviter ce dont nous nous sommes repentis de rechercher ce qui est meilleur, c'est cela que l'Écriture appelle repentir de Dieu. Pourquoi ? Parce qu'il fallait que les prophètes parlent de Dieu d'une manière passablement corporelle pour qu'il soit saisi par des gens très lourds d'esprit. En effet, les hommes qui prenaient pour les dieux des statues qu'ils avaient taillées et fondues et même des animaux, comment auraient-ils pu saisir par des pensées et paroles spirituelles ce que l'Écriture disait de Dieu ?

Homélies sur Samuel d'ORIGÈNE (v. 185-254), Sources chrétiennes 328, © les Éditions du Cerf

→ 15,9-11

Les fautes des autres

Facilement vues les fautes des autres,
difficiles à voir nos propres fautes ;
comme la menue paille,
on trie la faute des autres,
mais on cache les siennes
comme se dissimule un habile oiseleur.

Dhammapada, les dits du Bouddha, © Éditions Albin Michel, 1993

→ 15,13

En avance sur son temps ?

Ô tragique Saül, es-tu vraiment un " réprouvé " ? N'es-tu pas plutôt dans l'histoire de la révélation biblique, l'une de ces " pierres d'achoppement " contre laquelle on bute mais dont le heurt est salutaire ou révélateur ? Es-tu témoin de la " rébellion ", et n'es-tu pas plutôt l'homme à la vie difficile et contestée dont l'exemple a servi (et encore en le forçant, en l'" orientant ") pour illustrer un enseignement, à la vérité un très haut enseignement ? (...)

Peut-être, sans le savoir, étais-tu, Saül, terriblement en avance sur ton temps : viendra un jour, dans bien des siècles, la nécessité de " séparer les pouvoirs " et de laisser au " profane " - politique, gouvernement, justice, travail, science, enseignement, etc. - une autonomie qui n'a d'ailleurs pas à être exclusive non plus ni à se donner toute licence, une liberté qui n'en reconnaît pas moins les droits de Dieu. Tu sembles représenter déjà le " laïque " qui s'affranchit de la tutelle des mandatés officiels de Dieu. C'était évidemment trop tôt ; au développement de l'histoire et à ses progrès, il faut les patiences du temps, la suite des expériences qui peu à peu éclairent et enseignent, éduquent et libèrent.

On va de suite nous faire assister, ô roi qui fut pourtant dûment consacré, toi le premier " messie " et l'instaurateur du " royaume de Dieu ", au naufrage de ton esprit, et l'on te montrera en déraison. Après le surprenant procès, à motif religieux, bien sûr, que nous venons d'entendre en lisant les ch. 13-15 de notre livre et que l'on a placé aussitôt le récit de ton élévation au trône, comme si ton règne n'avait guère été marqué et remarqué d'autre manière, voici que l'on va mettre au compte d'humeurs chagrines ou d'un dérèglement mental une attitude montrée comme odieuse à l'égard de celui dont tu fis ton ami, ton gendre, ton fils, et qui ne manquait pas d'ambition. Mais là, justement, tout se dévoile : ta vocation était d'être une ombre pour rehausser l'éclat de la lumière. Mais grâces soient rendues à Dieu de t'avoir fait ce destin auquel s'accordent certaines de nos angoisses et peut-être annonce à sa manière - celle du " messie " en vérité - le destin mystérieux de Jésus.

La danse devant l'arche de Georges AUZOU, © Éditions de l'Orante, 1968

→ 15,23

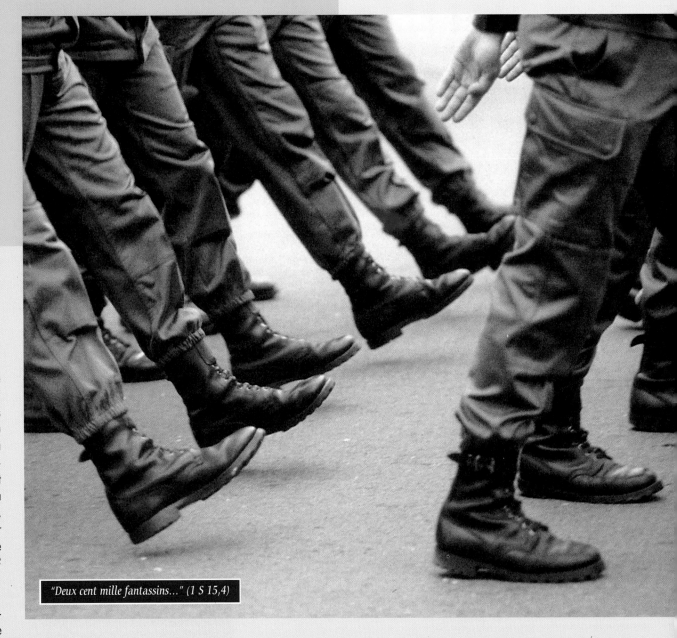

"Deux cent mille fantassins..." (1 S 15,4)

à l'anathème. 21Dans le butin, le peuple a pris,
en petit et en gros bétail, le meilleur de ce que
frappait l'anathème pour le sacrifier à Yahvé
ton Dieu à Gilgal. » 22Mais Samuel dit :
« Yahvé se plaît-il aux holocaustes et aux
sacrifices
comme dans l'obéissance à la parole de Yahvé ?
Oui, l'obéissance vaut mieux que le sacrifice,
la docilité, plus que la graisse des béliers.
23Un péché de sorcellerie, voilà la rébellion,
un crime de téraphim, voilà la présomption !
Parce que tu as rejeté la parole de Yahvé, il t'a
rejeté pour que tu ne sois plus roi ! »

Saül implore en vain son pardon.

24Saül dit à Samuel : « J'ai péché en trans-
gressant l'ordre de Yahvé et tes commande-
ments, parce que j'ai eu peur du peuple et je
lui ai obéi. 25Maintenant, je t'en prie, pardonne ma faute, reviens avec moi, que j'adore Yahvé. » 26Mais Samuel répondit à Saül :
« Je ne reviendrai pas avec toi : puisque tu as
rejeté la parole de Yahvé, Yahvé t'a rejeté pour
que tu ne sois plus roi sur Israël. » 27Comme
Samuel se détournait pour partir, Saül saisit
le pan de son manteau, qui fut arraché, 28et
Samuel lui dit : « Aujourd'hui, Yahvé t'a arraché la royauté sur Israël et l'a donnée à ton
voisin, qui est meilleur que toi. » 29(Pourtant,
la Gloire d'Israël ne ment pas et ne se repent
pas, car il n'est pas un homme pour se repentir.) 30Saül dit : « J'ai péché, cependant, je t'en
prie, honore-moi devant les anciens de mon
peuple et devant Israël, et reviens avec moi
pour que j'adore Yahvé ton Dieu. » 31Samuel
revint en compagnie de Saül et celui-ci adora
Yahvé.

Pas de sacrifice !

Je ne te ferai pas, Seigneur,
de sacrifice,
parce que le sacrifice inclut
le sang et la destruction
et parce qu'il manifeste
la tremblante soumission
devant la terrible divinité
qu'il faut apaiser !

Je ne te ferai pas, Seigneur,
de sacrifice,
parce que je marche
devant toi
sans crainte et avec confiance
car tu veilles sur tes enfants
alors même qu'ils ne t'offrent rien
pour s'attirer ton amour.

Je ne te ferai pas, Seigneur,
de sacrifice
mais je t'obéirai,
je te prêterai l'oreille !

Je me prêterai tout entier
à ton Esprit :
qu'il souffle la vérité
dans mes décisions !

Je me prêterai tout entier
à ta Parole :
qu'elle plante en moi l'audace
de lutter contre le mal
qui défigure l'humanité !

Je me prêterai tout entier
à ton Amour :
qu'il engage mon action
dans la création obstinée
de la terre fraternelle !

→ 15,21-22

Mort d'Agag et départ de Samuel.

32Puis Samuel dit : « Amenez-moi Agag, le roi des
Amalécites », et Agag vint vers lui en chancelant et dit :
« Vraiment, la mort est amère ! » 33Samuel dit :
« Comme ton épée a privé des femmes de leurs enfants,
entre les femmes, ta mère sera privée de son enfant ! »
Et Samuel égorgea Agag devant Yahvé à Gilgal.
34Samuel partit pour Rama et Saül remonta chez lui
à Gibéa de Saül. 35Samuel ne revit plus Saül jusqu'à sa
mort. En effet Samuel pleurait Saül, mais Yahvé s'était
repenti de l'avoir fait roi sur Israël.

Népal, Patan

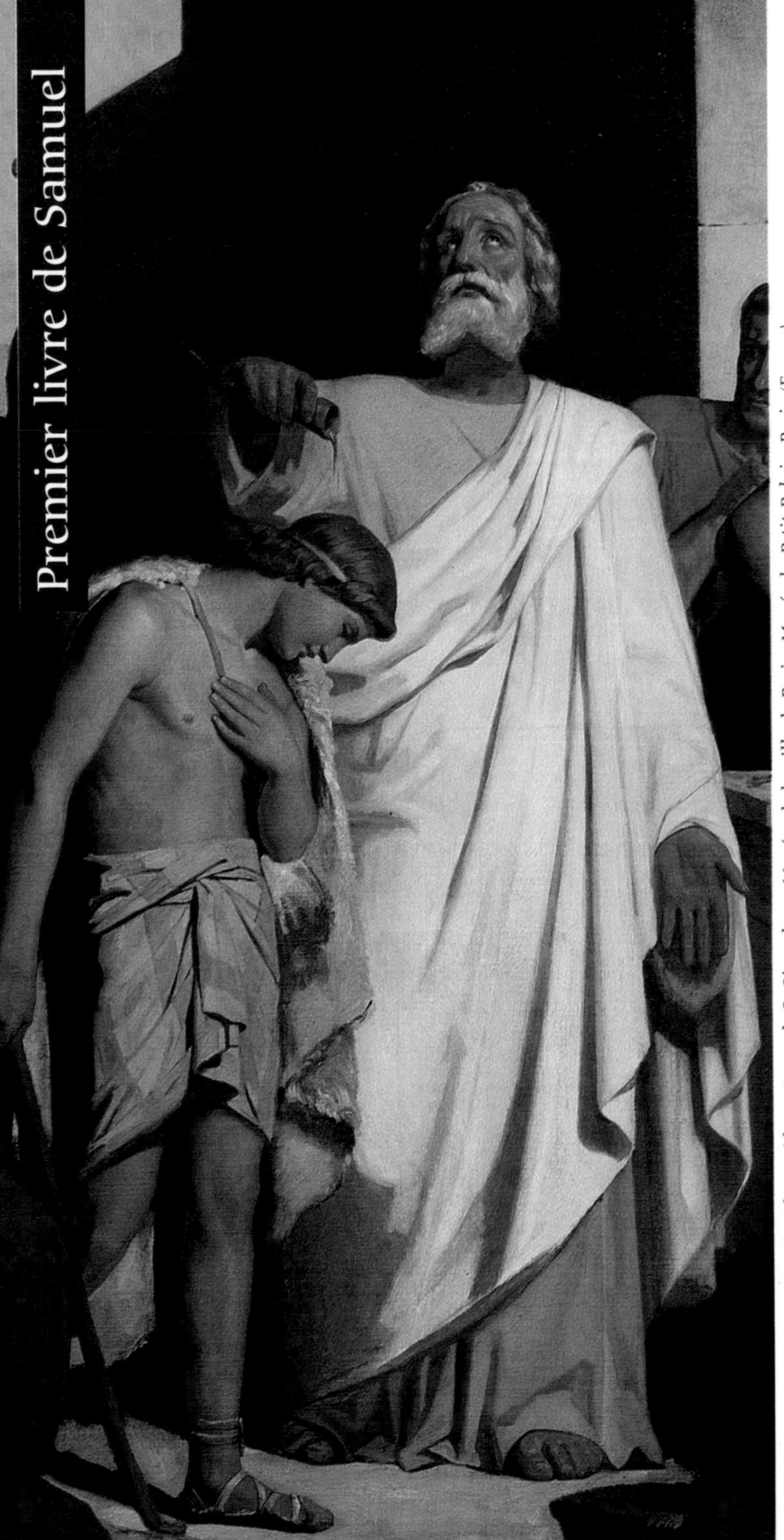

Barrias Felix Joseph (1822-1907), Onction de David par Samuel, © Giraudon - Musées de la ville de Paris, Musée du Petit Palais, Paris (France)

Ce qui est faible

Dieu choisit les petits : voici un thème qui traverse toute la Bible depuis Abel jusqu'au Nouveau Testament. Paul s'adresse ainsi aux chrétiens de Corinthe, ville à la population souvent indigente .

Considérez, frères, qui vous êtes, vous qui avez reçu l'appel de Dieu : il n'y a pas parmi vous ni beaucoup de sages aux yeux des hommes, ni beaucoup de puissants, ni beaucoup de gens de bonne famille. Mais ce qui est folie dans le monde, Dieu l'a choisi pour confondre les sages ; ce qui est faible dans le monde, Dieu l'a choisi pour confondre ce qui est fort ; ce qui dans le monde est vil et méprisé, ce qui n'est pas, Dieu l'a choisi pour réduire à rien ce qui est, afin qu'aucune créature ne puisse s'enorgueillir devant Dieu.

1re lettre aux Corinthiens 1,26-29

→ 16,6-13

3 • SAÜL ET DAVID •

I
David à la cour

Onction de David.

16. [1]Yahvé dit à Samuel : « Jusques à quand resteras-tu à pleurer Saül, alors que moi je l'ai rejeté pour qu'il ne règne plus sur Israël ? Emplis d'huile ta corne et va ! Je t'envoie chez Jessé le Bethléemite, car je me suis choisi un roi parmi ses fils. » [2]Samuel dit : « Comment pourrais-je y aller ? Saül l'apprendra et il me tuera ! » Mais Yahvé reprit : « Tu prendras avec toi une génisse et tu diras : "C'est pour sacrifier à Yahvé que je suis venu." [3]Tu inviteras Jessé au sacrifice et je t'indiquerai moi-même ce que tu auras à faire : tu oindras pour moi celui que je te dirai. »

[4]Samuel fit ce que Yahvé avait ordonné. Quand il arriva à Bethléem, les anciens de la ville vinrent en tremblant à sa rencontre et demandèrent : « Ta venue est-elle de bon augure, voyant ? » – [5]« Oui, répondit Samuel, je suis venu offrir un sacrifice à Yahvé. Purifiez-vous et venez avec moi au sacrifice. » Il purifia Jessé et ses fils et les invita au sacrifice.

[6]Lorsqu'ils arrivèrent et que Samuel aperçut Éliab, il se dit : « Sûrement Yahvé a son oint devant lui ! » [7]Mais Yahvé dit à Samuel : « Ne considère pas son apparence ni la hauteur de sa taille, car je l'ai écarté. Les vues de Dieu ne sont pas comme les vues de l'homme, car l'homme regarde à l'apparence, mais Yahvé regarde au cœur. » [8]Jessé appela Abinadab et le fit passer devant Samuel, qui dit : « Ce n'est pas lui non plus que Yahvé a choisi. » [9]Jessé fit passer Shamma, mais Samuel dit : « Ce n'est pas lui non plus que Yahvé a choisi. » [10]Jessé fit ainsi passer ses sept fils devant Samuel, mais Samuel dit à Jessé : « Yahvé n'a choisi aucun de ceux-là. » [11]Il demanda à Jessé : « En est-ce fini avec tes garçons ? », et celui-ci répondit : « Il reste encore le plus jeune, il est à garder le troupeau. » Alors Samuel dit à Jessé : « Envoie-le chercher, car nous ne nous mettrons pas à table avant qu'il ne soit venu ici. » [12]Jessé l'envoya chercher : il était roux, avec un beau regard et une belle tournure. Et Yahvé dit : « Va, donne-lui l'onction : c'est lui ! » [13]Samuel prit la corne d'huile et l'oignit au milieu de ses frères. L'esprit de Yahvé fondit sur David à partir de ce jour-là et dans la suite. Quant à Samuel, il se mit en route et partit pour Rama.

Une image plurielle

Les chapitres qui inaugurent l'histoire de David sont composites. Le futur roi y est présenté de quatre manières :

- Le jeune berger David reçoit en secret l'onction de la main de Samuel en présence de ses frères (16,1-13) ;
- David, vaillant guerrier et joueur de cithare expert, entre au service de Saül pour l'apaiser des mauvais esprits qui le tourmentent. C'est sans doute un des éléments des plus anciens de l'histoire du grand roi (16,14-23) ;
- David est présenté comme s'il était inconnu des lecteurs. Il va porter des vivres à ses frères qui combattent les Philistins. Il défie le géant Goliath (17,32-39) ;
- Après sa victoire contre Goliath, David est présenté à Saül qui demande : " De qui ce jeune homme est-il le fils ? " (17,55-58).

Il ne s'agit pas à proprement parler de contradictions, mais de traces de traditions diverses que le rédacteur a rassemblées. Grâce à lui nous avons une image plurielle de l'entrée en scène du roi David.

→ 16-17

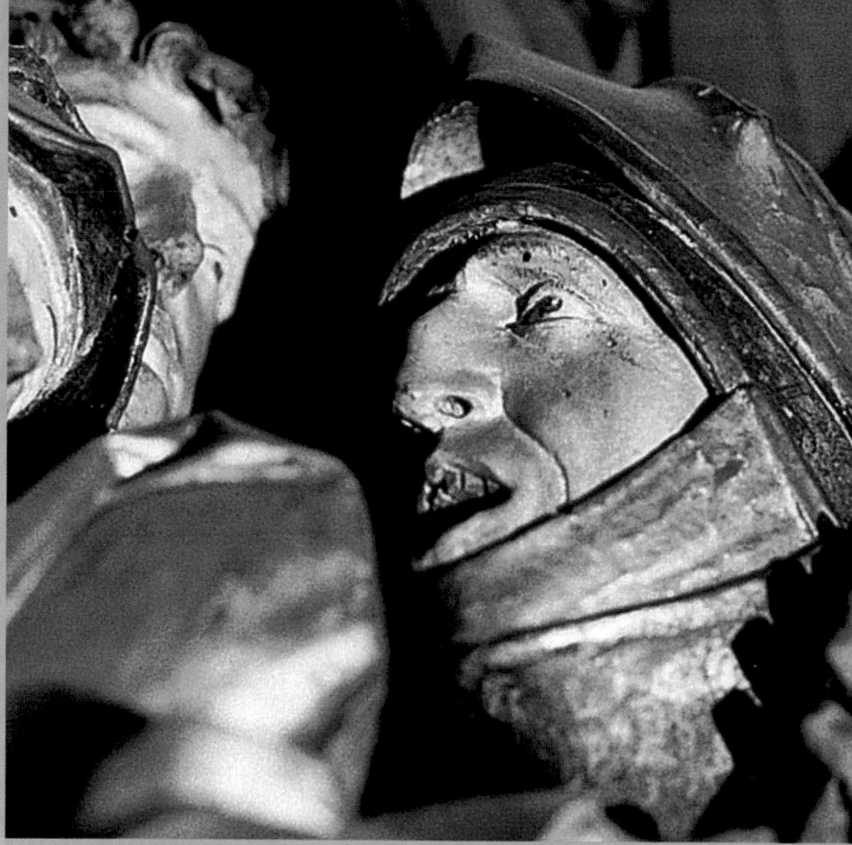

France, Kaysersberg, Retable de l'église de la Croix

Le cœur et l'esprit

Parmi tous les animaux, l'homme a une étrange particularité : il s'apparaît à lui-même comme conscience. C'est pourquoi il peut jouer avec sa propre image, se transformer à son gré. C'est pour lui une grâce puisqu'il n'est ainsi jamais prisonnier de lui-même et qu'il a la tâche de se construire et de s'inventer à chaque instant de sa vie. Mais c'est aussi un risque puisqu'il peut alors se complaire dans une image artificielle de lui-même (ce que les Grecs appellent une " idole ") et s'y installer confortablement comme s'il s'était enfin conquis.

Cependant, ce que nous apprend un regard sans préjugé porté sur la condition humaine, c'est que l'homme n'est jamais achevé, jamais réalisé, toujours en quête de son être. Le fond de notre être est mouvant, instable, inquiet. Et c'est cette inquiétude qui nous pousse vers ce qui est plus grand que nous, plus vrai, plus juste, plus beau. Ce fond de notre être, le coeur, conteste la validité de toutes les apparences, de tous les mensonges, de toutes les idoles que nous faisons de nous-même. Loin de s'apparaître à lui-même et d'apparaître aux autres, il ne cesse au contraire de se dérober, de s'esquiver. C'est peut-être là ce qu'on appelle l'esprit : le fond mouvant d'un être qui, loin d'être dupe des apparences, sait qu'il ne coïncide jamais avec lui-même. Là est la grandeur de l'homme. Là est son humanité.

→ 16,7

De condition inférieure

Les récits de l'onction de Saül (9,1-10,16) et de David ne manquent pas de points communs. Dans les deux cas, Yahvé demande à Samuel de conférer l'onction (9,16 ; 16,3). Les deux récits soulignent la beauté de celui que Dieu a choisi (9,2 ; 16,12). Mais ils mettent aussi en lumière leur condition inférieure : Saül appartient à la famille la plus modeste de la plus petite tribu (9,21). David est le plus jeune des huit fils de Jessé (16,11). " Les vues de Dieu ne sont pas comme les vues des hommes " (16,7). David comme Saül sont investis par l'esprit de Yahvé (10,5-6, 10-12 ; 16,13). Par ces deux récits, l'auteur veut souligner le choix surprenant de Yahvé.

→ 16,11-13

Judée

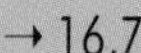

Inébranlable

Cet hymne védique pour le sacre d'un roi implore le soutien des dieux mais ne méprise pas l'impôt du peuple.

Je t'ai amené au milieu (de nous). Sois ferme ; soutiens-toi sans trembler. Tout le peuple te désire. Que ta royauté ne chancelle pas !
Croîs en grandeur. Ne tombe point ; (sois) comme une montagne inébranlable. Tiens-toi aussi ferme qu'Indra. Affermis ta royauté.
Qu'Indra, par la vertu d'un ferme holocauste, le soutienne fermement. Que Soma, que Bahmanaspti lui soit favorable.
Le Ciel est ferme ; la Terre est ferme ; ces Montagnes sont fermes ; tout ce monde est ferme. Que le roi des nations soit aussi ferme.
Que le royal Varouna, que le divin Vrihaspati, qu'Indra et Agni soient le ferme soutien de ta royauté.
A un ferme holocauste, nous joignons la ferme libation de soma. Qu'Indra rende ton peuple fidèle à payer l'impôt.

Rig-Véda VIII, 8, Hymne 31, traduction A. LANGLOIS, © Jean Maisonneuve

→ 16,13

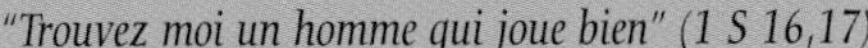

"Trouvez moi un homme qui joue bien" (1 S 16,17)

France, Paris, Jardin du Luxembourg

David entre au service de Saül.

14 L'esprit de Yahvé s'était retiré de Saül et un mauvais esprit, venant de Yahvé, lui causait des terreurs.
15 Alors les serviteurs de Saül lui dirent : « Voici qu'un
mauvais esprit de Dieu te cause des terreurs. 16 Que
notre seigneur en donne l'ordre et tes serviteurs qui
t'assistent chercheront un homme qui sache jouer de
la cithare : quand un mauvais esprit de Dieu t'as-
saillira, il en jouera et tu iras mieux. » 17 Saül dit à ses
serviteurs : « Trouvez-moi donc un homme qui joue
bien et amenez-le moi. » 18 L'un des serviteurs prit la
parole et dit : « J'ai vu un fils de Jessé, le Bethléemite :
il sait jouer, et c'est un vaillant, un homme de guerre,
il parle bien, il est beau et Yahvé est avec lui. » 19 Saül
dépêcha donc des messagers à Jessé, avec cet ordre :
« Envoie-moi ton fils David (qui est avec le troupeau). » 20 Jessé prit cinq pains, une outre de vin, un
chevreau et fit tout porter à Saül par son fils David.
21 David arriva auprès de Saül et se mit à son service.
Saül se prit d'une grande affection pour lui et David
devint son écuyer. 22 Saül envoya dire à Jessé : « Que
David reste donc à mon service, car il a gagné ma
bienveillance. » 23 Ainsi, chaque fois que l'esprit de
Dieu assaillait Saül, David prenait la cithare et il en
jouait ; alors Saül se calmait, il allait mieux et le mauvais esprit s'écartait de lui.

Goliath défie l'armée israélite.

17. 1 Les Philistins rassemblèrent leurs troupes pour
la guerre, ils se concentrèrent à Soko de Juda, et
campèrent entre Soko et Azéqa, à Éphès-Dammim.
2 Saül et les Israélites se concentrèrent et campèrent
dans la vallée du Térébinthe et ils se rangèrent en
bataille face aux Philistins. 3 Les Philistins occupaient
la montagne d'un côté, les Israélites occupaient la
montagne de l'autre côté et la vallée était entre eux.
4 Un champion sortit des rangs philistins. Il s'appelait Goliath, de Gat, et sa taille était de six coudées et
un empan. 5 Il avait sur la tête un casque de bronze
et il était revêtu d'une cuirasse à écailles ; la cuirasse pesait cinq mille sicles de bronze. 6 Il avait aux
jambes des jambières de bronze, et un cimeterre de
bronze en bandoulière. 7 Le bois de sa lance était
comme un liais de tisserand et la pointe de sa lance
pesait six cents sicles de fer. Le porte-bouclier marchait devant lui.
8 Il se campa devant les lignes israélites et leur cria :
« Pourquoi êtes-vous sortis pour vous ranger en
bataille ? Ne suis-je pas, moi, le Philistin, et vous,

n'êtes-vous pas les serviteurs de Saül ? Choisissez-vous un homme et qu'il descende vers moi. 9S'il l'emporte en luttant avec moi et s'il m'abat, alors nous serons vos serviteurs, si je l'emporte sur lui et si je l'abats, alors vous deviendrez nos serviteurs, vous nous serez asservis. » 10Le Philistin dit aussi : « Moi, j'ai lancé aujourd'hui un défi aux lignes d'Israël. Donnez-moi un homme, et que nous nous mesurions en combat singulier ! » 11Quand Saül et tout Israël entendirent ces paroles du Philistin, ils furent consternés et ils eurent très peur.

Arrivée de David au camp.

12David était le fils d'un Éphratéen de Bethléem de Juda, qui s'appelait Jessé et qui avait huit fils. Cet homme, au temps de Saül, était vieux et chargé d'années. 13Les trois fils aînés de Jessé partirent en guerre derrière Saül. Ses trois fils qui partirent en guerre s'appelaient, l'aîné Éliab, le second Abinadab et le troisième Shamma. 14David était le plus jeune et les trois aînés partirent derrière Saül. 15(David allait et venait du service de Saül au soin du troupeau de son père à Bethléem. 16Le Philistin s'approchait matin et soir et il se présenta ainsi pendant quarante jours.) 17Jessé dit à son fils David : « Emporte donc à tes frères cette mesure de grain grillé et ces dix pains, va vite au camp vers tes frères. 18Quant à ces dix morceaux de fromage, tu les offriras au chef de mille. Tu t'informeras de la santé de tes frères et tu rapporteras d'eux un gage. 19Ils sont avec Saül et tous les hommes d'Israël dans la vallée du Térébinthe, faisant la guerre aux Philistins. »

20David se leva de bon matin, il laissa le troupeau à un gardien, prit sa charge et partit comme lui avait ordonné Jessé. Il arriva au campement au moment où l'armée sortait pour prendre ses positions et poussait le cri de guerre. 21Israël et les Philistins se rangèrent ligne contre ligne. 22David laissa son chargement aux mains du gardien des bagages, il courut aux lignes et demanda à ses frères comment ils allaient.

23Pendant qu'il leur parlait, le champion (il s'appelait Goliath, le Philistin de Gat) montait des lignes philistines. Il dit les mêmes paroles que ci-dessus et David les entendit. 24Dès qu'ils aperçurent l'homme, tous les Israélites s'enfuirent loin de lui et eurent très peur. 25Les gens d'Israël dirent : « Avez-vous vu cet homme qui monte ? C'est pour lancer un défi à Israël qu'il monte. Celui qui l'abattra, le roi le comblera de richesses, il lui donnera sa fille et exemptera sa maison paternelle en Israël. »

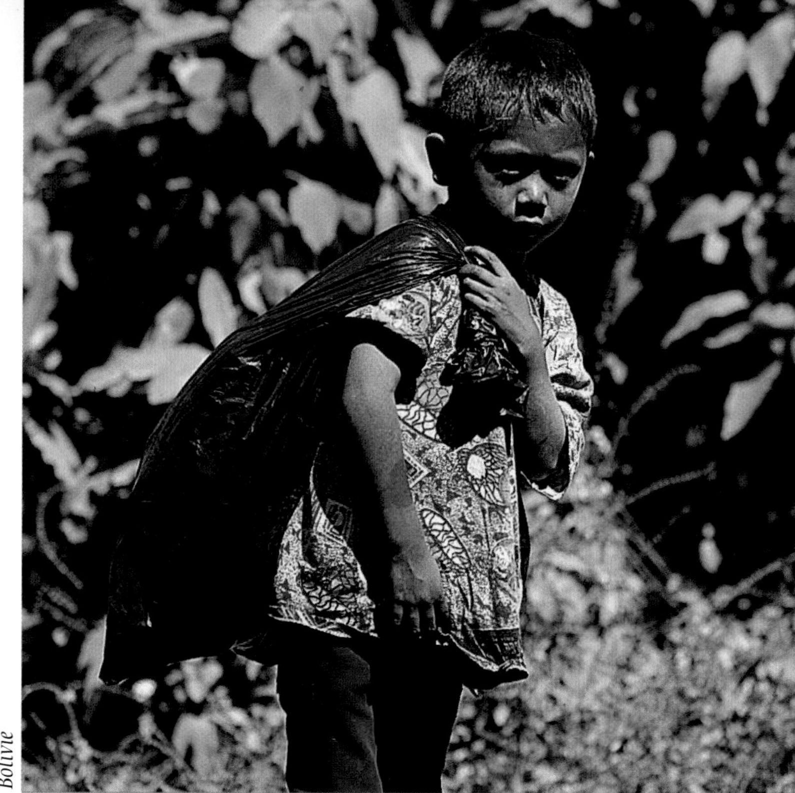

Bolivie

Duel

L'histoire de Sinouhé fut un conte très apprécié dans l'Égypte du 2e millénaire avant JC. C'est le classique le plus populaire de l'ancienne littérature égyptienne. Il contient le récit d'un duel entre le héros du récit et un guerrier syrien (§ 110-145) :

Alors vint un fort du Réténou. Il me provoqua dans mon camp. C'était un héros sans égal. Il avait vaincu tous ses adversaires. Il disait qu'il allait se battre avec moi. Il avait l'intention de me piller et de voler mon bétail (...)
Pendant la nuit, je bandai mon arc et je tirai des flèches. Je donnai libre cours à mon épée. Je fourbis mes armes. Au lever du jour le Réténou était déjà là. Il avait réuni ses tribus et rassemblé la moitié du pays. Il pensait uniquement à ce combat. Alors il marcha sur moi qui attendais. Je m'étais posté près de lui. Tous les coeurs brûlaient pour moi. Les femmes et les hommes soupiraient. Tous les coeurs étaient malades pour moi. Ils disaient : " Y a-t-il un autre homme fort qui puisse lutter contre lui ? "
Alors il brandit son bouclier, sa hache et sa brassée de javelots. Mais après avoir échappé à ses armes, j'évitais ses flèches l'une après l'autre. Alors il s'élança vers moi. Je tirai sur lui et ma flèche se fixa dans son cou. Il cria et tomba sur son nez. Je l'abattis avec sa propre hache et poussai mon cri de guerre sur son dos. Tous les Asiatiques hurlèrent. Je rendis grâces à Montou (le dieu égyptien de la guerre) tandis que ses partisans se lamentaient sur lui. (...) Alors j'emportai ses biens, je pris son bétail. Je lui fis ce qu'il avait projeté de me faire. Je pris ce qu'il avait dans sa tente. Je pillai son campement.

→ 17,32-54

France, Mont Pardon

Ta droite et ton bras

Le récit de David et de Goliath illustre un thème fondamental de la foi biblique : les forces humaines ne peuvent rien devant Dieu.

O Dieu, nous avons ouï de nos oreilles,
nos pères nous ont raconté
l'oeuvre que tu fis de leurs jours,
aux jours d'autrefois, et par ta main ...

Ni dans mon arc n'était ma confiance,
ni mon épée ne me fit vainqueur ;
par toi nous vainquions nos adversaires,
tu couvrais nos ennemis de honte ;
en Dieu nous jubilions tout le jour,
célébrant sans cesse ton nom.

Psaume 44,2-9

→ 17,45-47

Suis-je un chien pour que tu viennes à moi avec des bâtons ?

1 Samuel 17,43

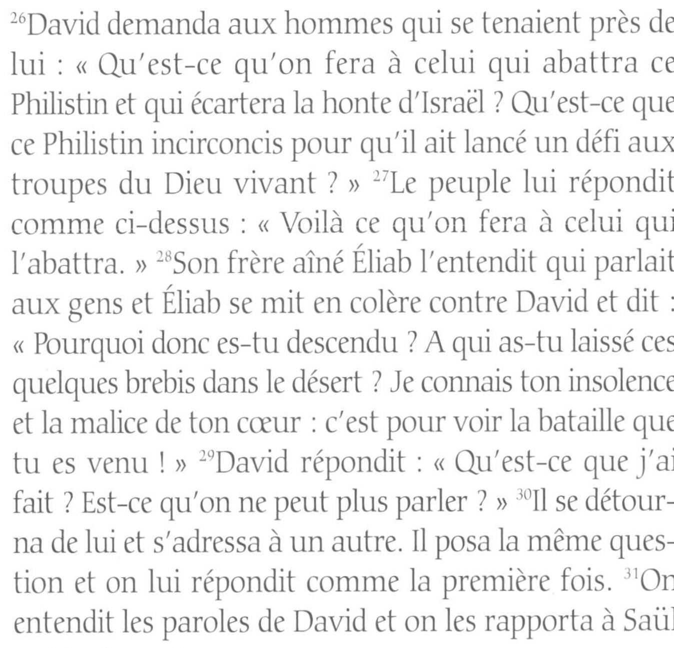

France, Mont Saint-Michel

26 David demanda aux hommes qui se tenaient près de
lui : « Qu'est-ce qu'on fera à celui qui abattra ce
Philistin et qui écartera la honte d'Israël ? Qu'est-ce que
ce Philistin incirconcis pour qu'il ait lancé un défi aux
troupes du Dieu vivant ? » 27 Le peuple lui répondit
comme ci-dessus : « Voilà ce qu'on fera à celui qui
l'abattra. » 28 Son frère aîné Éliab l'entendit qui parlait
aux gens et Éliab se mit en colère contre David et dit :
« Pourquoi donc es-tu descendu ? A qui as-tu laissé ces
quelques brebis dans le désert ? Je connais ton insolence
et la malice de ton cœur : c'est pour voir la bataille que
tu es venu ! » 29 David répondit : « Qu'est-ce que j'ai
fait ? Est-ce qu'on ne peut plus parler ? » 30 Il se détour-
na de lui et s'adressa à un autre. Il posa la même question et on lui répondit comme la première fois. 31 On
entendit les paroles de David et on les rapporta à Saül
qui le fit venir.

David s'offre pour relever le défi.

32 David dit à Saül : « Que personne ne perde courage
à cause de lui. Ton serviteur ira se battre contre ce
Philistin. » 33 Mais Saül répondit à David : « Tu ne peux
pas marcher contre ce Philistin pour lutter contre lui,
car tu n'es qu'un enfant, et lui, il est un homme de
guerre depuis sa jeunesse. »
34 Mais David dit à Saül : « Quand ton serviteur faisait
paître les brebis de son père et que venait un lion ou
un ours qui enlevait une brebis du troupeau, 35 je le
poursuivais, je le frappais et j'arrachais celle-ci de sa
gueule. Et s'il se dressait contre moi, je le saisissais par
les poils du menton et je le frappais à mort. 36 Ton serviteur a battu le lion et l'ours, il en sera de ce Philistin
incirconcis comme de l'un d'eux, puisqu'il a défié les
troupes du Dieu vivant. » 37 David dit encore : « Yahvé
qui m'a sauvé de la griffe du lion et de l'ours me sauvera des mains de ce Philistin. » Alors Saül dit à David :
« Va et que Yahvé soit avec toi ! » 38 Saül revêtit David
de sa tenue militaire, lui mit sur la tête un casque de
bronze et lui fit endosser une cuirasse. 39 Il ceignit
David de son épée, par-dessus sa tenue. David essaya
de marcher, car il n'était pas entraîné, et il dit à Saül :
« Je ne puis pas marcher avec cela, car je ne suis pas
entraîné. » On l'en débarrassa donc.

Le combat singulier.

40 David prit son bâton en main, il se choisit dans le torrent cinq pierres bien lisses et les mit dans son sac de
berger, sa giberne, puis, la fronde à la main, il marcha vers le Philistin. 41 Le Philistin s'approcha de plus

Qui a tué Goliath ?

Selon le 2e Livre de Samuel (2 S 21,19) " Élhanân, fils de Yaïr de Bethléem, tua Goliath de Gat. " Alors, qui a tué Goliath ? David ou Élhanân ? Voici ce vieux texte qui rapporte les exploits de quatre héros israélites contre les Philistins :

15 Il y eut encore une guerre des Philistins
contre Israël. David descendit avec sa garde.
Ils combattirent les Philistins, et David était fatigué. 16 Il y avait un champion d'entre les descendants de Rapha. Le poids de sa lance était
de trois cents sicles de bronze, il était ceint
d'une épée neuve et il se vantait de tuer David.
17 Mais Abishaï fils de Çeruya vint au secours
de celui-ci, frappa le Philistin et le mit à mort.
C'est alors que les hommes de David le
conjurèrent et dirent : " Tu n'iras plus avec
nous au combat, pour que tu n'éteignes pas
la lampe d'Israël ! "
18 Après cela, la guerre reprit à Gob avec les
Philistins. C'est alors que Sibbekaï de Husha
tua Saph, un descendant de Rapha.
19 La guerre reprit encore à Gob avec les Philistins, et Élhanân, fils de Yaïr, de Bethléem,
tua Goliath de Gat ; le poids de sa lance était
comme un liais de tisserand.
20 Il y eut encore un combat à Gat et il se
trouva là un homme de grande taille, qui
avait six doigts à chaque main et à chaque
pied, vingt-quatre doigts au total. Il était, lui
aussi, un descendant de Rapha. 21 Comme il
défiait Israël, Jonathan, fils de Shiméa, frère
de David, le tua.
22 Ces quatre-là étaient descendants de Rapha à
Gat et ils succombèrent sous la main de David
et de ses gardes.

2 Samuel 21,15-22

On peut relever des similitudes avec le récit du combat de David contre Goliath :
- *la lance de 300 sicles de bronze (2 S 21,16) est devenue, dans le récit du jeune berger, une lance de 600 sicles de fer (1 S 17,7)*
- *les deux passages parlent d'épée (2 S 21,10 et 1 S 17,45.51)*
- *l'homme de grande taille aux six doigts à chaque main et à chaque pied (2 S 21,20) est devenu un géant de six coudées et un empan, près de trois mètres (1 S 17,4)*
- *tous deux défient Israël (2 S 21,21 ; 1 S 17,10).*

Ce petit texte semble bien avoir inspiré le récit du combat de David contre Goliath. David fut un grand guerrier. On ne prête qu'aux riches...

→ 17,49-51

Ferrier Gabriel ou André Gabriel (1847-1914), David vainqueur de Goliath, © Giraudon - Musée des Beaux-Arts de Nîmes (France)

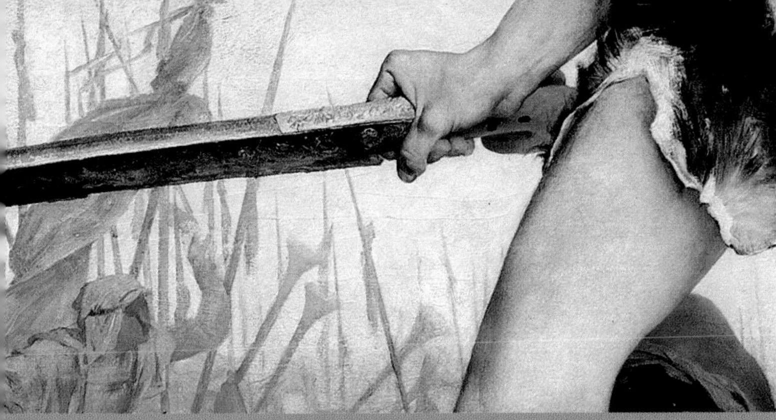

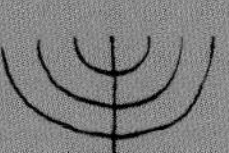

Dieu, un homme de guerre ?

D'après la tradition juive (Mekilta sur l'Exode), Dieu se distingue des rois humains, notamment pour la guerre :

Comment peut-on l'appeler " homme de guerre " alors qu'il remplit le monde entier ? " A cause de votre amour et de votre sanctification, je sanctifierai mon nom en vous " (Os 11,9).
Ya (Yahvé) est son nom. C'est par son nom qu'il combat. Il n'a pas besoin des attributs des guerres. David s'exprimait ainsi : " Moi je viens contre toi au nom de Ya des armées (Yahvé Sabaot) ! "

→ 17,45

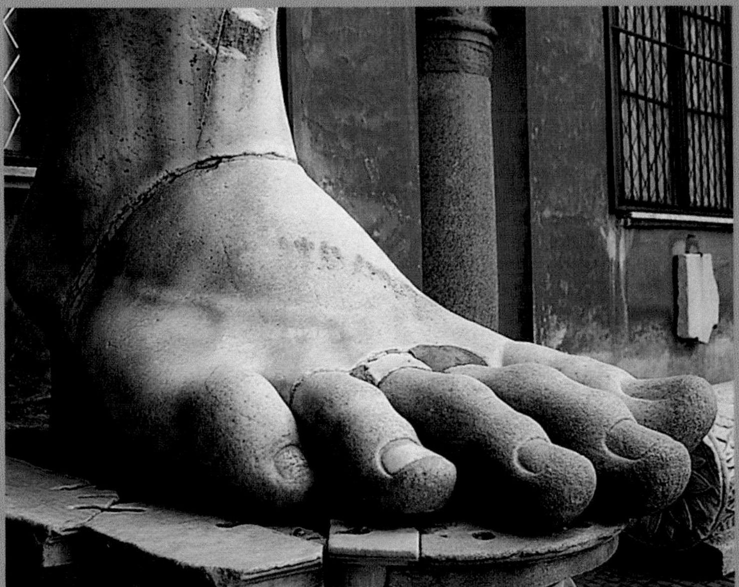

Italie, Rome, Capitole

La royauté et la sagesse

Le Coran associe la victoire sur Goliath et l'accession de David à la royauté :

Quand ils sortirent pour marcher contre Goliath et son armée, il dirent :
" Ô notre Seigneur
verse en nous ta patience !
Affermis nos pas !
Viens à notre aide contre ce peuple mécréant ! "
Ainsi, avec la permission de Dieu,
ils mirent en fuite les mécréants.
David tua Goliath.
Dieu accorda à David la royauté et la sagesse
et il lui enseigna ce qu'il voulut...
Coran II,250-251

→ 17,51

en plus près de David, précédé du porte-bouclier. 42Le
Philistin tourna les yeux vers David et, lorsqu'il le
vit, il le méprisa car il était jeune – il était roux, avec
une belle apparence. 43Le Philistin dit à David : « Suis-
je un chien pour que tu viennes contre moi avec des
bâtons ? » et le Philistin maudit David par ses dieux.
44Le Philistin dit à David : « Viens vers moi, que je
donne ta chair aux oiseaux du ciel et aux bêtes des
champs ! » 45Mais David répondit au Philistin : « Tu
marches contre moi avec épée, lance et cimeterre, mais
moi, je marche contre toi au nom de Yahvé Sabaot, le
Dieu des troupes d'Israël que tu as défiées.
46Aujourd'hui, Yahvé te livrera en ma main, je t'abattrai, je te couperai la tête, je donnerai aujourd'hui
même ton cadavre et les cadavres de l'armée philistine aux oiseaux du ciel et aux bêtes sauvages. Toute la
terre saura qu'il y a un Dieu en Israël, 47et toute cette
assemblée saura que ce n'est pas par l'épée ni par la
lance que Yahvé donne la victoire, car Yahvé est maître
du combat et il vous livre entre nos mains. »
48Dès que le Philistin s'avança et marcha au-devant de
David, celui-ci sortit des lignes et courut à la rencontre du Philistin. 49Il mit la main dans son sac et en
prit une pierre qu'il tira avec la fronde. Il atteignit le
Philistin au front ; la pierre s'enfonça dans son front
et il tomba face contre terre. 50Ainsi David triompha
du Philistin avec la fronde et la pierre : il abattit le
Philistin et le fit mourir ; il n'y avait pas d'épée entre
les mains de David. 51David courut et se tint debout
sur le Philistin ; saisissant l'épée de celui-ci, il la tira
du fourreau, il acheva le Philistin et, avec elle, il lui
trancha la tête.
Les Philistins, voyant que leur champion était mort,
s'enfuirent. 52Les hommes d'Israël et de Juda se mirent
en mouvement, poussèrent le cri de guerre et poursuivirent les Philistins jusqu'aux approches de Gat et
jusqu'aux portes d'Éqrôn. Des morts philistins jon-
chèrent le chemin depuis Shaarayim jusqu'à Gat et
Éqrôn. 53Les Israélites revinrent de cette poursuite
acharnée et pillèrent le camp philistin. 54David prit la
tête du Philistin et l'apporta à Jérusalem ; quant à
ses armes, il les mit dans sa propre tente.

David vainqueur est présenté à Saül.

55En voyant David partir à la rencontre du Philistin,
Saül avait demandé à Abner, le chef de l'armée : « De
qui ce jeune homme est-il le fils, Abner ? » Et Abner
répondit : « Aussi vrai que tu es vivant, ô roi, je n'en
sais rien. » 56Le roi dit : « Informe-toi de qui ce garçon
est le fils. »

57Lorsque David revint d'avoir tué le Philistin, Abner
le prit et le conduisit devant Saül, tenant dans sa main
la tête du Philistin. 58Saül lui demanda : « De qui es-
tu le fils, jeune homme ? » David répondit : « De ton
serviteur Jessé le Bethléemite. »
18. 1Lorsqu'il eut fini de parler à Saül, l'âme de
Jonathan s'attacha à l'âme de David et Jonathan se
mit à l'aimer comme lui-même. 2Saül le retint ce jour
même et ne lui permit pas de retourner chez son père.
3Jonathan conclut un pacte avec David, car il l'aimait
comme lui-même : 4Jonathan se dépouilla du manteau
qu'il avait sur lui et il le donna à David, ainsi que sa
tenue, jusqu'à son épée, son arc et son ceinturon.
5Dans ses sorties, partout où l'envoyait Saül, David
remportait des succès et Saül le mit à la tête des
hommes de guerre ; il était bien vu de tout le peuple,
et même des officiers de Saül.

Éveil de la jalousie de Saül.

6A leur retour, quand David revint d'avoir tué le
Philistin, les femmes sortirent de toutes les villes
d'Israël au-devant du roi Saül pour chanter en dansant, au son des tambourins, des cris d'allégresse et des
sistres. 7Les femmes qui dansaient chantaient ceci :
« Saül a tué ses milliers,
et David ses myriades. »
8Saül fut très irrité et cette affaire lui déplut. Il dit : « On
a donné les myriades à David et à moi les milliers, il
ne lui manque plus que la royauté ! » 9Et, à partir de
ce jour, Saül regarda David d'un œil jaloux.
10Le lendemain, un mauvais esprit de Dieu assaillit Saül
qui entra en délire au milieu de la maison. David jouait
de la cithare comme les autres jours et Saül avait sa lance
à la main. 11Saül brandit sa lance et dit : « Je vais clouer
David au mur ! », mais David l'évita par deux fois.
12Saül eut peur de David car Yahvé était avec celui-ci
et s'était détourné de Saül. 13Alors Saül l'écarta d'auprès de lui et l'institua chef de mille : il sortait et rentrait à la tête du peuple. 14Dans toutes ses expéditions,
David réussissait et Yahvé était avec lui. 15Voyant
qu'il réussissait très bien, Saül le craignait, 16mais
tous en Israël et en Juda aimaient David, car il sortait
et rentrait à leur tête.

Mariage de David.

17Saül dit à David : « Voici ma fille aînée Mérab, je
vais te la donner pour femme ; sers-moi seulement en
brave et combats les guerres de Yahvé. » Saül s'était dit :
« Qu'il ne tombe pas sous ma main, mais sous celle des

Tunisie

Musique !

Dans beaucoup de civilisations primitives, la musique est liée à la magie. Peut-être en décèle-t-on des traces dans la Bible. Dans des textes anciens on voit que la musique est utilisée pour la guerre, comme moyen thérapeutique (David à la cour de Saül, 1 S 16,14-23), ou pour favoriser l'extase.
La musique est présente dans la vie quotidienne, lors des grandes fêtes, des noces, des réjouissances populaires, et au temps des moissons ou des vendanges. Elle a bien entendu une place dans les couronnements des rois. Le culte ne se célèbre pas sans le concours de chants et de musique. Les instruments utilisés sont à vent, à cordes ou à percussion. Parmi les premiers on connaît les cornes de bouc ou de bélier, les trompettes en métal précieux, principalement en argent, des flûtes de divers types, taillées dans le bois. Les instruments à cordes comptent divers types de harpes et le Kinnor. Il s'agit de l'instrument que la Bible mentionne le plus fréquemment (42 fois), sorte de cithare ou de lyre, que jouait le roi David. Les instruments à percussion sont les cymbales, les clochettes, le sistre et le tambourin.

→ 18,6

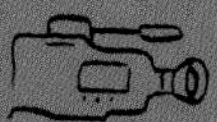
David et Jonathan

Yeho-natan signifie " Yahvé a donné ". La Bible nous laisse un portrait sympathique du fils aîné de Saül. Héros de quelques exploits militaires contre les Philistins, héritier légitime, il s'efface pour laisser le pouvoir à David.
Le Livre de Samuel souligne la profonde amitié nouée entre Jonathan et David (18,1-4 ; 19,3 ; 20,17 ; 20,41). Après sa mort tragique sur le champ de bataille, David dit : " Ton amitié m'était plus chère que l'amour des femmes " (2 S 1,26). En s'inspirant de cette phrase, une association d'homosexuels chrétiens a pris le nom de *David et Jonathan*.

→ 18,1-4

Hit-parade

" Saül a tué ses milliers
et David ses myriades. "

Ce petit refrain, lancé par les danseuses et chanteuses après la victoire de David contre Goliath, semble avoir été, d'après le Livre de Samuel, une chanson à succès... ! Il sera même connu, d'après la Bible, chez les adversaires des Hébreux, les redoutables Philistins, chez qui David cherchera refuge (21,12 ; 29,5).

→ 18,7

Ils se marièrent et eurent beaucoup d'enfants...

C'est ainsi que se terminent bien des contes de fées.
L'histoire ancienne du combat de David contre Goliath se termine de la même manière. Le récit ancien est construit sur le modèle d'une épopée romantique : le héros, non qualifié au départ, épouse la fille du roi, après avoir surmonté une épreuve hors du commun (18,17).
Dans *le récit plus tardif,* on retrouve le thème de la cadette qui supplante son aînée. C'est Mikal, la plus jeune, tout amoureuse de David. Saül la donne en épouse au jeune héros. Mais auparavant le roi impose à David une épreuve, en espérant qu'elle lui coûte la vie...

→ 18,17-27

Brésil

Philistins ! » [18]David répondit à Saül : « Qui suis-je et
quel est mon lignage, la famille de mon père, en Israël,
pour que je devienne le gendre du roi ? » [19]Mais, lorsque
vint le moment de donner à David la fille de Saül,
Mérab, on la donna à Adriel de Mehola.
[20]Or Mikal, la fille de Saül, s'éprit de David et on l'annonça à Saül, qui trouva cela bien. [21]Il se dit : « Je la
lui donnerai, mais elle sera un piège pour lui et la
main des Philistins sera sur lui. » (Saül dit deux fois à
David : « Tu seras aujourd'hui mon gendre. ») [22]Alors
Saül donna cet ordre à ses serviteurs : « Parlez en secret
à David et dites : "Tu plais au roi et tous ses serviteurs t'aiment, deviens donc le gendre du roi." » [23]Les
serviteurs de Saül répétèrent ces paroles aux oreilles de
David, mais David répliqua : « Est-ce une petite chose
à vos yeux de devenir le gendre du roi ? Moi, je ne
suis qu'un homme pauvre et de basse condition. »
[24]Les serviteurs de Saül en référèrent à celui-ci : « Voilà
les paroles que David a dites. » [25]Saül répondit : « Vous
direz ceci à David : "Le roi ne désire pas un paiement,
mais cent prépuces de Philistins, pour tirer vengeance des ennemis du roi." » Saül comptait faire tomber
David aux mains des Philistins.
[26]Les serviteurs de Saül rapportèrent ces paroles à
David et celui-ci trouva que l'affaire était bonne, pour
devenir le gendre du roi. Le temps n'était pas écoulé
[27]que David se mit en campagne et partit avec ses
hommes. Il tua aux Philistins deux cents hommes, il
rapporta leurs prépuces et les compta au roi, pour
devenir son gendre. Alors Saül lui donna pour femme
sa fille Mikal.
[28]Saül dut reconnaître que Yahvé était avec David et
que toute la maison d'Israël l'aimait. [29]Alors Saül
eut encore plus peur de David et il conçut contre lui
une hostilité de tous les jours. [30]Les princes des
Philistins firent campagne, mais chaque fois qu'ils
faisaient campagne, David remportait plus de succès que tous les officiers de Saül, et il acquit un très
grand renom.

Jonathan intercède pour David.

19. [1]Saül communiqua à son fils Jonathan et à tous
ses officiers son dessein de faire mourir David. Or
Jonathan, fils de Saül, avait beaucoup d'affection
pour David [2]et il avertit ainsi David : « Mon père Saül
cherche à te faire mourir. Sois donc sur tes gardes
demain matin, reste à l'abri et dissimule-toi. [3]Moi, je
sortirai et je me tiendrai à côté de mon père dans le
champ où tu seras, je parlerai de toi à mon père, je ver-
rai ce qu'il y a et je t'en informerai. »

"Il dansait en tournoyant de toutes ses forces" (2 S 6,14)

Sri Lanka

4Jonathan dit du bien de David à son père Saül et il lui
parla ainsi : « Que le roi ne pèche pas contre son serviteur David, car celui-ci n'a commis aucune faute contre toi ; bien plutôt, ce qu'il a fait a été d'un grand
profit pour toi. 5Il a risqué sa vie, il abattu le Philistin et Yahvé a procuré une grande victoire à tout Israël : tu as vu et tu t'es réjoui. Pourquoi pécherais-tu par le sang d'un innocent en faisant mourir David sans raison ? »
6Saül céda aux paroles de Jonathan et il fit ce serment : « Aussi vrai que Yahvé est vivant, il ne mourra pas ! »
7Alors Jonathan appela David et il lui rapporta toutes ces choses. Puis il le conduisit à Saül et David reprit son service comme auparavant.

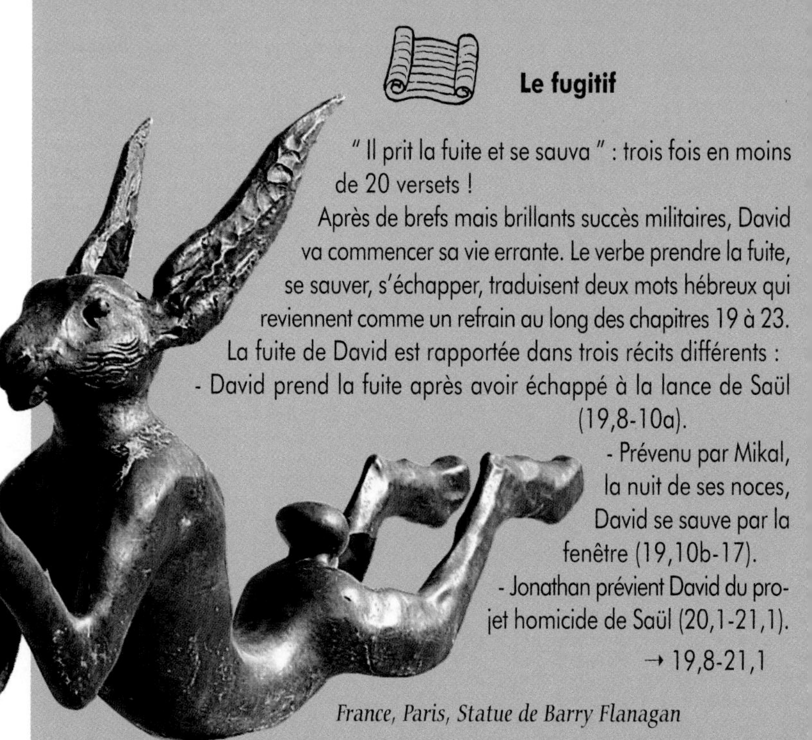

Le fugitif

" Il prit la fuite et se sauva " : trois fois en moins de 20 versets !

Après de brefs mais brillants succès militaires, David va commencer sa vie errante. Le verbe prendre la fuite, se sauver, s'échapper, traduisent deux mots hébreux qui reviennent comme un refrain au long des chapitres 19 à 23. La fuite de David est rapportée dans trois récits différents :

- David prend la fuite après avoir échappé à la lance de Saül (19,8-10a).
- Prévenu par Mikal, la nuit de ses noces, David se sauve par la fenêtre (19,10b-17).
- Jonathan prévient David du projet homicide de Saül (20,1-21,1).

→ 19,8-21,1

France, Paris, Statue de Barry Flanagan

II
Fuite de David

Attentat de Saül contre David.

8Comme la guerre avait repris, David se mit en campagne et combattit les Philistins ; il leur infligea une grande défaite et ils s'enfuirent devant lui.
9Or un mauvais esprit de Yahvé prit possession de Saül : comme il était assis dans sa maison, sa lance à la main, et que David jouait de la cithare,
10Saül essaya de clouer David au mur avec sa lance, mais celui-ci esquiva le coup de Saül, qui planta sa lance dans le mur. David prit la fuite et se sauva.

David sauvé par Mikal.

Cette même nuit,
11Saül envoya des émissaires surveiller la maison de David, voulant le mettre à mort dès le matin. Mais la femme de David, Mikal, lui donna cet avertissement : « Si tu ne t'échappes pas cette nuit, demain tu es un homme mort ! »
12Mikal fit descendre David par la fenêtre. Il partit, prit la fuite et se sauva.
13Mikal prit le téraphim, elle le plaça sur le lit, mit à son chevet une tresse en poils de chèvre et le couvrit d'un vêtement.
14Lorsque Saül envoya des messagers pour s'emparer de David, elle dit : « Il est malade. »
15Mais Saül renvoya les messagers voir David et leur dit : « Portez-le moi dans son lit que je le mette à mort ! »
16Les messagers entrèrent, et voilà que c'était

Où sont les idoles ?

Les téraphim ou idoles domestiques donnent parfois lieu à des récits étonnants et drôles. Dans la Genèse on raconte comment Rachel en fuite avec Jacob et sa famille a emporté les téraphim de son père Laban. Celui-ci aura beau chercher partout ses idoles protectrices il ne les trouvera pas. Et pour cause. Elles étaient cachées sous le palanquin du chameau. Rachel était assise dessus et prétextait ne pas pouvoir se lever devant son père ayant " ce qui est coutumier aux femmes " (Gn 31,26-35). Dans le Livre de Samuel, la fuite de David est protégée par une idole familiale de la maison de son rival, Saül. On ne peut plus se fier à personne.

→ 19,13-17

« Le Miroir de l'Humaine Salvation », 15ème siècle, Saül menacant David de sa lance (ms.139/1363 fol.20r°), © Lauros-Giraudon / Musée Condé, Chantilly (France)

le téraphim dans le lit, avec la tresse en poils de chèvre
à son chevet ! 17Saül dit à Mikal : « Pourquoi m'as-tu
ainsi trahi et as-tu laissé partir mon ennemi pour
qu'il s'échappe ? » Mikal répondit à Saül : « C'est lui
qui m'a dit : Laisse-moi partir, ou je te tue ! »

Saül et David chez Samuel.

18David avait donc pris la fuite et s'était échappé. Il se
rendit chez Samuel à Rama et lui rapporta tout ce
que Saül lui avait fait. Lui et Samuel allèrent habiter
aux cellules. 19On informa ainsi Saül : « Voici que
David est aux cellules à Rama. » 20Saül envoya des
messagers pour se saisir de David et ceux-ci virent la
communauté des prophètes en train de prophétiser,
Samuel se tenant à leur tête. Alors l'esprit de Dieu
s'empara des messagers de Saül et ils furent pris de
délire eux aussi. 21On avertit Saül, qui envoya d'autres
messagers, et ils furent pris de délire eux aussi. Saül
envoya un troisième groupe de messagers, et ils furent
pris de délire eux aussi.
22Alors il partit lui-même pour Rama et arriva à la
grande citerne qui est à Sékû. Il demanda où étaient
Samuel et David et on répondit : « Ils sont aux cellules
à Rama. » 23De là il se rendit donc aux cellules à Rama.
Mais l'esprit de Dieu s'empara aussi de lui et il marcha en délirant jusqu'à son arrivée aux cellules à
Rama. 24Lui aussi il se dépouilla de ses vêtements, lui
aussi il fut pris de délire devant Samuel, puis il s'écroula
nu et resta ainsi tout ce jour et toute la nuit. D'où le
dicton : « Saül est-il aussi parmi les prophètes ? »

Jonathan favorise le départ de David.

20. 1S'étant enfui des cellules qui sont à Rama, David
vint dire en face à Jonathan : « Qu'ai-je donc fait,
quelle a été ma faute, quel a été mon crime envers ton
père pour qu'il en veuille à ma vie ? » 2Il lui répondit :
« Loin de toi cette pensée ! Tu ne mourras pas. Mon
père n'entreprend aucune chose, importante ou non,
sans m'en faire la confidence. Pourquoi mon père
m'aurait-il caché cette affaire ? C'est impossible ! »
3David fit ce serment : « Ton père sait très bien que j'ai
ta faveur et il s'est dit : "Que Jonathan ne sache rien,
de peur qu'il n'en soit peiné." Mais, aussi vrai que vit
Yahvé et que tu vis toi-même, il n'y a qu'un pas entre
moi et la mort. »
4Jonathan dit à David : « Que veux-tu que je fasse
pour toi ? » 5David répondit à Jonathan : « C'est
demain la nouvelle lune et je devrais m'asseoir avec le
roi pour manger, mais tu me laisseras partir et je me

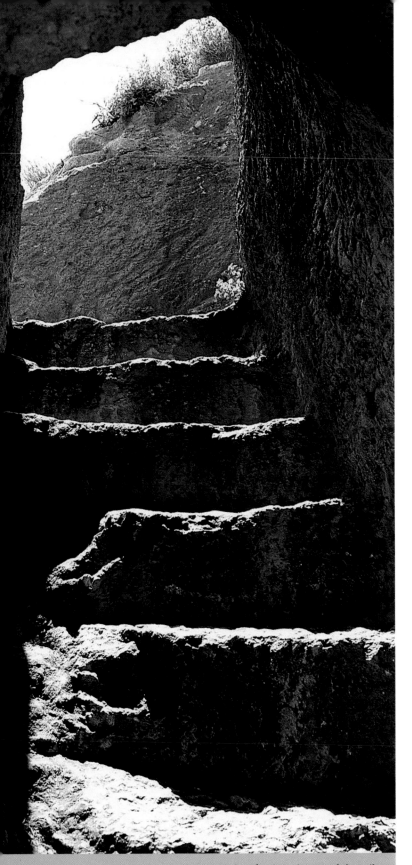

Turquie, Seleucia Peria, Tunnel de Cveik

" Lui aussi "

Un texte très ancien présente un épisode bizarre.
Samuel apparaît comme le chef d'un groupe de prophètes extatiques. La formule " eux aussi " ou " lui aussi " apparaît six fois dans ces versets. Toutes les délégations de Saül et le roi lui-même sont pris par la contagion extatique. A vrai dire, il ne s'agit pas d'une faveur, mais d'une punition pour Saül et ses gens. Le récit aboutit à la nudité du roi et à un dicton ironique.

→ 19,18-24

cacherai dans la campagne jusqu'au soir. 6Si ton père
remarque mon absence, tu diras : "David m'a demandé
avec instance la permission de faire une course à
Bethléem, sa ville, car on y célèbre le sacrifice annuel
pour tout le clan." 7S'il dit : "C'est bien", ton serviteur
est sauf, mais s'il se met en colère, sache que le malheur est décidé de sa part. 8Montre ta bonté envers ton
serviteur, puisque tu l'as uni à toi dans un pacte au
nom de Yahvé, et, si je suis en faute, fais-moi mourir toi-même ; pourquoi m'amener jusqu'à ton père ? »
9Jonathan reprit : « Loin de toi cette pensée ! Si je
savais vraiment que mon père est décidé à faire venir
sur toi un malheur, est-ce que je ne t'avertirais pas ? »
10David demanda à Jonathan : « Qui m'avertira si ton
père te répond durement ? »
11Jonathan dit à David : « Viens, sortons dans la campagne », et ils sortirent tous deux dans la campagne.
12Jonathan dit à David : « Par Yahvé, Dieu d'Israël ! je
sonderai mon père demain à la même heure : s'il en
va bien pour David et si je n'envoie pas t'en faire
confidence, 13que Yahvé fasse à Jonathan ce mal et
qu'il ajoute encore cet autre ! S'il paraît bon à mon père
d'amener le malheur sur toi, je t'en ferai confidence
et je te laisserai aller ; tu partiras sain et sauf, et que
Yahvé soit avec toi comme il fut avec mon père ! 14Si
je suis encore vivant, puisses-tu me témoigner une
bonté de Yahvé ; si je meurs, 15ne retire jamais ta bonté
à ma maison. Quand Yahvé supprimera de la face de
la terre les ennemis de David, 16que le nom de Jonathan
ne soit pas supprimé avec la maison de Saül, sinon
Yahvé en demandera compte à David. » 17Jonathan
prêta de nouveau serment à David, parce qu'il l'aimait
de toute son âme.
18Jonathan lui dit : « C'est demain la nouvelle lune et
on remarquera ton absence, car ta place sera vide.
19Après-demain, on remarquera beaucoup ton absence, tu iras à l'endroit où tu t'étais caché le jour de
l'affaire, tu t'assiéras à côté de ce tertre que tu sais.
20Pour moi, après-demain, je lancerai des flèches de
ce côté-là comme pour tirer à la cible. 21J'enverrai le
servant : "Va ! Trouve la flèche." Si je dis au servant :
"La flèche est en deçà de toi, prends-la", viens, c'est que
cela va bien pour toi et qu'il n'y a rien, aussi vrai que
Yahvé est vivant. 22Mais si je dis au garçon : "La flèche
est au-delà de toi", pars, car c'est Yahvé qui te renvoie.
23Quant à la parole que nous avons échangée, moi et
toi, Yahvé est témoin pour toujours entre nous deux. »
24Donc David se cacha dans la campagne. La nouvelle lune arriva et le roi se mit à table pour manger.
25Le roi s'assit à sa place habituelle, la place contre le
mur, Jonathan se mit en face, Abner s'assit à côté de

Nouvelle lune

La lune est vénérée dans la plupart des anciennes civilisations de la planète, d'Extrême-Orient aux Amériques. La religion cananéenne n'échappe pas à cette règle. L'Ancien Testament s'insurge plusieurs fois contre le culte de la lune qui n'est qu'une créature de Dieu.

Le calendrier hébraïque était un calendrier lunaire. Les mois lunaires comptent environ 29 jours et demi. L'année lunaire comporte ainsi 354 jours, soit 11 jours de moins que l'année solaire. Pour corriger le décalage, on ajoute de temps à autre un mois supplémentaire.

La fête de la nouvelle lune, la néoménie, était accompagnée d'un repas sacré auquel on ne pouvait prendre part que si on était en état de pureté rituelle. On y offrait également des sacrifices. C'était, comme le sabbat, un jour chômé.

→ 20,4.18

Guatemala, Haehuetango

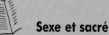

Sexe et sacré

Saül pense que David n'est pas présent au repas sacré de la néoménie parce qu'il a eu un " accident " et qu'il n'est pas pur. Ahimélek accepte de donner à David et à ses hommes du pain consacré à condition qu'ils se soient gardés de rapports avec les femmes (1 S 21,5). David assure que, quand il part en guerre, lui et ses hommes sont en état de pureté (1 S 21,6).

Dans de nombreuses cultures anciennes, le sexe et le sacré sont liés. En Israël l'approche du sacré imposait la continence.

Le Nouveau Testament prend ses distances vis-à-vis de cette conception.

→ 20,26

L'amitié

Au sein de cette terrible histoire de jalousie et de rivalité, voici que se trouve proclamée l'amitié de David et Jonathan. L'amitié, c'est cette vertu qui s'attache avant toute chose, sans arrière-pensée mesquine, à vouloir donner et recevoir du bonheur : c'est en donnant que nous recevons. Pauvre Saül qui, parce qu'il reste fermé à la vraie joie, parce que l'amitié lui manque, se condamne lui-même au malheur !

Il y a de merveilleuses joies dans l'amitié. On le comprend sans peine si l'on remarque que la joie est contagieuse. Il suffit que ma présence procure à mon ami un peu de vraie joie pour que le spectacle de cette joie me fasse éprouver à mon tour une joie ; ainsi, la joie que chacun donne lui est rendue ; en même temps, des trésors de joie sont mis en liberté et tous deux se disent : j'avais en moi du bonheur dont je ne faisais rien.

Propos sur le bonheur d'ALAIN,
© Éditions Gallimard

→ 20,17

Couple, © Sachiko Hari, Strasbourg (France)

Roumanie, Transylvanie

"Je me cacherai dans la campagne jusqu'au soir" (1 S 20,5)

Saül et la place de David resta inoccupée. 26 Cependant, Saül ne dit rien ce jour-là ; il pensa : « C'est un accident, il n'est pas pur. » 27 Le lendemain de la nouvelle lune, le second jour, la place de David resta inoccupée et Saül dit à son fils Jonathan : « Pourquoi le fils de Jessé n'est-il venu au repas ni hier ni aujourd'hui ? »
28 Jonathan répondit à Saül : « David m'a demandé avec instance la permission d'aller à Bethléem. 29 Il m'a dit : "Laisse-moi partir, je te prie, car nous avons un sacrifice de clan à la ville et mes frères m'ont réclamé ; maintenant, si j'ai acquis ta faveur, laisse-moi m'échapper, que j'aille voir mes frères." Voilà pourquoi il n'est pas venu à la table du roi. »
30 Saül s'enflamma de colère contre Jonathan et il lui dit : « Fils d'une dévoyée ! Ne sais-je pas que tu prends parti pour le fils de Jessé, à ta honte et à la honte de la nudité de ta mère ? 31 Aussi longtemps que le fils de Jessé vivra sur la terre, tu ne seras pas en sécurité ni ta royauté. Maintenant, fais-le chercher et amène-le-moi, car il est passible de mort. » 32 Jonathan répliqua à son père Saül et lui dit : « Pourquoi mourrait-il ? Qu'a-t-il fait ? »
33 Alors Saül brandit sa lance contre lui pour le frapper, et Jonathan comprit que la mort de David était chose décidée de la part de son père. 34 Jonathan se leva de table, échauffé de colère, et il ne mangea rien ce second jour du mois parce qu'il était peiné au sujet de David, parce que son père l'avait insulté.
35 Le lendemain matin, Jonathan sortit dans la campagne pour le rendez-vous avec David ; il était accompagné d'un jeune servant. 36 Il dit à son servant : « Cours et trouve les flèches que je vais tirer. » Le servant courut et Jonathan tira la flèche de manière à le dépasser. 37 Quand le servant arriva vers l'endroit de la flèche qu'il avait tirée, Jonathan lui cria : « Est-ce que la flèche n'est pas au-delà de toi ? » 38 Jonathan cria encore au servant : « Vite ! Dépêche-toi, ne t'arrête pas. » Le servant de Jonathan ramassa la flèche et l'apporta à son maître. 39 Le servant ne se doutait de rien, seuls Jonathan et David savaient de quoi il s'agissait.
40 Jonathan remit les armes à son servant et lui dit : « Va et porte cela à la ville. » 41 Tandis que le servant rentrait, David se leva d'à côté du tertre, il tomba la face contre terre et se prosterna trois fois, puis ils s'embrassèrent l'un l'autre et ils pleurèrent ensemble abondamment. 42 Jonathan dit à David : « Va en paix. Quant au serment que nous avons juré tous les deux par le nom de Yahvé, que Yahvé soit témoin pour toujours entre moi et toi, entre ma descendance et la tienne. »

21. 1 David se leva et partit, et Jonathan rentra en ville.

Pain consacré

Tu prendras de la fleur de farine et tu en feras cuire douze gâteaux, chacun de deux dixièmes. Puis tu les placeras en deux rangées de six sur la table pure qui est devant Yahvé. Sur chaque rangée, tu déposeras de l'encens pur. Ce sera l'aliment offert en mémorial, un mets pour Yahvé. C'est chaque jour de sabbat qu'en permanence on les disposera devant Yahvé. Les enfants d'Israël les fourniront à titre d'alliance perpétuelle ; ils appartiendront à Aaron et à ses fils, qui les mangeront en un lieu sacré, car c'est pour lui une part très sainte des mets de Yahvé. C'est une loi perpétuelle.

Lévitique 24,5-9

→ 21,5

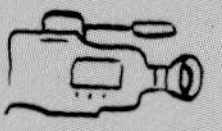

Bon débarras

Il est indigne,
il est impur,
il est lépreux,
il est pécheur,
il est étranger
et puis d'ailleurs
il n'a pas le même dieu
que nous...

Il faut s'en débarrasser,
il n'est pas de notre tribu,
il n'est pas
de notre sang si pur.
Il ne peut demeurer
au milieu de nous !

Il n'a pas la même langue,
il n'a pas la même loi,
il n'a pas les mêmes codes,
il n'a pas la même théologie...
Il faut s'en débarrasser
de peur qu'il ne gangrène
nos anciens repères.

Il ne chante pas
le même air que nous,
il ne parvient pas
à s'intégrer dans la société
que nous avons
si soigneusement bâtie
et puis d'ailleurs
il n'a même pas
de compte en banque !
Il faut s'en débarrasser
de peur que les vraies valeurs
ne se perdent.

Il faut l'exclure,
le conduire hors
de nos campagnes
et aussi de nos cités
tellement sensibles.

Que dis-tu, Seigneur ?
– Là-dessus je t'entendrai
une autre fois...

→ 20,31

Chine, Turfan

N'avez-vous pas lu ?

Plus de mille ans après David, Matthieu, Luc et Marc évoquent l'arrêt de David à Nob. À propos des épis arrachés, ils veulent montrer que ce qui est premier c'est le besoin des humains (ici le pain) et non l'application stricte d'une loi.

France, Paris, Musée d'Art Moderne (extérieur)

En ce temps-là, Jésus vint à passer, un jour de sabbat, à travers des moissons. Ses disciples, ayant faim, se mirent à arracher des épis et à les manger. Ce que voyant, les Pharisiens lui dirent : " Voilà que tes disciples font ce qui n'est pas permis de faire pendant le sabbat. " Mais il leur dit : " N'avez-vous pas lu ce que fit David lorsqu'il eut faim, lui et ses compagnons ? Comment il entra dans la maison de Dieu et comment ils mangèrent les pains de proposition, qu'il ne lui était pas permis de manger, ni à ses compagnons, mais aux prêtres seuls ? "

Matthieu 12,1-4

→ 21,7

Jordanie, Mádabá

L'arrêt à Nob.

2David arriva à Nob chez le prêtre Ahimélek. Celui-ci
vint en tremblant au-devant de David et lui demanda : « Pourquoi es-tu seul et n'y a-t-il personne avec
toi ? » 3David répondit au prêtre Ahimélek : « Le roi m'a
donné un ordre et m'a dit : "Que personne ne sache la
mission dont je te charge et l'ordre que je te donne !"
Quant à mes hommes, je leur ai donné rendez-vous
à tel endroit. 4Maintenant, si tu as sous la main cinq
pains, donne-les-moi, ou ce qui se trouvera. » 5Le
prêtre répondit : « Je n'ai pas de pain ordinaire sous
la main, il n'y a que du pain consacré – pourvu que
tes hommes se soient gardés de rapport avec les
femmes. »
6David répondit au prêtre : « Bien sûr, les femmes
nous ont été interdites, comme toujours quand je
pars en campagne, et les choses des hommes sont en
état de pureté. C'est un voyage profane, mais vraiment
aujourd'hui ils sont en état de pureté quant à la
chose. » 7Alors le prêtre lui donna ce qui avait été
consacré, car il n'y avait pas d'autre pain que le pain
d'oblation, celui qu'on retire de devant Yahvé pour le
remplacer par du pain chaud, quand on le prend.
8Or, ce jour même, se trouvait là un des serviteurs
de Saül, retenu devant Yahvé ; il se nommait Doëg
l'Édomite et était le plus robuste des bergers de Saül.
9David dit à Ahimélek : « Et n'y a-t-il pas ici sous ta
main une lance ou une épée ? Je n'ai pris avec moi ni
mon épée ni mes armes, tant l'affaire du roi était
urgente. » 10Le prêtre répondit : « L'épée de Goliath le
Philistin, que tu as abattu dans la vallée du Térébinthe,
est là, enveloppée dans un manteau derrière l'éphod.
Si tu veux, prends-la, il n'y en a pas d'autre ici. »
David répondit : « Elle n'a pas sa pareille, donne-la
moi. »

David chez les Philistins.

11David se leva et s'enfuit ce jour-là loin de Saül et il
arriva chez Akish, roi de Gat. 12Mais les serviteurs
d'Akish dirent à celui-ci : « Est-ce que ce n'est pas
David, le roi du pays ? N'est-ce pas pour celui-là
qu'on chantait dans les danses :

"Saül a tué ses milliers,
et David ses myriades" ? »

13David réfléchit sur ces paroles et il eut très peur
d'Akish, roi de Gat. 14Alors, il fit l'insensé sous leurs
yeux et il simula la démence entre leurs mains : il

tambourinait sur les battants de la porte et laissait sa
salive couler sur sa barbe.
15Akish dit à ses serviteurs : « Vous voyez bien que c'est
un fou ! Pourquoi me l'amenez-vous ? 16Est-ce que
je manque de fous, que vous m'ameniez celui-ci pour
m'ennuyer avec ses folies ? Va-t-il entrer dans ma
maison ? »

III
David chef de bande

David commence sa vie errante.

22. 1David partit de là et se réfugia dans la grotte
d'Adullam. Ses frères et toute sa famille l'apprirent et
descendirent l'y rejoindre. 2Tous les gens en détresse,
tous ceux qui avaient des créanciers, tous les mécon-
tents se rassemblèrent autour de lui et il devint leur
chef. Il y avait avec lui environ quatre cents hommes.
3De là, David se rendit à Miçpé de Moab et dit au roi
de Moab : « Permets que mon père et ma mère restent
avec vous jusqu'à ce que je sache ce que Dieu fera
pour moi. » 4Il les laissa chez le roi de Moab et ils restèrent avec celui-ci tout le temps que David fut dans
le refuge.
5Le prophète Gad dit à David : « Ne reste pas dans le
refuge, va-t'en et enfonce-toi dans le pays de Juda. »
David partit et se rendit dans la forêt de Hérèt.

Massacre des prêtres de Nob.

6Saül apprit qu'on avait découvert David et les hommes
qui l'accompagnaient. Saül était à Gibéa, assis sous le
tamaris du haut lieu, sa lance à la main, et tous ses
officiers se tenaient debout près de lui. 7Et Saül dit
aux officiers qui se tenaient près de lui : « Écoutez
donc, Benjaminites ! Le fils de Jessé aussi vous don-
nera-t-il à tous des champs et des vignes et vous
nommera-t-il tous chefs de mille et chefs de cent,
8que vous conspiriez tous contre moi ? Personne ne
m'avertit quand mon fils pactise avec le fils de Jessé,
personne de vous n'a pitié de moi et ne me révèle que
mon fils a dressé mon serviteur en ennemi contre
moi, comme il apparaît aujourd'hui. »
9Doëg l'Édomite, qui se tenait près des officiers de
Saül, prit la parole et dit : « J'ai vu le fils de Jessé qui
venait à Nob chez Ahimélek, fils d'Ahitub. 10Celui-ci

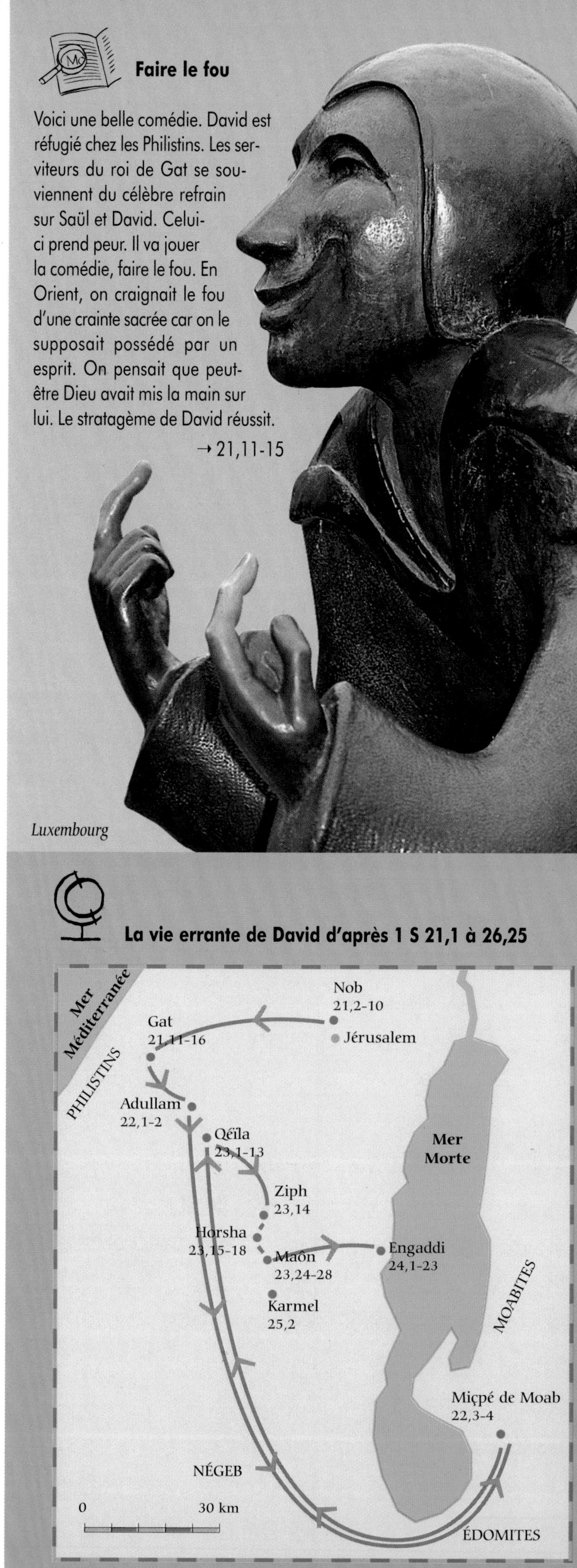

Faire le fou

Voici une belle comédie. David est réfugié chez les Philistins. Les serviteurs du roi de Gat se souviennent du célèbre refrain sur Saül et David. Celui-ci prend peur. Il va jouer la comédie, faire le fou. En Orient, on craignait le fou d'une crainte sacrée car on le supposait possédé par un esprit. On pensait que peut-être Dieu avait mis la main sur lui. Le stratagème de David réussit.

→ 21,11-15

Luxembourg

La vie errante de David d'après 1 S 21,1 à 26,25

Israël, Negeb

Doëg d'Édom

Le territoire d'Édom englobe le Négeb et l'extrême sud de la Jordanie actuelle. La Genèse identifie Édom à Ésaü, fils aîné destitué d'Isaac (Gn 36,1-14). David annexe ce territoire pour s'assurer la domination des routes commerciales vers la Transjordanie. Édom retrouve son indépendance au 9e siècle. Le royaume est à plusieurs reprises un adversaire farouche d'Israël. Certains prophètes lancent de vigoureuses diatribes contre Édom.
Les allusions à Doëg l'Édomite datent sans doute des périodes où ce peuple était un ennemi honni. Peut-être provient-il des milieux sacerdotaux de l'époque perse pour lesquels Édom était devenu le prototype des adversaires de la communauté fidèle de Jérusalem.

→ 22,9-19

Qui est Ébyatar ?

Le prêtre Ébyatar a laissé le souvenir d'un homme ouvert, au destin tragique. Par son origine, il se rattache au sanctuaire de Silo détruit par les Philistins (4,1-22). Son nom signifie " le père a en surabondance ". Son attitude humaine lors du passage au sanctuaire de Nob sera conservée par l'histoire et rappelée par Jésus (Mt 12,1-8). Échappé au massacre des prêtres de Nob par les gardes de Saül, Ébyatar se réfugie chez David. Il a la garde de l'arche avec le prêtre Sadoq (2 S 15,24-29 ; 17,15 ; 19,12). Au moment de la crise de succession de David, il prend le mauvais parti, celui d'Adonias. Ceci lui vaut d'être exilé à Anatot (1 R 2,26-27) et exclu du sacerdoce par Salomon. Cette sanction est regardée comme l'accomplissement de la parole de Yahvé contre la maison d'Éli à Silo. Trois siècles plus tard, Jérémie naîtra dans ce village marqué du souvenir de la tragédie de Silo, et où les descendants d'Ébyatar sont toujours exclus du service du Temple (Jr 1,1).

→ 22,20

Israël, Negeb

a consulté Yahvé pour lui, il lui a donné des vivres, il
lui a remis aussi l'épée de Goliath le Philistin. » 11Alors
Saül fit appeler le prêtre Ahimélek fils d'Ahitub et
toute sa famille, les prêtres de Nob, et ils vinrent tous
chez le roi.
12Saül dit : « Écoute donc, fils d'Ahitub ! » et il répondit : « Me voici, Monseigneur. » 13Saül lui dit :
« Pourquoi avez-vous conspiré contre moi, le fils de
Jessé et toi ? Tu lui as donné du pain et une épée et tu
as consulté Dieu pour lui, afin qu'il se dresse en ennemi contre moi, comme il arrive aujourd'hui. »
14Ahimélek répondit au roi : « Et qui donc, parmi tous
tes serviteurs, est comparable à David, le fidèle, le
gendre du roi, le chef de ta garde personnelle, celui
qu'on honore dans ta maison ? 15Est-ce aujourd'hui
que j'ai commencé de consulter Dieu pour lui ? Loin
de moi toute autre pensée ! Que le roi n'impute à son
serviteur et à toute sa famille aucune charge, car ton
serviteur ne savait rien de tout cela, ni peu ni prou. »
16Le roi reprit : « Tu mourras, Ahimélek, toi et toute
ta famille. »
17Le roi ordonna aux coureurs qui se tenaient près de
lui : « Approchez et mettez à mort les prêtres de Yahvé,
car ils ont eux aussi prêté la main à David,
ils ont su qu'il fuyait et ils ne m'ont pas
averti. » Mais les gardes du roi ne voulu-
rent pas porter la main sur les prêtres de
Yahvé et les frapper. 18Alors, le roi dit à
Doëg : « Toi, approche et frappe les
prêtres. » Doëg l'Édomite s'approcha et
frappa lui-même les prêtres : il mit à mort
ce jour-là quatre-vingt-cinq hommes qui
portaient le pagne de lin. 19Quant à Nob,
la ville des prêtres, Saül la passa au fil de
l'épée, hommes et femmes, enfants et
nourrissons, bœufs, ânes, brebis.
20Il n'échappa qu'un fils d'Ahimélek, fils
d'Ahitub. Il se nommait Ébyatar et il s'enfuit auprès de David. 21Ébyatar annonça à
David que Saül avait massacré les prêtres
de Yahvé, 22et David lui dit : « Je savais ce
jour-là que Doëg l'Édomite, étant présent,
avertirait sûrement Saül ! C'est moi qui
suis responsable de la vie de tous tes
parents. 23Demeure avec moi, sois sans
crainte : c'est le même qui en voudra à
ma vie et qui en voudra à la tienne, car tu
es sous ma bonne garde. »

Nouvelle-Zélande

Chronique d'une fin annoncée

Le ralliement à David est de plus en plus large. La fin de Saül est annoncée. Ahimélek dit que, même dans la maison du roi, David est reconnu comme incomparable. C'est une allusion vraisemblable au soutien que lui apportent les enfants royaux, Jonathan, l'héritier légitime, et Mikal.
Après le massacre des prêtres de Nob, le rescapé, Ébyatar, le fils d'Ahimélek, s'enfuit auprès de David. Celui-ci le prend sous sa protection. Le sacerdoce aussi opte pour le fils de Jessé, contre Saül et sa violence.

→ 22,6-23

Italie, Vatican, Saint Pierre

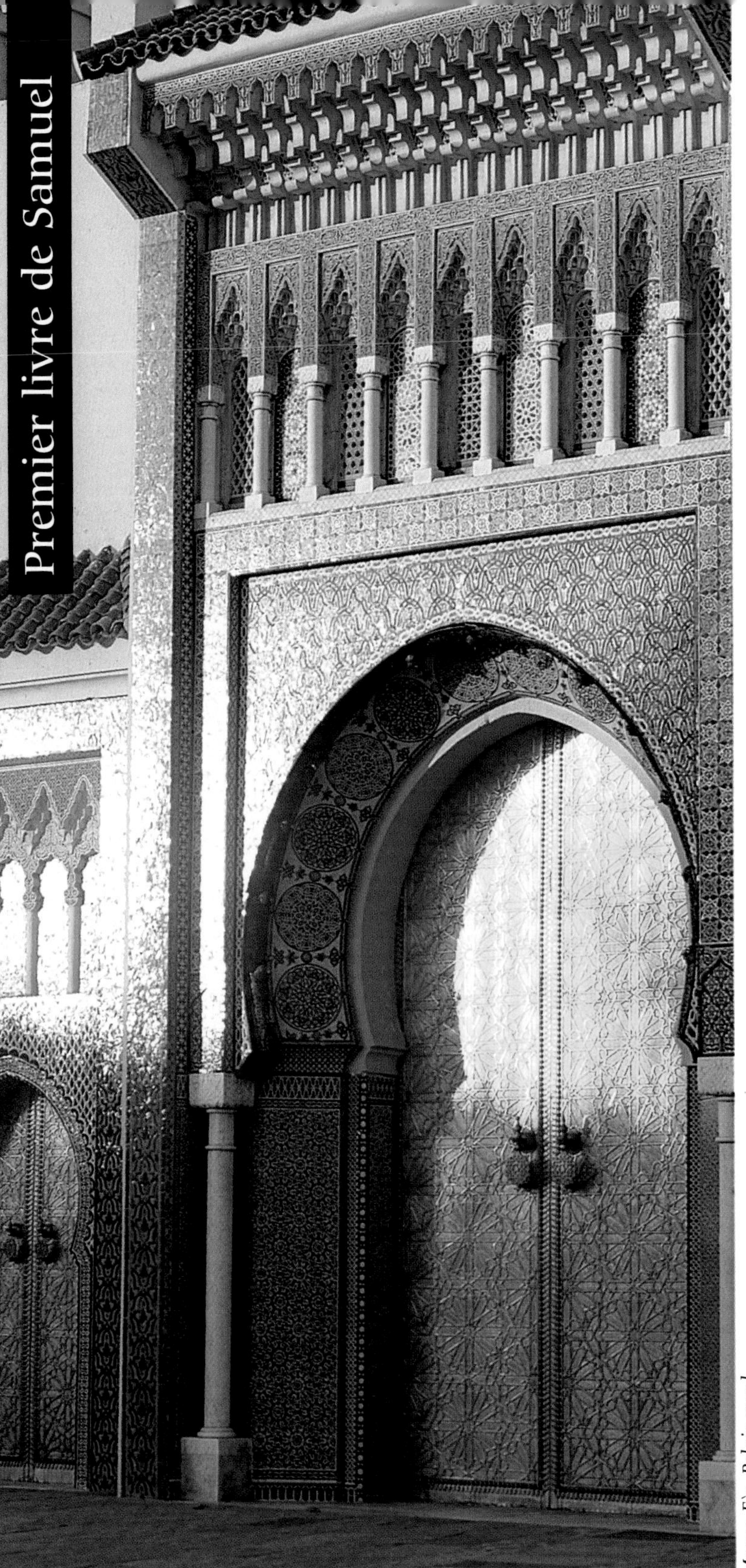

Maroc, Fès, Palais royal

Qu'est-ce que l'éphod ?

Le mot *éphod* a plusieurs sens. Parfois, il désigne un petit *pagne* de lin que l'on revêt pour le culte. Il est porté par Samuel (1 S 2,18), les prêtres de Nob (1 S 22,18) et David dansant devant l'arche (2 S 6,14). L'éphod peut aussi désigner une *bande d'étoffe* multicolore de lin et de laine, tissée d'or et portée par le grand prêtre sur sa tunique (Ex 28,4-16 ; 29,5). Dans l'histoire de David à Qéïla, il s'agit probablement d'une sorte de *bannière*. Le prêtre tient la hampe et la bannière est agitée par le vent. Ses mouvements sont interprétés comme des indications venant de Dieu. Cet éphod est donc un moyen de divination. Il joue un rôle important dans la décision d'engager une bataille.

→ 23,9-13 ; 30,7-9

David à Qéïla.

23. 1On apporta cette nouvelle à David : « Les Philistins
assiègent Qéïla et pillent les aires. » 2David consulta
Yahvé : « Dois-je partir et battrai-je les Philistins ? »
Yahvé répondit : « Va, tu battras les Philistins et tu délivreras Qéïla. » 3Cependant les hommes de David lui
dirent : « Ici, en Juda, nous avons déjà à craindre ;
combien plus si nous allons à Qéïla contre les troupes
philistines ! » 4David consulta encore une fois Yahvé,
et Yahvé répondit : « Pars ! Descends à Qéïla, car je
livre les Philistins entre tes mains. » 5David alla donc
à Qéïla avec ses hommes, il attaqua les Philistins,
enleva leurs troupeaux et leur infligea une grande
défaite. Ainsi David délivra les habitants de Qéïla.
– 6Lorsque Ébyatar, fils d'Ahimélek, se réfugia auprès
de David, il descendit à Qéïla, ayant en main l'éphod.
7Quand on rapporta à Saül que David était entré à
Qéïla, il dit : « Dieu l'a livré en mon pouvoir, car il s'est
pris au piège en entrant dans une ville à portes et à ver-
rous ! » 8Saül appela tout le peuple aux armes pour
descendre à Qéïla et bloquer David et ses hommes.
9Quand David sut que c'était contre lui que Saül for-
geait de mauvais desseins, il dit au prêtre Ébyatar :
« Apporte l'éphod. » 10David dit : « Yahvé, Dieu d'Israël,
ton serviteur a entendu dire que Saül se préparait à
venir à Qéïla pour détruire la ville à cause de moi.
11Saül descendra-t-il, comme ton serviteur l'a appris ?
Yahvé, Dieu d'Israël, veuille informer ton serviteur ! »
Yahvé répondit : « Il descendra. » 12David demanda :
« Les notables de Qéïla me livreront-ils, moi et mes
hommes, entre les mains de Saül ? » Yahvé répondit :
« Ils vous livreront. » 13Alors David partit avec ses
hommes, au nombre d'environ six cents, ils sortirent
de Qéïla et errèrent à l'aventure. On rapporta à Saül
que David s'était échappé de Qéïla et il abandonna
l'expédition.
14David demeura au désert dans les refuges ; il demeura dans la montagne au désert de Ziph et Saül fut
continuellement à sa recherche, mais Dieu ne le livra
pas entre ses mains.

David à Horsha. Visite de Jonathan.

15David se rendit compte que Saül était entré en campagne pour attenter à sa vie. David était alors dans le
désert de Ziph, à Horsha. 16S'étant mis en route,
Jonathan, fils de Saül, vint auprès de David à Horsha
et le réconforta au nom de Dieu. 17Il lui dit : « Sois
sans crainte, car la main de mon père Saül ne t'at-
teindra pas. C'est toi qui régneras sur Israël et moi je

serai ton second ; mon père Saül lui-même le sait
bien. » 18Ils conclurent tous les deux un pacte devant
Yahvé. David demeura à Horsha et Jonathan s'en alla
chez lui.

David échappe de justesse à Saül.

19Des gens de Ziph montèrent à Gibéa auprès de Saül
pour lui dire : « David ne se cache-t-il pas parmi nous
dans les refuges, à Horsha, sur la colline de Hakila, au
sud de la steppe ? 20Maintenant, quand tu désireras descendre, ô roi, descends : c'est à nous de le livrer entre
les mains du roi. » 21Saül répondit : « Soyez bénis de
Yahvé pour avoir eu pitié de moi. 22Allez donc, infor-
mez-vous encore, rendez-vous bien compte de l'endroit
où se hâteront ses pas ; on m'a dit qu'il était très
rusé. 23Rendez-vous compte de toutes les cachettes où
il se terre et revenez me voir quand vous serez sûrs.
Alors, j'irai avec vous et, s'il est dans le pays, je le tra-
querai dans tous les clans de Juda. »
24Se mettant en route, ils partirent pour Ziph, en avant
de Saül. David et ses hommes étaient au désert de
Maôn, dans la plaine au sud de la steppe. 25Saül et ses
hommes partirent à sa recherche. On l'annonça à
David et celui-ci descendit à la gorge qui se trouve
dans le désert de Maôn. Saül l'apprit et il poursuivit
David dans le désert de Maôn. 26Saül et ses hommes
suivaient un des versants de la montagne, David et ses
hommes suivaient l'autre versant. David fuyait éper-
dument devant Saül et Saül et ses hommes cherchaient à passer du côté de David et de ses hommes
pour s'emparer d'eux, 27quand un messager vint dire
à Saül : « Viens vite, les Philistins ont envahi le pays ! »
28Saül cessa donc de poursuivre David et marcha à la
rencontre des Philistins. C'est pourquoi on a appelé cet
endroit la Gorge des Séparations.

David épargne Saül.

24. 1David monta de là et s'établit dans les refuges
d'Engaddi. 2Quand Saül revint de la poursuite des
Philistins, on lui rapporta ceci : « David est au désert
d'Engaddi. » 3Alors Saül prit trois mille hommes choisis dans tout Israël et partit à la recherche de David et
de ses gens, à l'est des Rocs des Bouquetins. 4Il arriva
aux parcs à brebis qui sont près du chemin ; il y a là
une grotte où Saül entra pour se couvrir les pieds. Or
David et ses gens étaient assis au fond de la grotte, 5et
les gens de David lui dirent : « Voici le jour où Yahvé
te dit : C'est moi qui livre ton ennemi entre tes mains,
traite-le comme il te plaît. » David se leva et coupa

Dernière rencontre

Entre deux récits de périls encourus par David, voici un réconfort inattendu : celui de l'amitié. L'auteur ne dit pas comment Jonathan, fils de Saül, a trouvé David errant. Les versets qu'il a placés ici proviennent peut-être d'un cycle de traditions concernant l'amitié de Jonathan et de David. Ils orientent la pensée du lecteur vers la réussite de David. Mais ils jouent aussi un rôle tragique. Ils mettent en scène la dernière rencontre des deux amis qui ne se reverront plus.

→ 23,16-18 ; 31,1-2

"Que Yahvé soit juge entre moi et toi" (1 S 24,13)

Se couvrir les pieds

Dans un récit du livre des Juges, le roi de Moab, Églôn, tarde à sortir de sa chambre haute. Les serviteurs se disent : " sans doute se couvre-t-il les pieds " (Jg 3,24). Saül entre dans une grotte " pour se couvrir les pieds " et se trouve à la merci de David. Que veut dire cette expression ? C'est un euphémisme. Elle signifie " satisfaire un besoin naturel ". Lorsque quelqu'un s'accroupit, les larges manteaux retombent autour de sa personne et couvrent ses pieds.

→ 24,4

États-Unis, Nouveau Mexique

furtivement le pan du manteau de Saül. 6Après quoi,
le cœur lui battit, d'avoir coupé le pan du manteau de
Saül. 7Il dit à ses hommes : « Yahvé me garde d'agir
ainsi à l'égard de mon seigneur, de porter la main sur
lui, car il est l'oint de Yahvé. » 8Par ses paroles, David
retint ses hommes et ne leur permit pas de se jeter sur
Saül.
Celui-ci quitta la grotte et alla son chemin. 9David se
leva ensuite, sortit de la grotte et lui cria :
« Monseigneur le roi ! » Saül regarda derrière lui et
David s'inclina jusqu'à terre et se prosterna. 10Puis
David dit à Saül : « Pourquoi écoutes-tu les gens qui
disent : "Voici que David cherche ton malheur" ? 11En
ce jour même, tes yeux ont vu comment Yahvé t'avait
livré aujourd'hui entre mes mains dans la grotte, mais
j'ai refusé de te tuer, je t'ai épargné et j'ai dit : Je ne
porterai pas la main sur mon seigneur, car il est l'oint
de Yahvé. 12O mon père, vois, vois donc le pan de ton
manteau dans ma main : puisque j'ai pu couper le pan
de ton manteau et que je ne t'ai pas tué, reconnais clairement qu'il n'y a chez moi ni méchanceté ni crime.
Je n'ai pas péché contre toi alors que, toi, tu tends des
embûches à ma vie pour me l'enlever. 13Que Yahvé
soit juge entre moi et toi, que Yahvé me venge de toi,
mais ma main ne te touchera pas ! 14(Comme dit l'ancien proverbe : Des méchants sort la méchanceté et ma
main ne te touchera pas.) 15Après qui le roi d'Israël
s'est-il mis en campagne, après qui cours-tu ? Après
un chien crevé, après une simple puce ! 16Que Yahvé
soit l'arbitre, qu'il juge entre moi et toi, qu'il examine
et défende ma cause et qu'il me rende justice en me
délivrant de ta main ! »
17Lorsque David eut achevé de parler ainsi à Saül,
celui-ci dit : « Est-ce bien ta voix, mon fils David ? »
et Saül se mit à crier et à pleurer. 18Puis il dit à David :
« Tu es plus juste que moi, car tu m'as fait du bien et
moi je t'ai fait du mal. 19Aujourd'hui, tu as révélé ta
bonté pour moi, puisque Yahvé m'avait livré entre
tes mains et que tu ne m'as pas tué. 20Quand un
homme rencontre son ennemi, le laisse-t-il aller bon-
nement son chemin ? Que Yahvé te récompense pour
le bien que tu m'as fait aujourd'hui. 21Maintenant, je
sais que tu régneras sûrement et que la royauté sur
Israël sera ferme en tes mains. 22Jure-moi donc par
Yahvé que tu ne supprimeras pas ma postérité après
moi et que tu ne feras pas disparaître mon nom de ma
famille. » 23David prêta serment à Saül. Celui-ci s'en
alla chez lui, tandis que David et ses gens remon-
taient au refuge.

Pakistan

Magnanime

Les chapitres 24 et 26 donnent deux versions d'un même épisode. Chaque conteur présente à sa manière la tradition reçue. Malgré des différences plaisantes qui donnent à chaque récit sa couleur particulière, la trame générale et le but de ces deux chapitres restent les mêmes. On y retrouve Saül à la merci de David (dans la grotte ou dans le sommeil), le refus de David de porter la main sur l'oint de Yahvé, les pièces justificatives de la possibilité de tuer Saül (le pan du manteau ou la lance et la gourde), un discours de David justifiant son attitude et une réponse de Saül louant la magnanimité de son rival. La pointe des récits (le respect de l'oint de Yahvé) embellit l'image de David et conforte l'institution royale.

→ 24 et 26

Deux sortes d'hommes

L'homme n'est jamais juste parce que la justice est toujours ce qui nous manque. Pour cette raison, elle est aussi le nécessaire objet de notre désir. L'homme injuste n'est donc pas tant celui à qui la justice fait défaut, mais bien plutôt celui qui s'en croit suffisamment pourvu. Le comble de l'injustice est l'autosatisfaction ; la réalité de la justice est l'humilité du désir devant ce qu'il sait lui manquer. Saül n'a pas l'audace de se croire juste. Mais Pascal nous apprend qu'il n'est peut-être pas pour autant foncièrement injuste. Le drame de Saül est celui de la jalousie, non celui de l'injustice.

Il n'y a que deux sortes d'hommes : les uns justes qui se croient pécheurs, les autres pécheurs qui se croient justes.

Pensées de PASCAL

→ 24,18

Mort de Samuel.
Histoire de Nabal et d'Abigayil.

25. 1Samuel mourut. Tout Israël s'assembla et fit
son deuil ; on l'ensevelit chez lui à Rama.
David partit et descendit au désert de Maôn.
2Il y avait à Maôn un homme, qui avait ses affaires
à Karmel ; c'était un homme très riche, il avait trois
mille moutons et mille chèvres, et il était alors à
Karmel pour la tonte de son troupeau. 3L'homme se
nommait Nabal et sa femme, Abigayil ; mais alors que
la femme était pleine de bon sens et belle à voir, l'homme était brutal et malfaisant ; il était Calébite.
4David, ayant appris au désert que Nabal tondait son
troupeau, 5envoya dix garçons auxquels il dit :
« Montez à Karmel, rendez-vous chez Nabal et saluez-
le de ma part. 6Vous parlerez ainsi à mon frère : “Salut
à toi, salut à ta maison, salut à tout ce qui t'appartient. 7Maintenant, j'apprends que tu as les tondeurs.
Or tes bergers ont été avec nous, nous ne les avons pas
molestés et rien de ce qui leur appartenait n'a disparu, tout le temps qu'ils furent à Karmel. 8Interroge tes
serviteurs et ils te renseigneront. Puissent les garçons
trouver bon accueil auprès de toi, car nous sommes
venus un jour de fête. Donne, je te prie, ce que tu as
sous la main à tes serviteurs et à ton fils David”. »
9Les garçons de David, étant arrivés, redirent toutes ces
paroles à Nabal de la part de David et attendirent.
10Mais Nabal, s'adressant aux serviteurs de David,
leur dit : « Qui est David, qui est le fils de Jessé ? Il y
a aujourd'hui trop de serviteurs qui se sauvent de
chez leurs maîtres. 11Je vais peut-être prendre mon
pain, mon vin, ma viande que j'ai abattue pour mes
tondeurs et en faire cadeau à des gens qui viennent je
ne sais d'où ! » 12Les garçons de David rebroussèrent
chemin et s'en retournèrent. A leur arrivée, ils répétèrent toutes ces paroles à David. 13Alors David dit à
ses hommes : « Que chacun ceigne son épée ! » Ils
ceignirent chacun son épée, David aussi ceignit la
sienne, et quatre cents hommes environ partirent à la
suite de David, tandis que deux cents restaient près des
bagages.
14Or Abigayil, la femme de Nabal, avait été avertie
par l'un des serviteurs, qui lui dit : « David a envoyé,
du désert, des messagers pour saluer notre maître,
mais celui-ci s'est jeté sur eux. 15Pourtant ces gens
ont été très bons pour nous, ils ne nous ont pas molestés et nous n'avons rien perdu, tout le temps que
nous avons circulé près d'eux, quand nous étions
dans la campagne. 16Nuit et jour, il ont été comme un
rempart autour de nous, tout le temps que nous

Peut-on parler de racket ?

Voici un récit plein de charme, un document exceptionnel sur la civilisation rurale du temps de David. L'objet du récit est des plus prosaïques : il s'agit du droit de rançonner. Les bédouins nomades, comme les maquisards de David, regardent ce droit comme acquis. En échange d'une protection des troupeaux et des récoltes contre les razzias et de leur propre bienveillance, ils se font offrir des biens nécessaires à leur subsistance.
L'histoire présente David comme un redoutable chef de bande face à un très grand propriétaire, un personnage important présenté comme une brute. Son nom *Nabal* signifie *insensé* ou *vaurien*. Il refuse de payer. Sa femme, Abygayil, est plus raisonnable. L'histoire se termine par un mariage qui assure l'autorité de David sur cette partie du territoire. Ce récit plaisant présente David, le racketteur, sous un jour favorable. Il accrédite son image de chef de bande. En même temps il pose des jalons pour son accession à un pouvoir plus large.

→ 25,1-42

Honduras

Maroc

♀ Les femmes dans le premier livre de Samuel

- Elqana a deux femmes : Anne et Pennina, 1,1-2.
- Elqana a des filles, mais on ne connaît que le nom de ses fils, 1,4.
- Anne, stérile, devient la mère de Samuel, 1,9-2,11.
- Anne conçoit deux filles après la naissance de Samuel, 2,21.
- La femme de Pinhas, dont on ignore le nom, meurt en couche lors de la prise de l'arche par les Philistins. Elle met au monde un fils, Ikabod : Ey (où est) Kabod (la gloire), 4,19-22.
- les filles que le roi prendra comme parfumeuses, cuisinières, boulangères, tandis que les fils seront pris pour la moisson, la fabrication des armes de guerre, 8,13.
- Des jeunes filles sortent pour puiser de l'eau et rencontrent Saül et son serviteur, 9,11.
- Les deux filles de Saül : Mérab et Mikal ; son épouse Ahinoam, 14,49-50.
- Les femmes, dont Agag, roi des Amalécites, a tué les enfants, 15,33.
- La mère d'Agag, 15,33.
- Les femmes de toutes les villes d'Israël acclament David, vainqueur du géant Goliath, en chantant et en dansant, 18,6.
- Mikal, la fille cadette de Saül est amoureuse de David. Saül la donne en mariage au terme d'une épreuve qui aurait dû coûter la vie au jeune héros, 18,20-27.
- La mère de Jonathan que Saül, son époux, traite de dévoyée, 20,30.
- Ahimélek accepte de donner à David et ses hommes du pain consacré pourvu qu'ils n'aient pas eu de rapport avec des femmes, 21,5-6.
- Abigayil, pleine de bon sens et belle à voir, veuve du brutal et malfaisant Nabal, devient la femme de David, 25,2-42.
- Les cinq servantes qui accompagnent Abigayil, 25,42.
- Ahinoam, fille de Yizréel, autre épouse de David, 25,43.
- David opère des razzias dans le Négeb et ne laisse en vie ni homme, ni femme, 27,8-11.
- La nécromancienne consultée par Saül, 28,4-25.
- Et toutes celles dont 1er Samuel ne parle pas, mais dont il mentionne les maris et les fils.

Guatemala

fûmes avec eux à paître le troupeau. 17Reconnais maintenant et vois ce que tu dois faire, car la perte de notre maître et de toute sa maison est une affaire réglée, et c'est un vaurien à qui on ne peut rien dire. »

18Vite Abigayil prit deux cents pains, deux outres de vin, cinq moutons apprêtés, cinq boisseaux de grain rôti, cent grappes de raisin sec, deux cents gâteaux de figues, qu'elle chargea sur des ânes. 19Elle dit à ses serviteurs : « Passez devant, et moi je vous suis », mais elle ne prévint pas Nabal, son mari.

20Tandis que, montée sur un âne, elle descendait derrière un repli de la montagne, David et ses hommes descendaient vis-à-vis d'elle et elle les rencontra. 21Or David s'était dit : « C'est donc en vain que j'ai protégé dans le désert tout ce qui était à ce bonhomme et que rien de ce qui lui appartenait n'a disparu ! Il me rend le mal pour le bien ! 22Que Dieu fasse à David ce mal et qu'il ajoute cet autre si, d'ici à demain matin, je laisse de tous les siens subsister un seul mâle. »

23Dès qu'Abigayil aperçut David, elle se hâta de descendre de l'âne et, tombant sur la face devant David, elle se prosterna jusqu'à terre. 24Se jetant à ses pieds, elle dit : « Que la faute soit sur moi, Monseigneur ! Puisse ta servante parler à tes oreilles et daigne écouter les paroles de ta servante ! 25Que Monseigneur ne fasse pas attention à ce vaurien, à ce Nabal, car il porte bien son nom : il s'appelle La Brute et vraiment il est abruti. Mais moi, ta servante, je n'avais pas vu les garçons que Monseigneur avait envoyés.

26Maintenant, Monseigneur, par la vie de Yahvé et ta propre vie, par Yahvé qui t'a empêché d'en venir au sang et de te faire justice de ta propre main, que deviennent comme Nabal tes ennemis et ceux qui cherchent du mal à Monseigneur ! 27Quant à ce présent que ta servante apporte à Monseigneur, qu'il soit remis aux garçons qui marchent sur les pas de Monseigneur. 28Pardonne, je t'en prie, l'offense de ta servante ! Aussi bien, Yahvé assurera à Monseigneur une maison durable, car Monseigneur combat les guerres de Yahvé et, au long de ta vie, on ne trouve pas de mal en toi. 29Et si un homme se lève pour te poursuivre et attenter à ta vie, l'âme de Monseigneur sera ensachée dans le sachet de vie auprès de Yahvé ton Dieu, tandis que l'âme de tes ennemis, il la lancera au creux de la fronde. 30Lors donc que Yahvé aura accompli pour Monseigneur tout le bien qu'il a dit à ton propos et lorsqu'il t'aura établi chef sur Israël, 31que ce ne soit pas pour toi un trouble et un remords pour Monseigneur d'avoir versé en vain le sang et de s'être fait justice de sa main. Quand Yahvé aura fait du bien à Monseigneur, souviens-toi de ta servante. »

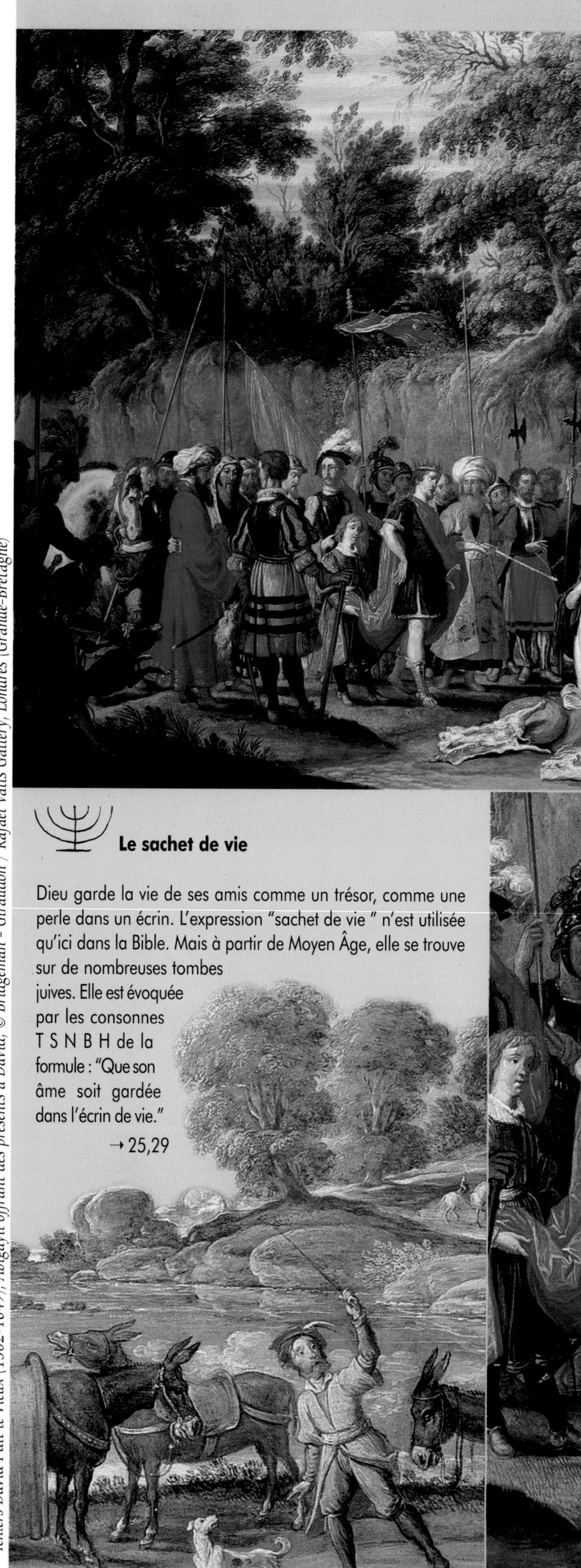

Teniers David I dit le Vieux (1582-1649), Abigayil offrant des présents à David, © Bridgeman - Giraudon / Rafael Valls Gallery, Londres (Grande-Bretagne)

Le sachet de vie

Dieu garde la vie de ses amis comme un trésor, comme une perle dans un écrin. L'expression "sachet de vie " n'est utilisée qu'ici dans la Bible. Mais à partir de Moyen Âge, elle se trouve sur de nombreuses tombes juives. Elle est évoquée par les consonnes T S N B H de la formule : "Que son âme soit gardée dans l'écrin de vie."

→ 25,29

32David répondit à Abigayil : « Béni soit Yahvé, Dieu
d'Israël, qui t'a envoyée aujourd'hui à ma rencontre.
33Bénie soit ta sagesse et bénie sois-tu, pour m'avoir
retenu aujourd'hui d'en venir au sang et de me faire
justice de ma propre main ! 34Mais, par la vie de Yahvé,
Dieu d'Israël, qui m'a empêché de te faire du mal, si
tu n'étais pas venue aussi vite au-devant de moi, je jure
que, d'ici au lever du matin, il ne serait pas resté à
Nabal un seul mâle. » 35David reçut ce qu'elle lui avait
apporté et il lui dit : « Remonte en paix chez toi. Vois :
je t'ai exaucée et je t'ai fait grâce. »
36Quand Abigayil arriva chez Nabal, il festoyait dans
sa maison. Un festin de roi : Nabal était en joie et
complètement ivre ; aussi, jusqu'au lever du jour, elle
ne lui révéla rien. 37Le matin, quand Nabal eut cuvé
son vin, sa femme lui raconta cette affaire : alors son
cœur mourut dans sa poitrine et il devint comme une
pierre. 38Une dizaine de jours plus tard, Yahvé frappa
Nabal et il mourut.
39Ayant appris que Nabal était mort, David dit : « Béni
soit Yahvé qui m'a rendu justice pour l'injure que
j'avais reçue de Nabal et qui a retenu son serviteur de
commettre le mal. Yahvé a fait retomber la méchanceté de Nabal sur sa propre tête. »
David envoya demander Abigayil en mariage. 40Les
serviteurs de David vinrent donc trouver Abigayil à
Karmel et lui dirent : « David nous a envoyés vers toi
pour te prendre comme sa femme. » 41D'un mouvement, elle se prosterna la face contre terre et dit : « Ta
servante est comme une esclave, pour laver les pieds
des serviteurs de Monseigneur. » 42Vite, Abigayil se
releva et monta sur un âne ; suivie par cinq de ses servantes, elle partit derrière les messagers de David et elle
devint sa femme.
43David avait aussi épousé Ahinoam de Yizréel, et il les
eut toutes deux pour femmes. 44Saül avait donné sa
fille Mikal, femme de David, à Palti, fils de Layish, de
Gallim.

David épargne Saül.

26. 1Les gens de Ziph vinrent à Gibéa et dirent à Saül :
« Est-ce que David ne se cache pas sur la colline de
Hakila, à l'orée de la steppe ? » 2S'étant mis en route,
Saül descendit au désert de Ziph, accompagné de trois
mille hommes, l'élite d'Israël, pour traquer David
dans le désert de Ziph. 3Saül campa à la colline de
Hakila, qui est à l'orée de la steppe, près de la route.
David séjournait au désert et il vit que Saül était venu
derrière lui au désert. 4David envoya des espions et il
sut que Saül était effectivement arrivé. 5Alors David

se mit en route et arriva au lieu où Saül campait. Il
vit l'endroit où étaient couchés Saül et Abner, fils de
Ner, le chef de son armée : Saül était couché dans le
campement et la troupe bivouaquait autour de lui.
6David, s'adressant à Ahimélek le Hittite et à Abishaï,
fils de Çeruya et frère de Joab, leur dit : « Qui veut descendre avec moi au camp, jusqu'à Saül ? » Abishaï
répondit : « C'est moi qui descendrai avec toi. » 7Donc
David et Abishaï se dirigèrent de nuit vers la troupe :
ils trouvèrent Saül étendu et dormant dans le campement, sa lance plantée en terre à son chevet, et
Abner et l'armée étaient couchés autour de lui.
8Alors Abishaï dit à David : « Aujourd'hui Dieu a livré
ton ennemi en ta main. Eh bien, laisse-moi le clouer
à terre avec sa propre lance, d'un seul coup et je n'aurai pas à lui en donner un second ! » 9Mais David dit
à Abishaï : « Ne le tue pas ! Qui pourrait porter la
main sur l'oint de Yahvé et rester impuni ? » 10David
ajouta : « Aussi vrai que Yahvé est vivant, c'est Yahvé
qui le frappera, soit que son jour arrive et qu'il meure,
soit qu'il descende au combat et qu'il y périsse. 11Mais
que Yahvé me garde de porter la main sur l'oint de
Yahvé ! Maintenant, prends donc la lance qui est à
son chevet et la gourde d'eau, et allons-nous-en. »
12David prit du chevet de Saül la lance et la gourde d'eau
et ils s'en allèrent : personne n'en vit rien, personne
ne le sut, personne ne s'éveilla, ils dormaient tous, car
une torpeur venant de Yahvé s'était abattue sur eux.
13David passa de l'autre côté et se tint sur le sommet
de la montagne au loin ; il y avait un grand espace
entre eux. 14Alors David appela l'armée et Abner, fils
de Ner : « Ne vas-tu pas répondre, Abner ? », dit-il. Et
Abner répondit : « Qui es-tu, toi qui appelles ? » 15David
dit à Abner : « N'es-tu pas un homme ? Et qui est
ton pareil en Israël ? Pourquoi donc n'as-tu pas veillé
sur le roi ton maître ? Car quelqu'un du peuple est
venu pour tuer le roi ton maître. 16Ce n'est pas bien,
ce que tu as fait. Aussi vrai que Yahvé est vivant,
vous êtes dignes de mort pour n'avoir pas veillé sur
votre maître, l'oint de Yahvé. Maintenant, regarde
donc où est la lance du roi et où est la gourde d'eau
qui était à son chevet ! »
17Or Saül reconnut la voix de David, et il demanda :
« Est-ce bien ta voix, mon fils David ? » – « Oui,
Monseigneur le roi », répondit David. 18Et il continua : « Pourquoi donc Monseigneur poursuit-il son
serviteur ? Qu'ai-je fait et de quoi suis-je coupable ?
19Maintenant, que Monseigneur le roi veuille écouter
les paroles de son serviteur : si c'est Yahvé qui t'exci-
te contre moi, qu'il soit apaisé par une offrande, mais
si ce sont des humains, qu'ils soient maudits devant

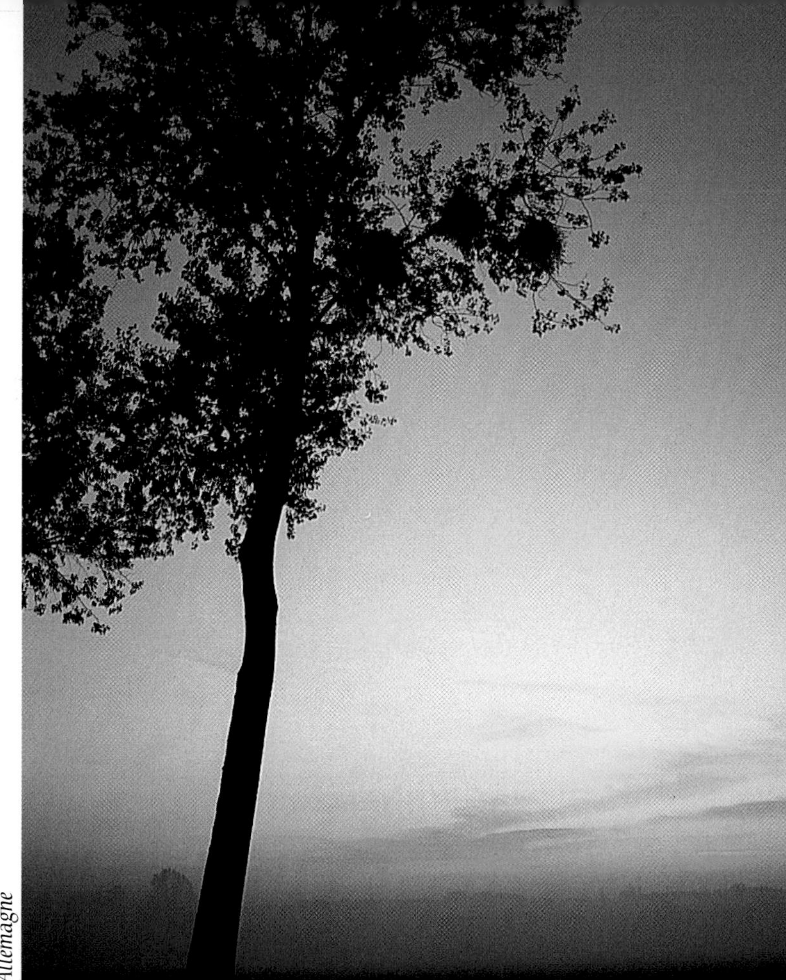
Allemagne

"Ils dormaient tous" (1 S 26,12)

La lance

Parmi les livres bibliques, ce sont ceux de Samuel qui parlent le plus souvent de *lance*. Le mot y revient 31 fois. On ne le retrouve que 38 fois dans tous les autres livres de l'Ancien Testament et une fois seulement dans les évangiles : la lance du soldat qui a percé le côté de Jésus (Jn 19,34).
En Samuel, la lance de Saül joue un rôle essentiel : elle pourrait tuer David ou son rival Saül. Pourtant, chaque fois elle est mise en échec. Par deux fois Saül n'arrive pas à clouer David au mur (18,11 ; 19,19). Quand David a en main la lance de Saül, il refuse de l'utiliser contre l'oint de Yahvé. La lance évoque le pouvoir, mais un pouvoir qui n'est pas absolu. Celle de Goliath, décrite longuement (1 S 17,7), est absolument inefficace.
Le symbolisme de la lance n'est pas réservé à Israël. Au *Japon*, elle évoque l'axe du monde ou le rayon solaire. Chez les *Celtes*, la lance, apportée des îles du nord, est une arme de feu aux blessures mortelles. En *Afrique noire* un faisceau de lances désigne la totalité de la puissance détenue par le roi. Dans le monde *gréco-romain*, Athéna (ou Minerve) tient une lance au symbole ambigu : honneur ou contrôle de la libido.

→ 26,8-12

Intouchable

Celui qui a reçu l'onction de Yahvé est intouchable. Même s'il fait partie du camp adverse, on ne peut porter la main sur lui sans rester impuni. Il ne s'agit pas d'une qualité personnelle, mais d'une fonction. Saül (1 S 26,9), David (1 S 16,1-13) puis Salomon (1 R 1,34) sont marqués par l'onction. Nul ne peut s'en prendre au roi et rester en vie. C'est une question de principe. L'histoire de David, respectant Saül l'oint de Yahvé, servira la cause de tous les rois.

→ 26,9

" Ils m'ont banni aujourd'hui "

Le traité de Ketubot est important pour le droit matrimonial juif. La question de la résidence y est évoquée :

Nos maîtres enseignent qu'on habite toujours en Israël, même dans une ville où la majorité est idolâtre, et qu'on n'habite jamais hors d'Israël, même dans une ville où la majorité est israélite : car quiconque habite en Israël est pareil à qui a un Dieu et inversement, suivant qu'il est dit (Lev 25,38) : pour vous donner la terre de Canaan, afin que vous ayez un Dieu, et aussi la plainte de David (1 S 26,19).

Textes rabbiniques de Joseph BONSIRVEN, © Pontificio Istituto Biblico, 1955

→ 26,19

États-Unis, Monument Valley

Habiles ou retors...

David cherche refuge chez les Philistins, ennemis héréditaires d'Israël ! Le récit le disculpe : c'est pour échapper à la main de Saül. David est-il habile... ou retors ? Il fait croire à Akish qui l'accueille qu'il combat les hommes de Juda et leurs alliés. En fait, il s'attaque aux tribus nomades qui menacent les Judéens. Il les extermine : ainsi, aucun survivant ne peut révéler la vérité au protecteur provisoire de David.

→ 27

Népal, Patupachinath

Yahvé, car ils m'ont banni aujourd'hui, en sorte que je ne participe plus à l'héritage de Yahvé, comme s'ils disaient : "Va servir des dieux étrangers !" [20]Maintenant, que mon sang ne soit pas répandu à terre loin de la présence de Yahvé ! En effet, le roi d'Israël est sorti à la quête de ma vie, comme on pourchasse la perdrix dans les montagnes. »
[21]Saül dit : « J'ai péché ! Reviens, mon fils David, je ne te ferai plus de mal, puisque ma vie a eu aujourd'hui tant de prix à tes yeux. Oui, j'ai agi en insensé et je me suis très lourdement trompé. » [22]David répondit : « Voici la lance du roi. Que l'un des garçons traverse et vienne la prendre. [23]Yahvé rendra à chacun selon sa justice et sa fidélité : aujourd'hui Yahvé t'avait livré entre mes mains et je n'ai pas voulu porter la main contre l'oint de Yahvé. [24]De même que ta vie a compté beaucoup à mes yeux en ce jour, ainsi ma vie comptera beaucoup au regard de Yahvé et il me délivrera de toute angoisse. »
[25]Saül dit à David : « Béni sois-tu, mon fils David. Certainement tu entreprendras et tu réussiras. » David alla son chemin et Saül retourna chez lui.

IV
David chez les Philistins

David se réfugie à Gat.

27. [1]David se dit en lui-même : « Un de ces jours, je vais périr par la main de Saül, je n'ai rien de mieux à faire que de me sauver au pays des Philistins. Saül renoncera à me traquer encore dans tout le territoire d'Israël et j'échapperai à sa main. » [2]Donc David se mit en route et passa, avec les six cents hommes qu'il avait, chez Akish, fils de Maok, le roi de Gat. [3]David s'établit auprès d'Akish à Gat, lui et ses hommes, chacun avec sa famille, David avec ses deux femmes, Ahinoam de Yizréel et Abigayil, la femme de Nabal de Karmel. [4]On informa Saül que David s'était enfui à Gat et il cessa de le chercher.

David vassal des Philistins.

[5]David dit à Akish : « Je t'en prie, si j'ai trouvé faveur à tes yeux, qu'on me donne une place dans l'une des villes de l'extérieur, où je puisse résider. Pourquoi ton serviteur demeurerait-il à côté de toi dans la ville royale ? » [6]Ce même jour, Akish lui donna Çiqlag.

"Pour chanter en dansant, au son des tambourins" (1 S 18,6)

Jamaïque

C'est pourquoi Çiqlag a appartenu jusqu'à maintenant aux rois de Juda. 7La durée du séjour que David
fit en territoire philistin fut d'un an et quatre mois.
8David et ses gens partirent en razzia contre les
Geshurites, les Girzites et les Amalécites, car telles
sont les tribus habitant la région qui va de Télam en
direction de Shur et jusqu'à la terre d'Égypte. 9David
dévastait le pays et ne laissait en vie ni homme ni
femme, il enlevait le petit et le gros bétail, les ânes, les
chameaux et les vêtements, puis il revenait et rentrait chez Akish. 10Quand Akish demandait : « Où
avez-vous fait la razzia aujourd'hui ? », David répondait que c'était contre le Négeb de Juda ou le Négeb
de Yerahméel ou le Négeb des Qénites. 11David ne laissait en vie ni homme ni femme à ramener à Gat, « de
peur, se disait-il, qu'ils ne fassent des rapports contre
nous en disant : "Voilà ce que David a fait". » Telle fut
sa manière d'agir tout le temps qu'il séjourna en territoire philistin. 12Akish avait confiance en David ; il
se disait : « Il s'est sûrement rendu odieux à Israël
son peuple et il sera pour toujours mon serviteur. »

Les Philistins partent en guerre contre Israël.

28. 1Or, en ce temps-là, les Philistins rassemblèrent
leurs troupes en guerre pour combattre Israël, et Akish
dit à David : « Sache bien que tu iras à l'armée avec
moi, toi et tes hommes. » 2David répondit à Akish :
« Aussi bien, tu sauras maintenant ce que va faire
ton serviteur. » Alors Akish dit à David : « Eh bien !
Je t'instituerai pour toujours mon garde du corps. »

Saül et la sorcière d'En-Dor.

3Samuel était mort, tout Israël avait fait son deuil et
on l'avait enseveli à Rama, dans sa ville. Saül avait
expulsé du pays les nécromants et les devins.
4Tandis que les Philistins, s'étant groupés, venaient
camper à Shunem, Saül rassembla tout Israël et ils
campèrent à Gelboé. 5Lorsque Saül vit le camp philistin,
il eut peur et son cœur trembla fort. 6Saül consulta
Yahvé, mais Yahvé ne lui répondit pas, ni par les
songes, ni par les sorts, ni par les prophètes. 7Saül dit
alors à ses serviteurs : « Cherchez-moi une nécromancienne, que j'aille chez elle et que je la consulte »,
et ses serviteurs lui répondirent : « Il y a une nécromancienne à En-Dor. »
8Saül se déguisa et endossa d'autres vêtements, puis il
partit avec deux hommes et ils arrivèrent de nuit chez
la femme. Il lui dit : « Je t'en prie, fais-moi dire l'avenir

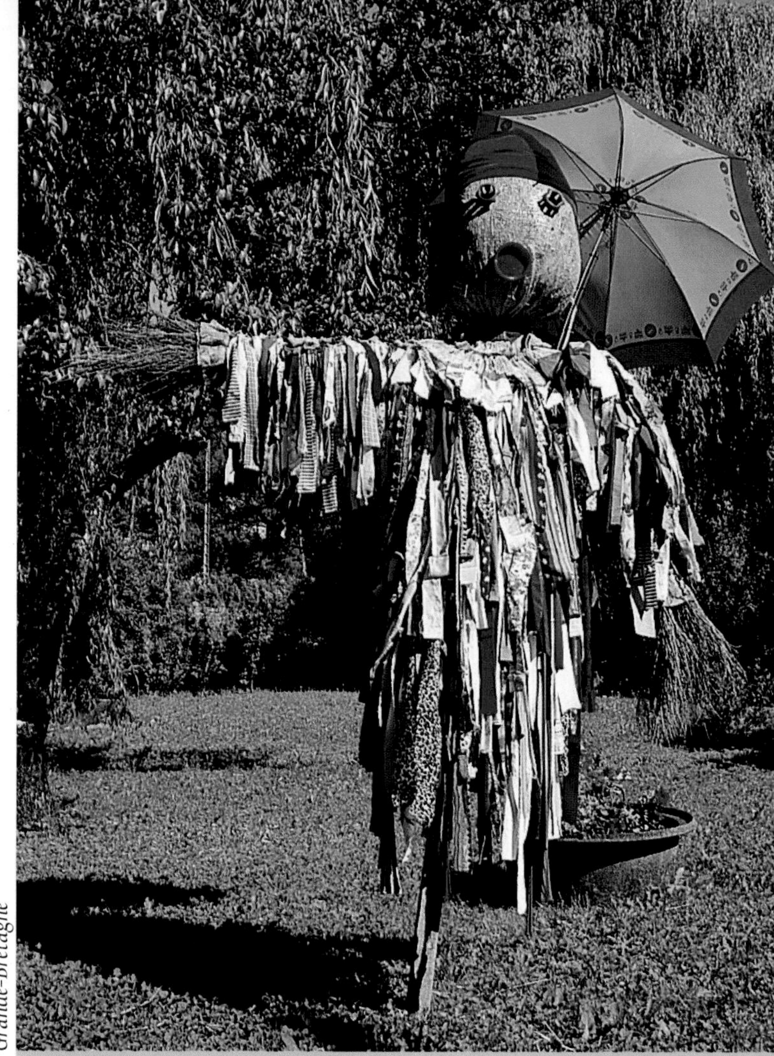

Grande-Bretagne

"Il se déguisa" (1 S 28,8)

Négeb

En hébreu *Négeb* signifie *pays sec*. Le mot désigne la région désertique au sud de la Palestine, une sorte de triangle allongé dont la pointe méridionale est le port d'Eilat. Des vestiges archéologiques montrent que cette région était habitée dans les temps pré-israélites. En effet, la vie y est possible. Après les pluies du printemps, " les pacages du désert ruissellent, les collines prennent une ceinture de joie " (Ps 65,13). Mais en été et en automne le sol reste aride. Au début de la royauté, le Négeb était habité par diverses tribus. La ville de Bersabée, à la frontière sud d'Israël, constituait un important carrefour de routes caravanières. Ce vaste territoire, peu peuplé, était un lieu de prédilection pour les pillards à l'affût des caravanes.
Akish, fils du roi de Gat, donna à David la ville de Çiqlag, pensant que cela mettrait un peu d'ordre dans la région.

→ 27,5-12

Deux femmes

Deux femmes jouent un rôle important dans le premier livre de Samuel. L'une au début, l'autre vers la fin du récit. Toutes les deux sont en rapport avec le prophète.
La première est sa mère (1,20). Elle lui donne la vie.
La seconde n'a pas de lien de parenté avec lui. Elle le rappelle sur terre (28,18).
La première - par son fils - participe à la naissance de la royauté. La seconde, par son métier, est le témoin impuissant de l'échec du premier roi.
Anne, épouse d'Elqana (1,1) et la femme d'En-Dor (28,7), dont la Bible tait le nom, contribuent chacune à sa place dans le texte - et dans la vie - à faire avancer l'histoire d'Israël.

→ 28,7

Samuel en enfer ?

Dans une de ses homélies, Origène (v. 185-254) fait s'exprimer quelqu'un qui ne croit pas à l'action de la nécromancienne :

Samuel en enfer ? Samuel évoqué par la nécromancienne, lui le prophète de choix, lui voué à Dieu depuis sa naissance et dont on disait dès avant sa naissance qu'il vivrait dans le Temple, lui qui en même temps qu'il a été sevré a revêtu l'éphod, a porté le manteau double et est devenu prêtre du Seigneur, lui avec qui, tout enfant, le Seigneur s'entretenait et parlait ? Samuel en enfer ? Samuel dans les lieux souterrains, lui qui a recueilli la succession d'Éli condamné par la Providence à cause des fautes et des illégalités commises par ses enfants ? (...) Samuel en enfer ? Pourquoi pas aussi Abraham, Isaac et Jacob en enfer ? Samuel en enfer ? Pourquoi pas aussi Moïse, qui est joint à Samuel dans la parole : " Même si Moïse et Samuel comparaissaient, je n'écouterais pas ce peuple-là. " Samuel en enfer ? (...) En enfer aussi Isaïe, en enfer aussi Jérémie, en enfer tous les prophètes, en enfer !

Origène réfute ensuite l'argumentation de son interlocuteur fictif :

Qu'il réponde à la question : Qui est le plus grand, Samuel ou Jésus-Christ ? Qui est le plus grand, les prophètes ou Jésus-Christ ? Qui est le plus grand, Abraham ou Jésus-Christ ? (...) Lorsqu'on admet donc que Jésus-Christ est le plus grand, je demande : Christ a-t-il été en enfer ou n'y a-t-il pas été ? (...) Puis, si on répond que Christ est descendu en enfer, je dirai : Christ est descendu en enfer pour faire quoi ? Pour vaincre la mort ou être vaincu par elle ? Il est descendu dans ces lieux-là non pas en esclave de ceux qui s'y trouvent, mais tel un maître qui va lutter (...). Donc le Sauveur est descendu pour sauver.

Homélies sur Samuel d'ORIGÈNE, Sources Chrétiennes 328, © Les Éditions du Cerf, 1986

→ 28,13

Luxembourg

Nouvelle-Zélande, Thames

Esprit, es-tu là... ?

La loi d'Israël interdisait l'évocation des morts : " Ne vous tournez pas vers les spectres et ne recherchez pas les devins ; ils vous souilleraient. Je suis Yahvé votre Dieu " (Lv 19,31). Mais ces préceptes n'étaient pas toujours observés. À l'instar des peuples environnants, des Israélites évoquaient les morts pour connaître l'avenir. Manassé, le roi impie, installe des nécromants à Jérusalem (2 R 21,6). Isaïe se moque de ceux qui interrogent les morts plutôt que d'écouter les prophètes :

> Moi et les enfants que Yahvé m'a donnés
> nous sommes des signes et des présages en Israël...
> Si l'on vous dit : " Consultez les revenants
> et les devins qui chuchotent et marmonnent " :
> - Bien sûr, un peuple doit consulter ses dieux
> et, pour les vivants consulter les morts !
> Pour recevoir une révélation et un témoignage
> sûrement c'est ainsi que l'on parlera...
>
> *Isaïe 8,18-20*

→ 28,8-19

par un revenant, et évoque pour moi celui que je te
dirai. » 9Mais la femme lui répondit : « Voyons, tu sais
toi-même ce qu'a fait Saül et comment il a supprimé du
pays les nécromants et les devins. Pourquoi tends-tu un
piège à ma vie pour me faire mourir ? » 10Alors Saül lui
fit ce serment par Yahvé : « Aussi vrai que Yahvé est
vivant, dit-il, tu n'encourras aucun blâme pour cette
affaire. » 11La femme demanda : « Qui faut-il évoquer
pour toi ? », et il répondit : « Évoque-moi Samuel. »
12Alors la femme vit Samuel et, poussant un grand cri,
elle dit à Saül : « Pourquoi m'as-tu trompée ? Tu es
Saül ! » 13Le roi lui dit : « N'aie pas peur ! Mais que
vois-tu ? » et la femme répondit à Saül : « Je vois un
spectre qui monte de la terre. » 14Saül lui demanda :
« Quelle apparence a-t-il ? », et la femme répondit :
« C'est un vieillard qui monte, il est drapé dans un
manteau. » Alors Saül sut que c'était Samuel et, s'in-
clinant la face contre terre, il se prosterna.
15Samuel dit à Saül : « Pourquoi as-tu troublé mon repos
en m'évoquant ? » – « C'est, répondit Saül, que je suis
dans une grande angoisse : les Philistins me font la guerre et Dieu s'est détourné de moi, il ne me répond plus,
ni par les prophètes, ni en songe. Alors je t'ai appelé
pour que tu m'indiques ce que je dois faire. » 16Samuel
dit : « Pourquoi me consulter, quand Yahvé s'est détourné de toi et est devenu ton adversaire ? 17Yahvé t'a fait
comme il t'avait dit par mon entremise : il a arraché de
ta main la royauté et l'a donnée à ton prochain, David,
18parce que tu n'as pas obéi à Yahvé et que tu n'as pas
satisfait l'ardeur de sa colère contre Amaleq. C'est pour
cela que Yahvé t'a traité de la sorte aujourd'hui. 19De
plus, Yahvé livrera, en même temps que toi, ton peuple
Israël aux mains des Philistins. Demain, toi et tes fils, vous
serez avec moi ; le camp d'Israël aussi, Yahvé le livrera
aux mains des Philistins. »
20Aussitôt Saül tomba à terre de tout son long. Il était
terrifié par les paroles de Samuel ; de plus, il était sans
force, n'ayant rien mangé de tout le jour et de toute la
nuit. 21La femme vint à Saül, et, le voyant épouvanté, elle
lui dit : « Vois, ta servante t'a obéi, j'ai risqué ma vie et
j'ai obéi aux ordres que tu m'avais donnés. 22Maintenant,
je t'en prie, écoute à ton tour la voix de ta servante : laisse-moi te servir un morceau de pain, mange et prends
des forces pour te remettre en route. » 23Saül refusa :
« Je ne mangerai pas », dit-il. Mais ses serviteurs le pres-
sèrent, ainsi que la femme, et il céda à leurs instances. Il
se leva de terre et s'assit sur le divan. 24La femme avait
chez elle un veau à l'engrais. Vite, elle l'abattit et, prenant de la farine, elle pétrit et fit cuire des pains sans
levain. 25Elle servit Saül et ses gens. Ils mangèrent, puis
se levèrent et partirent cette même nuit.

Mort annoncée

Pour évoquer la mort d'Agamemnon, héros légendaire grec, le poète Eschyle (v. -525 à -456) invente une scène pathétique. Au lieu de faire raconter la mort du vainqueur de Troie après coup par un témoin, il la met en scène avant qu'elle se produise. La prophétesse Cassandre, habitée par le dieu Apollon, voit et fait vivre à l'avance l'assassinat d'Agamemnon.
Eschyle utilise le même procédé dans les Perses :

La reine (Atossa, femme de Darios) demande au choeur d'évoquer l'ombre de Darios pour entendre, en cette extrémité, les conseils du vieux roi. Et l'on assiste alors à une étrange scène de nécromancie. Le choeur se livre à une mimique rituelle, violente, scandée de mots étranges et de rauques onomatopées, et la force magique de la sauvage incantation fait apparaître Darios hors de sa tombe. C'est un moment d'émotion intense, une sorte de paroxysme... Darios (après avoir donné de sages avis) prédit aussi l'avenir : la difficile retraite de son fils (Xerxès) à travers la Thrace, et la bataille de Platée, où " la lance dorienne fera couler sur le sol une abondante libation de sang. "

Histoire littéraire de la Grèce de R. FLACELIÈRE, © Éditions Fayard, 1962

→ 28,15-19

"Laisse moi te servir un morceau de pain" (1 S 28,22)

Népal, Katmandou

La fin de Saül d'après 1S 28-31 Le drâme de Gelboé

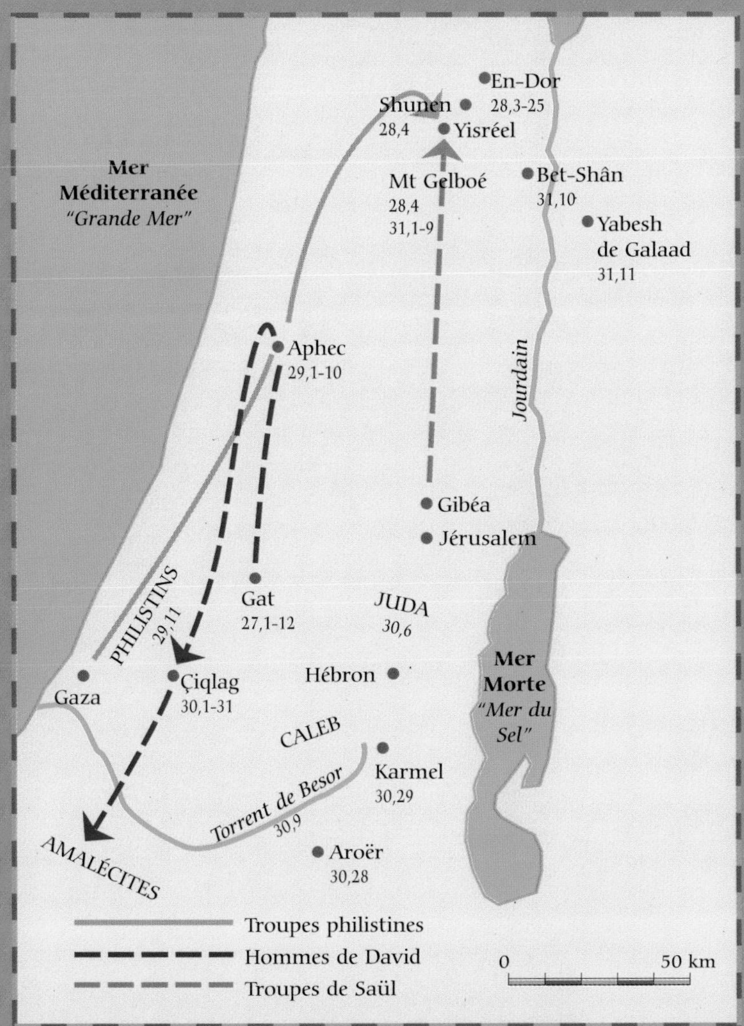

David congédié

La bataille entre les Philistins et l'armée de Saül se prépare. David et ses guerriers sont du côté des Philistins. Mais ceux-ci se méfient. Les formules de politesse d'Akish (29,3.6.9) expriment poliment le renvoi de David. Elles sont de la main du rédacteur qui met dans la bouche d'Akish des expressions dignes de l'Israélite le plus croyant : " Aussi vrai que Yahvé est vivant " (v 6) et " Tu m'es aussi agréable qu'un ange de Dieu " (v 9). Au fond, ce congédiement arrange David. Il n'aura pas à se battre aux côtés des Philistins contre Saül.

→ 29,1-11

Le bon sens suffit

L'épisode d'En-Dor s'achève de la façon la plus naturelle et la plus simple. L'homme ne vit pas seulement de pain, mais il en vit d'abord ; défaillances et énergies " spirituelles " ou psychiques, " morales " ou physiques correspondent et se tiennent dans l'unité de l'être humain. Il n'est pas besoin d'être sorcière pour le savoir, le bon sens y suffit, mais Saül l'a perdu. La femme est sage et pratique.

La danse devant l'arche de Georges AUZOU, © Éditions de l'Orante

→ 28,20-25

David est congédié par les chefs philistins.

29. 1 Les Philistins concentrèrent toutes leurs troupes
à Apheq, tandis que les Israélites campaient à la source qui est en Yizréel. 2 Les princes des Philistins défilaient
par centuries et par milliers, et David et ses hommes
défilaient les derniers avec Akish. 3 Les princes des
Philistins demandèrent : « Qu'est-ce que ces Hébreux ? »,
et Akish répondit aux princes des Philistins : « Mais c'est
David, le serviteur de Saül, roi d'Israël ! Voici un an ou
deux qu'il est avec moi et je n'ai trouvé aucun reproche
à lui faire depuis le jour qu'il s'est rendu à moi jusqu'à
maintenant. » 4 Les princes des Philistins s'emportè-
rent contre lui et ils lui dirent : « Renvoie cet homme
et qu'il retourne au lieu que tu lui as assigné. Qu'il
ne vienne pas en guerre avec nous et ne se retourne
pas contre nous dans le combat ! Comment celui-là
achèterait-il la faveur de son maître, sinon avec la tête
des hommes que voici ? 5 N'est-il pas ce David, duquel
on chantait dans les chœurs :
"Saül a tué ses milliers
et David ses myriades" ? »
6 Akish appela donc David et lui dit : « Aussi vrai que
Yahvé est vivant, tu es loyal et il me plairait que tu
sortes et rentres avec moi dans le camp, car je n'ai rien
trouvé de mauvais en toi depuis le jour que tu es
venu chez moi jusqu'à maintenant. Mais tu n'es pas
bien vu des princes. 7 Donc retourne et va-t'en en
paix, pour ne pas indisposer les princes des Philistins. »
8 David dit à Akish : « Qu'ai-je donc fait et qu'as-tu
à reprocher à ton serviteur depuis le jour où je suis
entré à ton service jusqu'à maintenant, pour que je
ne puisse pas venir et combattre les ennemis de
Monseigneur le roi ? » 9 Akish répondit à David :
« C'est vrai que tu m'es aussi agréable qu'un ange de
Dieu, seulement les princes des Philistins ont dit : "Il
ne faut pas qu'il aille au combat avec nous." 10 Donc
lève-toi de bon matin avec les serviteurs de ton maître
qui sont venus avec toi, et allez à l'endroit que je
vous ai assigné. Ne garde en ton cœur aucun ressentiment, car tu m'es agréable. Vous vous lèverez de
grand matin et, dès qu'il fera jour, vous partirez. »
11 David et ses hommes se levèrent de bonne heure
pour partir dès le matin et retourner au pays philistin. Quant aux Philistins, ils montèrent en Yizréel.

Turquie, Philadelphie

Réflexions pour la paix

50 ans après la deuxième guerre mondiale

Nous sommes en deuil
pour tous ceux qui ont été tués dans les guerres.

Nous sommes effrayés par tous ceux
qui ont tué dans les guerres.

Nous déplorons
que nous continuions toujours à vivre ainsi,
que les guerres ne soient jamais exclues.

Nous avons honte
de rester silencieux et inactifs,
là où nous devrions parler et agir.

Nous voulons
que nos enfants et nos petits-enfants
ne soient plus jamais forcés de devenir des héros,
qui tuent et qui sont tués,
dans l'accomplissement de leur devoir patriotique !

Notre patrie est la terre,
notre héroïsme est notre vie commune,
dans la justice et la bonté,
dans le courage et la fantaisie.

Nach 50 Jahren, Begegnung mit Kriegerdenkmälern de Richard MAYER

→ 31,8

Nouvelle-Zélande

Croatie

Qui sont les Amalécites ?

Les Amalécites sont les descendants d'Amaleq, petit fils d'Ésaü - le fils d'Isaac - (voir Gn 36,12). C'est une tribu nomade très ancienne et encore très vivante à l'époque de la royauté naissante. Elle séjournait dans la partie sud du désert du Négeb et dans la montagne de Séïr, se livrant régulièrement au pillage contre les tribus sédentarisées.

L'animosité entre les fils d'Amaleq et les fils d'Israël remonte à l'époque de Moïse lui-même (Ex 17,8-16), qui les présente comme les ennemis héréditaires de Dieu et de son peuple.

Au temps des Juges, les sentiments n'ont pas changé : les Amalécites, associés à d'autres tribus, se livrent à des razzias contre les fils d'Israël (Jg 3,13 ; 6,3-33 ; 7,12 ; 10,12). Au temps de la royauté naissante, ils viennent s'opposer à Saül (1 S 15) et à David (1 S 30).

→ 30,1-20

Campagne contre les Amalécites.

30. [1]David et ses hommes arrivèrent à Çiqlag le surlendemain. Or les Amalécites avaient fait une razzia au Négeb et contre Çiqlag ; ils avaient dévasté Çiqlag et l'avaient livrée au feu. [2]Ils avaient fait captifs les femmes et tous ceux qui y étaient, petits et grands. Ils n'avaient tué personne, mais ils les avaient emmenés et avaient continué leur chemin. [3]Lors donc que David et ses hommes arrivèrent à la ville, ils virent qu'elle était brûlée et que leurs femmes, leurs fils et leurs filles avaient été enlevés. [4]Alors David et toute la troupe qui l'accompagnait se mirent à crier et à pleurer jusqu'à ce qu'ils n'en eussent plus la force. [5]Les deux femmes de David avaient été emmenées captives, Ahinoam de Yizréel et Abigayil, la femme de Nabal de Karmel.

[6]David était en grande détresse, car les gens parlaient de le lapider ; tous avaient en effet l'âme pleine d'amertume, chacun à cause de ses fils et de ses filles. Mais David retrouva courage en Yahvé son Dieu. [7]David dit au prêtre Ébyatar, fils d'Ahimélek : « Je t'en prie, apporte-moi l'éphod », et Ébyatar apporta l'éphod à David. [8]Alors David consulta Yahvé et demanda : « Poursuivrai-je ce rezzou et l'atteindrai-je ? » La réponse fut : « Poursuis, car sûrement tu l'atteindras et tu libéreras les captifs. » [9]David partit avec les six cents hommes qui l'accompagnaient et ils arrivèrent au torrent de Besor. [10]David continua la poursuite avec quatre cents hommes, mais deux cents restèrent, qui étaient trop fatigués pour franchir le torrent de Besor.

[11]On trouva un Égyptien dans la campagne et on l'amena à David. On lui donna du pain, qu'il mangea, et on lui fit boire de l'eau. [12]On lui donna aussi une masse de figues et deux grappes de raisins secs. Il mangea et ses esprits lui revinrent ; en effet, il n'avait rien mangé ni rien bu depuis trois jours et trois nuits.

[13]David lui demanda : « A qui appartiens-tu et d'où es-tu ? » Il répondit : « Je suis un jeune Égyptien, esclave d'un Amalécite. Mon maître m'a abandonné parce que j'étais malade, voici aujourd'hui trois jours. [14]Nous avons fait la razzia contre le Négeb des Kerétiens et celui de Juda et contre le Négeb de Caleb, et nous avons incendié Çiqlag. » [15]David lui demanda : « Veux-tu me guider vers ce rezzou ? » Il répondit : « Jure-moi par Dieu que tu ne me feras pas mourir et que tu ne me livreras pas à mon maître, et je te guiderai vers ce rezzou. »

[16]Il l'y conduisit donc, et voici qu'ils étaient disséminés par toute la contrée, mangeant, buvant et faisant la fête, à cause de tout le grand butin qu'ils avaient

Habile stratège

David envoie une partie du butin aux anciens, c'est-à-dire aux responsables de la tribu de Juda. Ce n'est pas par grandeur d'âme gratuite qu'il fait ce geste.
C'est une manière de remercier ceux qui l'ont accueilli, lui et ses hommes, dans les moments difficiles. Mais c'est surtout un moyen de se concilier de futurs alliés qui pourraient l'aider dans sa tentative de conquête du pouvoir. Toutes les cités sont situées au sud d'Hébron, la ville où David sera officiellement sacré roi sur la maison de Juda (2 S 2,3-4).

→ 30,26-31

Suicide

Le suicide est rare dans la Bible. Outre Saül et son écuyer, on trouve Abimélek (Jg 9,54), Ahitophel (2 S 17,23), Zimri (1 R 16,18), Razis (2 M 14,41-16) et Judas (Mt 27,5). Mais à part Ahitophel et Judas, il s'agit de guerriers acculés à la mort pour échapper à l'ennemi. Pour les Hébreux, la vie est sacrée. Elle appartient à Dieu.

→ 31,4-5

Guatemala, Chichicastenango

Égypte, Le Fayoum

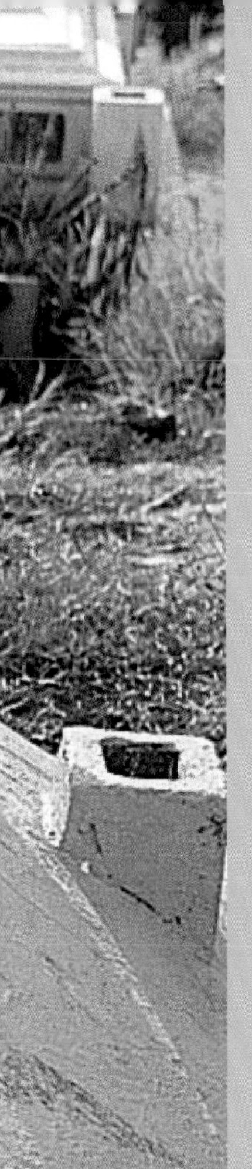

Pauvre Œdipe

Saül est un personnage de tragédie. Tout commençait bien pour lui, mais voilà que le sort s'acharne contre lui et qu'il meurt sans gloire et sans honneur. Ce qui avait débuté comme une magnifique épopée s'achève de façon calamiteuse. Quelques siècles plus tard, le poète tragique grec, Sophocle, évoque le destin dramatique d'Œdipe, en ces vers amers, presque désespérés :

Oh ! générations humaines,
comme votre vie
ne compte pour rien !

Quel homme, quel homme
n'a pour plus grand bonheur
que l'apparence du bonheur
puis cette apparence même s'en va.

Je pense devant ton sort,
ton sort à toi, pauvre Œdipe,
que chez les hommes
rien n'est enviable.

Œdipe Roi de SOPHOCLE, traduction Jean GROSJEAN, Bibliothèque de la Pléiade, © Éditions Gallimard

→ 31,6

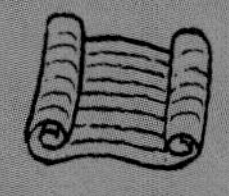

Avoir une sépulture

Pour les Hébreux, la mort n'est pas anéantissement total. Tant que le corps subsiste, qu'il reste au moins des ossements, l'âme continue à vivre, comme une ombre dans le séjour souterrain du Shéol. La mort sans sépulture, est la pire des malédictions : le corps est la proie des bêtes sauvages et des oiseaux carnivores.
Les habitants de Yabesh de Galaad qui ont été sauvés par Saül (1 S 11), vont honorer la mémoire du roi et de ses fils. Ils prennent les corps et les brûlent avant d'enterrer les ossements sous un tamaris.
C'est le seul cas dans la Bible où cette pratique est présentée comme un hommage. Elle ne fut pratiquée en Palestine qu'aux temps très anciens et par les peuples étrangers à Israël. Chez les Israélites, la mort par le feu et l'incinération étaient un outrage infligé aux coupables (Gn 38,24 ; Lv 20,14 ; 21,9) et aux ennemis (Am 2,1).
En Israël, seuls les gens du peuple sans ressource étaient mis directement en terre. Les morts des familles aisées étaient placés dans des chambres funéraires creusées dans le roc ou bien dans une grotte naturelle. À Jérusalem, dans la vieille ville de David, se trouvait une nécropole où étaient enterrés les rois de Juda, de David à Achaz.

→ 31,8-13

Salvador

rapporté du pays des Philistins et du pays de Juda.
17David les massacra, depuis l'aube jusqu'au soir du
lendemain. Personne n'en réchappa, sauf quatre cents
jeunes hommes, qui montèrent sur les chameaux et
s'enfuirent. 18David délivra tout ce que les Amalécites
avaient pris – David délivra aussi ses deux femmes.
19Rien ne fut perdu pour eux, depuis les petites choses
jusqu'aux grandes, depuis le butin jusqu'aux fils et aux
filles, tout ce qui leur avait été enlevé : David ramena tout. 20Ils prirent tout le petit et le gros bétail et le
poussèrent devant lui en disant : « Voilà le butin de
David ! »
21David arriva auprès des deux cents hommes qui
avaient été trop fatigués pour le suivre et qu'il avait
laissés au torrent de Besor. Ils vinrent au devant de
David et de la troupe qui l'accompagnait ; David s'approcha avec la troupe et leur souhaita le bonjour.
22Mais tous les méchants et les vauriens parmi les
gens qui étaient allés avec David prirent la parole et
dirent : « Puisqu'ils ne sont pas venus avec nous,
qu'on ne leur donne rien du butin que nous avons
sauvé, sauf à chacun sa femme et ses enfants : qu'ils
les emmènent et s'en aillent ! » 23Mais David dit :
« N'agissez pas ainsi, mes frères, avec ce que Yahvé
nous a accordé : il nous a protégés et il a livré entre
nos mains le rezzou qui était venu contre nous. 24Qui
serait de votre avis dans cette affaire ? Car :
Telle la part de celui qui descend au combat,
telle la part de celui qui reste près des bagages.
Ils partageront ensemble. » 25Et, à partir de ce jour-là,
il fit de cela pour Israël une règle et une coutume
qui persistent encore aujourd'hui.
26Arrivés à Çiqlag, David envoya des parts de
butin aux anciens de Juda, selon leurs villes, avec
ce message : « Voici pour vous un présent pris
sur le butin des ennemis de Yahvé »,
27à ceux de Betul,
à ceux de Rama du Négeb,
à ceux de Yattir,
28à ceux d'Aroër,
à ceux de Siphmot,
à ceux d'Esthemoa,
29à ceux de Karmel,
à ceux des villes de Yerahméel,
à ceux des villes des Qénites,
30à ceux de Horma,
à ceux de Bor-Ashân,
à ceux de Éter,
31à ceux d'Hébron,
et à tous les endroits que David avait fréquentés
avec ses hommes.

Bataille de Gelboé.
Mort de Saül.

31. 1Les Philistins livrèrent bataille à Israël
et les Israélites s'enfuirent devant les
Philistins et tombèrent, frappés à mort, sur
le mont Gelboé. 2Les Philistins serrèrent de
près Saül et ses fils et ils tuèrent Jonathan,
Abinadab et Malki-Shua, les fils de Saül.
3Le poids du combat se porta sur Saül.
Les tireurs d'arc le surprirent et il fut
blessé gravement par les tireurs. 4Alors
Saül dit à son écuyer : « Tire ton épée et
transperce-moi, de peur que ces incirconcis ne viennent et ne se jouent de moi. »
Mais son écuyer ne voulut pas, car il était
rempli d'effroi. Alors Saül prit son épée et
se jeta sur elle. 5Voyant que Saül était
mort, l'écuyer se jeta lui aussi sur son
épée et mourut avec lui. 6Ainsi moururent
ensemble ce jour-là Saül, ses trois fils et
son écuyer. 7Lorsque les Israélites qui
étaient de l'autre côté de la vallée et ceux
qui étaient de l'autre côté du Jourdain
virent que les hommes d'Israël étaient en
déroute et que Saül et ses fils avaient péri,
ils abandonnèrent leurs villes et prirent
la fuite. Les Philistins vinrent s'y établir.
8Le lendemain, les Philistins, venus pour
détrousser les morts, trouvèrent Saül et
ses trois fils gisant sur le mont Gelboé. 9Ils
lui tranchèrent la tête et le dépouillèrent
de ses armes, et ils les firent porter à la
ronde dans le pays philistin, pour annoncer la bonne nouvelle à leurs idoles et à
leur peuple. 10Ils déposèrent ses armes
dans le temple d'Astarté ; quant à son
corps, ils l'attachèrent au rempart de Bet-
Shân.
11Lorsque les habitants de Yabesh de
Galaad apprirent ce que les Philistins
avaient fait à Saül, 12tous les braves se
mirent en route et, après avoir marché
toute la nuit, ils enlevèrent du rempart de
Bet-Shân le corps de Saül et de ses fils et,
les ayant apportés à Yabesh, ils les y brû-
lèrent. 13Puis ils prirent leurs ossements,
les ensevelirent sous le tamaris de Yabesh
et jeûnèrent pendant sept jours.

À vous tous...

Vous tous qu'on a ridiculisés
parce que vous avez crié
que l'être humain valait plus
que les cours de la bourse
et les économies de rendement,

Vous qu'on a recouverts
du rouge manteau de dérision
parce que vous avez vendu
tout ce que vous possédiez
afin de le distribuer aux pauvres,

Vous tous qui nous avez précédés
sur le chemin de la fraternité,

Vous tous qu'on a persécutés
parce que vous avez répété
que l'égalité était le premier droit
pour n'importe quel être humain
de n'importe quel pays
et de n'importe quel peuple
et que le premier devoir
de tout Pouvoir et de tout État
et de toute Religion
était de veiller avec ardente intégrité
afin que chacun ait accès
aux mêmes privilèges d'existence,

Vous tous qui nous avez précédés
sur le chemin de la justice,

Vous tous qu'on a crucifiés
parce que vous avez cru
à la seule puissance de l'amour,
Vous tous qu'on a assassinés
parce que vous avez prétendu
que la théorie des races
était une invention destinée
à asseoir le pouvoir
d'une caste de seigneurs,
vous tous qu'on a tués
parce que vous avez chanté
le Dieu Unique
rassemblant tout près de Lui
tous ses multiples enfants différents,
Vous tous qu'on a déchirés
parce que vous avez osé
opposer le dialogue aux fusils,

Vous tous qui nous avez précédés
sur le chemin de la paix,

Vous tous, pressurés, essoufflés
d'avoir tant alerté, aimé et parlé,
Vous tous qui êtes tombés
dans tant de combats de solidarité,

Vous êtes lumière
sur le chemin de l'humanité
et dans notre mémoire vous vivez
pour l'éternité.

Israël

Deuxième livre de Samuel

4
David

5
Suppléments

Manessier Alfred (1911-1993), Turris Davidica, 1952, Collection particulière, © Archives Manessier - Giraudon / A.D.A.G.P., Paris 1997

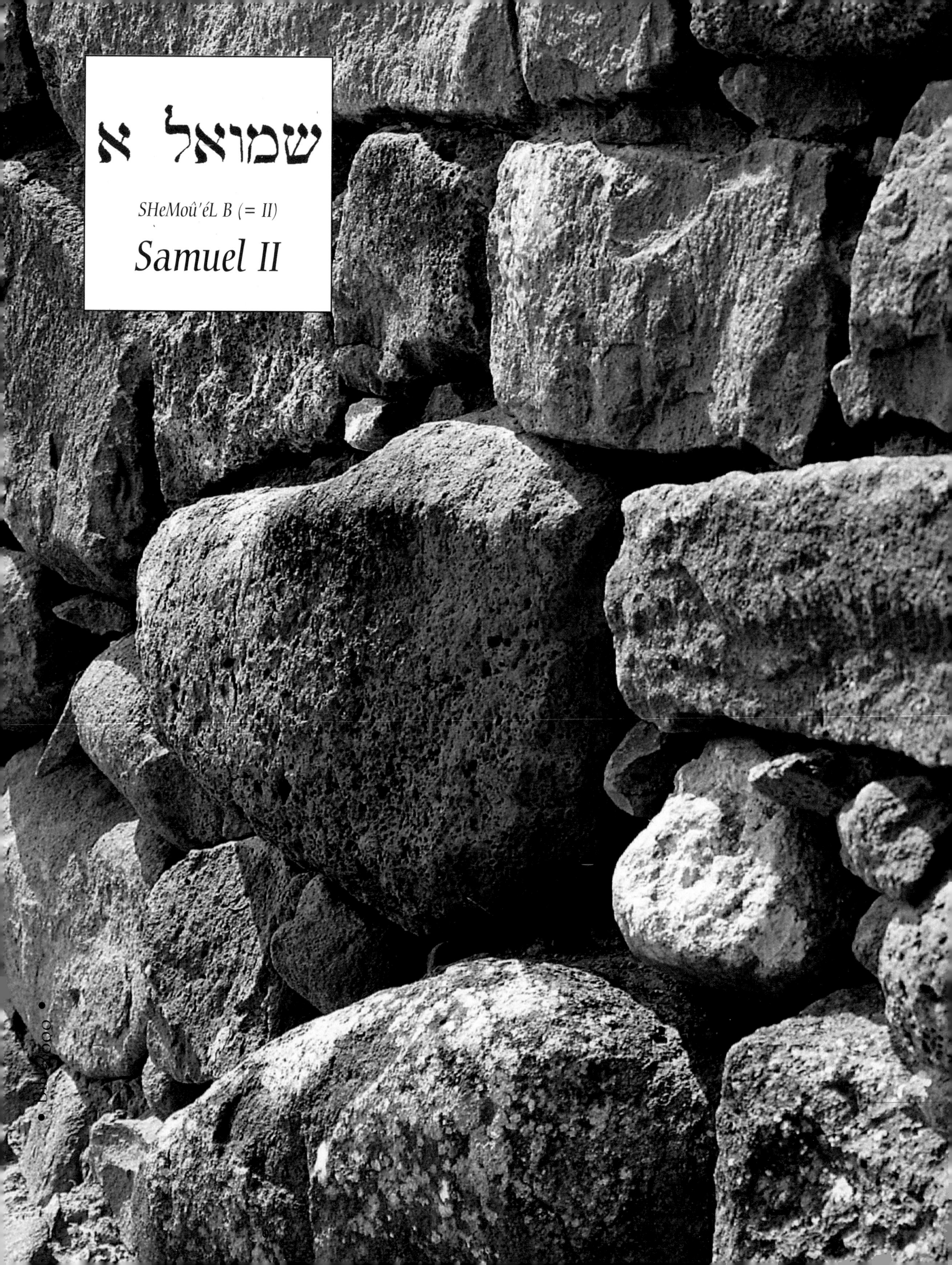
שמואל א
SHeMoû'éL B (= II)
Samuel II

Deuxième livre de Samuel

David lavé de tous soupçons

La première partie du second livre de Samuel joue un rôle fondamental dans la construction de la légende davidique.
L'auteur ne manque pas de mentionner que David revient d'une bataille contre les Amalécites, lorsqu'il apprend la nouvelle de la mort de Saül. Ce point est essentiel car il constitue un alibi pour David qui, dès lors, ne peut être incriminé dans la disparition du roi. Le cours des événements auraient pu, en effet, laisser croire le contraire : jusqu'à la mort de Saül, David et ses hommes avaient combattu contre ce dernier, aux côtés des Philistins. Or, ce sont eux justement qui ont atteint le roi.
David serait-il mêlé à cette affaire ? Impossible. Il était occupé à combattre ailleurs et la nouvelle qu'il apprend par un tiers l'emplit de tristesse. S'il faut une preuve supplémentaire, la poursuite de la lecture nous apprend que David fait exécuter le régicide.

→ 1,1-16

Italie, Florence, Musée des Oeuvres de la Cathédrale, Statue de Donatello

Espagne

David apprend la mort de Saül.

1. 1 Après la mort de Saül, David, revenant de battre
les Amalécites, demeura deux jours à Çiqlag. 2 Le troisième jour, un homme arriva du camp, d'auprès de
Saül. Il avait les vêtements déchirés et la tête couverte
de poussière. En arrivant près de David, il se jeta à
terre et se prosterna. 3 David lui dit : « D'où viens-
tu ? » Il répondit : « Je me suis sauvé du camp
d'Israël. » 4 David demanda : « Que s'est-il passé ?
Informe-moi donc ! » L'autre dit : « C'est que le peuple
s'est enfui de la bataille, et parmi le peuple beaucoup
sont tombés et sont morts. Même, Saül et son fils
Jonathan sont morts ! »
5 David demanda au jeune porteur de nouvelles :
« Comment sais-tu que Saül et son fils Jonathan sont
morts ? » 6 Le jeune porteur de nouvelles répondit :
« Je me trouvais par hasard sur le mont Gelboé et je
vis Saül s'appuyant sur sa lance et serré de près par
les chars et les cavaliers. 7 S'étant retourné, il m'aperçut et m'appela. Je répondis : "Me voici !" 8 Il me
demanda : "Qui es-tu ?" et je lui dis : "Je suis un
Amalécite." 9 Il me dit alors : "Approche-toi de moi et
tue-moi, car je suis saisi de vertige, bien que ma vie
soit tout entière en moi." 10 Je m'approchai donc et
lui donnai la mort, car je savais qu'il ne survivrait pas,
une fois tombé. Puis j'ai pris le diadème qu'il avait sur
la tête et le bracelet qu'il avait au bras et je les ai
apportés ici à Monseigneur. »
11 Alors David saisit ses vêtements et les déchira, et
tous les hommes qui étaient avec lui firent de même.
12 Ils se lamentèrent, pleurèrent et jeûnèrent jusqu'au
soir à cause de Saül, de son fils Jonathan, du peuple
de Yahvé et de la maison d'Israël, parce qu'il étaient
tombés par l'épée.
13 David demanda au jeune porteur de nouvelles :
« D'où es-tu ? » et il répondit : « Je suis le fils d'un
étranger en résidence, d'un Amalécite. » 14 David lui
dit : « Comment n'as-tu pas craint d'étendre la main
pour faire périr l'oint de Yahvé ? » 15 David appela l'un
des garçons et dit : « Approche et frappe-le ! » Celui-
ci l'abattit et il mourut. 16 David lui dit : « Que ton
sang retombe sur ta tête, car ta bouche a témoigné
contre toi, quand tu as dit : "C'est moi qui ai donné
la mort à l'oint de Yahvé." »

Élégie de David sur Saül et Jonathan.

17David entonna cette complainte sur Saül et sur son
fils Jonathān. 18Il dit (c'est pour apprendre l'arc aux
fils de Juda ; c'est écrit au Livre du Juste) :

19« La splendeur d'Israël, sur tes hauteurs, a-t-elle péri ?
Comment sont tombés les héros ?

20Ne le publiez pas dans Gat,
ne l'annoncez pas dans les rues d'Ashqelôn,
que ne se réjouissent les filles des Philistins,
que n'exultent les filles des incirconcis !

21Montagnes de Gelboé,
ni rosée ni pluie sur vous,
campagnes traîtresses,
puisque y fut déshonoré le bouclier
des héros !

22Le bouclier de Saül n'était pas oint
d'huile,
mais du sang des blessés, de la graisse
des guerriers ;
l'arc de Jonathan jamais ne recula,
ni l'épée de Saül ne revint inutile.

23Saül et Jonathan, aimés et charmants,
dans la vie et dans la mort ne furent
pas séparés.
Plus que les aigles ils étaient rapides,
plus que les lions ils étaient forts.

24Filles d'Israël, pleurez sur Saül,
qui vous revêtait d'écarlate et de lin fin,
qui accrochait des joyaux d'or
à vos vêtements.

25Comment sont tombés les héros
au milieu du combat ?
Jonathan, par ta mort je suis navré,
26j'ai le cœur serré à cause de toi, mon
frère Jonathan.
Tu m'étais délicieusement cher,
ton amitié m'était plus merveilleuse
que l'amour des femmes.
27Comment sont tombés les héros,
ont péri les armes de guerre ? »

Celui que nous portons en terre

Le jour de l'enterrement d'un compatriote de Peer Gynt, le prêtre fait un discours à la mémoire du défunt.

Au moment où il comparaît devant Dieu, je vais vous raconter l'histoire de celui que nous portons en terre aujourd'hui.
Il n'était ni riche, ni intelligent. Il était effacé, humble, et, apparemment, sans grandes convictions. Il ne se conduisait en chef ni dans sa paroisse, ni dans sa famille. Il est venu ici tout jeune. Il était originaire de la vallée de Gudbrand. Je le sais.
Souvenez-vous, cet homme cachait toujours sa main droite dans sa poche. Ce qu'il nous reste de lui, c'est sa réserve, sa timidité, et surtout cette main qu'il cachait et à laquelle, malgré ses efforts pour la dissimuler, nous savions tous qu'il manquait un doigt. C'est à cause de ça qu'il a toujours été un étranger parmi nous...

Il est venu s'installer dans le comté, avec sa mère, un petit frère, et sa fiancée. Il a pris une terre en fermage dans les collines, très loin. Il s'est marié. Il a construit sa maison en bois rond, il a défriché la terre. Il a bien travaillé, à la récolte, ses grands champs de blé doré en témoignaient.
À l'église, il cachait sa main. Pourtant ses neuf doigts abattaient autant d'ouvrage que les dix doigts de n'importe qui.
Puis, un printemps, la débâcle a emporté tous ses biens. Heureusement les siens et lui se sont sauvés. Il a tout recommencé : il a défriché de nouvelles terres et, à l'automne suivant, on a vu de la fumée sortir de la cheminée de sa nouvelle maison... Cette fois, c'était une ferme de montagne, à l'abri de la rivière... mais pas à l'abri de la neige. Deux ans plus tard elle a été ensevelie par une avalanche.
Notre homme ne s'est pas découragé : il a construit sa troisième maison !

Peer Gynt de Henrik IBSEN, traduction Marie CARDINAL, © Actes Sud, 1991

→ 1,19-27

Chagall Marc (1887-1985), David, 1962-1963 Collection particulière, © Lauros-Giraudon / A.D.A.G.P., Paris 1997

4 • DAVID •

I
David Roi de Juda

Sacre de David à Hébron.

2. [1]Après cela, David consulta Yahvé en ces termes : « Monterai-je dans l'une des villes de Juda ? », et Yahvé lui répondit : « Monte ! » David demanda : « Où monterai-je ? », et la réponse fut : « A Hébron. » [2]David y monta et aussi ses deux femmes, Ahinoam de Yizréel et Abigayil, la femme de Nabal de Karmel. [3]Quant aux hommes qui étaient avec lui, David les fit monter chacun avec sa famille et ils s'établirent dans les villes d'Hébron. [4]Les hommes de Juda vinrent et là, ils oignirent David comme roi sur la maison de Juda.

Message aux gens de Yabesh.

On apprit à David que les habitants de Yabesh de Galaad avaient donné la sépulture à Saül. [5]Alors David envoya des messagers aux gens de Yabesh et leur fit dire : « Soyez bénis de Yahvé pour avoir accompli cette œuvre de miséricorde envers Saül votre seigneur et pour l'avoir enseveli. [6]Que Yahvé vous témoigne miséricorde et bonté, moi aussi je vous ferai du bien parce que vous avez agi ainsi. [7]Et maintenant prenez courage et soyez braves, car Saül votre seigneur est mort. Quant à moi, la maison de Juda m'a oint pour être son roi. »

Abner impose Ishbaal comme roi d'Israël.

[8]Abner, fils de Ner, le chef d'armée de Saül, avait emmené Ishbaal, fils de Saül, et l'avait fait passer à Mahanayim. [9]Il l'avait établi roi sur Galaad, sur les Ashérites, sur Yizréel, Éphraïm, Benjamin, et sur tout Israël. [10]Ishbaal, fils de Saül, avait quarante ans lorsqu'il devint roi d'Israël et il régna deux ans. Seule la maison de Juda se rallia à David. [11]Le temps que David régna à Hébron sur la maison de Juda fut de sept ans et six mois.

Hébron, 1996

Hébron

Située à environ 35 km de Jérusalem, Hébron est une ancienne cité cananéenne. À l'heure de la mort de Saül, c'est la ville la plus importante de Juda.
Elle est marquée par le souvenir d'Abraham. Celui-ci s'y établit dès son entrée en terre de Canaan (Gn 13,18) et y acheta la grotte de Makpéla pour y enterrer sa femme Sara (Gn 23,1-20). Cette grotte devint plus tard le tombeau des Patriarches où l'on déposa la dépouille d'Abraham, puis d'Isaac et de sa femme Rébecca, de Jacob et de sa première épouse Léa.
Aujourd'hui, cette ville est reconnue par les trois grandes religions monothéistes comme une ville sainte, car toutes les trois considèrent Abraham comme leur père dans la foi. C'est un honneur dont la cité pourrait être fière ! Malheureusement, cette illustre reconnaissance la fait aujourd'hui plus souffrir que sourire. Plutôt que de se réjouir ensemble de ce qui les unit, les héritiers d'Abraham se disputent l'exclusivité du site.
Pourtant, le processus de paix entre Israël et les Palestiniens amorcé en septembre 1993 permet peut-être d'espérer pour l'avenir une vie quotidienne plus agréable et plus sereine dans la cité du Père des croyants...

→ 2,1-4

Qui choisit le roi ?

Autant dans le royaume d'Israël que dans le royaume de Juda, la succession au trône suppose un choix divin.
Lorsqu'il s'est agi de choisir Saül comme roi, l'intention divine s'exprima à travers le sort (1 S 10,17-27) ; dans le cas de David, les choses se présentent de façon plus subtile. La volonté de Dieu se manifeste comme un appel lancé à l'élu et s'exprime à travers la décision prise par les hommes de Juda de faire de David leur roi.
Notons que, pour Saül comme pour David, l'onction royale est donnée par le peuple - ou les hommes représentatifs de ce peuple - . Il faut attendre le successeur de David, Salomon, pour voir l'onction royale dispensée par un prêtre.

→ 2,1-4

Guerre entre Juda et Israël. Bataille de Gabaôn.

[12]Abner, fils de Ner, et la garde d'Ishbaal, fils de Saül, firent
une campagne de Mahanayim vers Gabaôn. [13]Joab, fils
de Çeruya, et la garde de David se mirent aussi en
marche et ils se rencontrèrent près de l'étang de Gabaôn.
Ils firent halte, ceux-ci d'un côté de l'étang, ceux-là de
l'autre côté.
[14]Abner dit à Joab : « Que les cadets se lèvent et luttent
devant nous ! » Joab répondit : « Qu'ils se lèvent ! »
[15]Ils se levèrent et furent dénombrés : douze de Benjamin,
pour Ishbaal, fils de Saül, et douze de la garde de David.
[16]Chacun saisit son adversaire par la tête et lui enfonça
son épée dans le flanc, en sorte qu'ils tombèrent tous
ensemble. C'est pourquoi on a appelé cet endroit le
Champ des Flancs ; il se trouve à Gabaôn.
[17]Alors il y eut en ce jour une très dure bataille et Abner
et les gens d'Israël furent battus devant la garde de
David. [18]Il y avait là les trois fils de Çeruya, Joab, Abishaï
et Asahel. Or Asahel était agile à la course comme une
gazelle sauvage. [19]Il se lança à la poursuite d'Abner,
sans dévier de sa trace à droite ni à gauche. [20]Abner se
retourna et dit : « Est-ce toi, Asahel ? » et celui-ci répondit : « Oui. » [21]Alors Abner dit : « Détourne-toi à droite ou à gauche, attrape l'un des cadets et empare-toi de
ses dépouilles. » Mais Asahel ne voulut pas s'écarter de
lui. [22]Abner redit encore à Asahel : « Écarte-toi de moi,
que je ne t'abatte pas à terre. Comment pourrais-je
regarder en face ton frère Joab ? » [23]Mais, comme il
refusait de s'écarter, Abner le frappa au ventre avec le
talon de sa lance et la lance lui sortit par le dos : il
tomba là et mourut sur place. En arrivant à l'endroit où
Asahel était tombé et était mort, tous s'arrêtaient.
[24]Joab et Abishaï se mirent à la poursuite d'Abner et, au
coucher du soleil, ils arrivèrent à la colline d'Amma,
qui est à l'est de Giah sur le chemin du désert de Gabaôn.
[25]Les Benjaminites se groupèrent derrière Abner en for-
mation serrée et firent halte au sommet d'une certaine
colline. [26]Abner appela Joab et dit : « L'épée dévorera-t-
elle toujours ? Ne sais-tu pas que cela finira dans l'amertume ? Qu'attends-tu pour ordonner à ces gens
d'abandonner la poursuite de leurs frères ? » [27]Joab
répondit : « Aussi vrai que Yahvé est vivant, si tu n'avais
pas parlé, ce n'est qu'au matin que ces gens auraient
renoncé à poursuivre chacun son frère. » [28]Joab fit sonner du cor et toute l'armée fit halte : on ne poursuivit
plus Israël et on cessa le combat.
[29]Abner et ses hommes cheminèrent par la Araba pendant toute cette nuit-là, ils passèrent le Jourdain et,
après avoir marché toute la matinée, ils arrivèrent à

Les héritiers de Saül

Saül régna de 1030 à 1010 avant JC. À sa mort, la question de sa succession se pose. Qui peut, en effet, légitimement prétendre régner sur Israël ? D'après 1 S 14,49, Saül avait trois fils ; 1 S 31,2 mentionne l'existence d'un quatrième. Quoi qu'il en soit, trois, dont Jonathan, le successeur légitime, meurent aux côtés de leur père et seul Ishbaal (appelé aussi quelquefois Ishyo ou Ishboshet) survécut, grâce aux soins d'Abner, le chef de l'armée de Saül. Ce dernier s'empressa de l'imposer comme roi d'Israël. Ishbaal ne parvint cependant jamais à réunir autour de lui l'ensemble du royaume de son père, la maison de Juda s'étant ralliée à David. Après sa mort, l'ensemble des tribus d'Israël demandèrent à David de devenir leur roi.

David est présenté comme le véritable successeur de Saül. L'auteur du second livre de Samuel s'attache à mettre en valeur la complicité entre David et son Dieu, s'efforçant ainsi de donner à cette succession, dépourvue de légitimité filiale, une légitimité spirituelle : même si David n'est pas le fils de Saül, même si pendant de très nombreuses années il fut son plus grand ennemi, c'est lui qui régnera sur le royaume de Juda et d'Israël.

→ 2,1-4.8-11

Cuba, La Havane

"Des fils naquirent à David" (2 S 3,2)

La morale de l'histoire

La guerre éclate entre les deux héritiers, qui se disputent le même territoire. Le second livre de Samuel ne relate pas toutes les péripéties de cette guerre, il se limite au récit du combat décisif.

Celui-ci a lieu à Gabaon, à une dizaine de kilomètres au nord de Jérusalem ; il oppose la garde d'Ishbaal conduite par Abner, à la garde de David, conduite par Joab. David gagne le combat. La guerre se prolonge entre les deux camps, mais les dés ont été joués à Gabaon : la maison d'Ishbaal ne reprendra jamais plus le dessus, alors que la maison de David ne cessera de s'affermir.

Dans cet épisode, le narrateur prend soin de mettre en évidence l'intégrité de David : sa victoire est légitime, parce qu'obtenue à la force de l'épée et qu'il est disposé à négocier dès que possible (2 S 3,12-21) ; on ne peut pas lui reprocher de ne pas avoir respecté ses engagements (2 S 3,28-39) ; on ne peut pas non plus lui reprocher la mort d'Abner (2 S 3,37). Enfin, même si le meurtre d'Ishbaal arrange bien son affaire, il ne peut en être tenu responsable. L'auteur précise même, à qui pourrait encore douter de la droiture de David, que ce dernier s'est fait un devoir de venger le fils de Saül (2 S 4,1-12).

La morale de l'histoire est claire : " Celui qui est intègre réussit. "

→ 2-4

David polygame

Les six premiers fils du roi naissent à Hébron, de six femmes différentes. La polygamie de David n'a rien de surprenant dans le contexte culturel du lieu et de l'époque.
En fait, la bigamie semble être la forme de polygamie la plus répandue (Gn 16,1-2 ; 22,20-24 ; 36,11-12 et Dt 21,15-17). Pourtant la Bible mentionne plusieurs hommes qui ont plus de deux femmes (Gn 29,15-30 et 30,1-9, Jg 8,30-31) ; et les harems des rois d'Israël, tel celui de Salomon décrit dans le premier livre des Rois (1 R 11,3), valent ceux des souverains voisins.
Même si la polygamie constitue une réalité quotidienne des temps bibliques, quelques textes de l'Ancien Testament chantent l'amour unique et fidèle (le Cantique des Cantiques) et présentent quelquefois la monogamie comme le modèle de relation conjugale répondant à la volonté de Dieu (Gn 2,21-25).

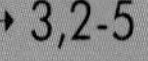
3,2-5

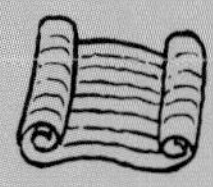

Le narrateur prend parti !

La façon dont l'auteur relate les péripéties autour de la succession de Saül montre qu'il prend parti pour David contre Ishbaal, pour l'homme choisi par Dieu contre l'héritier légitime.
L'affirmation, " seule la maison de Juda se rallia à David " (2 S 2,10), présente comme une évidence le fait que David est le successeur de Saül.
Sous la plume de l'auteur, Ishbaal, le fils de Saül, n'apparaît pas comme un concurrent sérieux de David. Il n'est qu'une marionnette dont Abner, l'ancien chef des armées de son père, tire les fils à son propre avantage. L'héritier légitime de Saül est indigne de son héritage.
Qui, entre un fils de sang ne sachant pas tenir son rang et un homme " choisi par Dieu ", doit être considéré comme le successeur légitime de Saül ? La réponse du narrateur ne laisse planer aucun doute.

→ 2,8-11

Maroc

Mahanayim. [30]Joab, ayant cessé de poursuivre Abner, rassembla toute la troupe : la garde de David avait perdu dix-neuf hommes, plus Asahel, [31]mais la garde de David avait tué à Benjamin, aux gens d'Abner, trois cent soixante hommes. [32]On emporta Asahel et on l'enseve-lit dans le tombeau de son père, qui est à Bethléem. Joab et ses gens marchèrent toute la nuit et le jour se leva quand ils arrivaient à Hébron.

3. [1]La guerre se prolongea entre la maison de Saül et celle de David, mais David allait se fortifiant, tandis que s'affaiblissait la maison de Saül.

Fils de David nés à Hébron.

[2]Des fils naquirent à David, à Hébron ; ce furent : son aîné Amnon, né d'Ahinoam de Yizréel ; [3]son cadet Kiléab, né d'Abigayil, la femme de Nabal de Karmel ; le troisième Absalom, fils de Maaka, la fille de Talmaï roi de Geshur ; [4]le quatrième Adonias, fils de Haggit ; le cinquième Shephatya, fils d'Abital ; [5]le sixième Yitréam, né d'Égla, femme de David. Ceux-là naquirent à David, à Hébron.

Rupture entre Abner et Ishbaal.

[6]Voici ce qui arriva pendant la guerre entre la maison de Saül et celle de David : Abner s'arrogeait tout pouvoir dans la maison de Saül. [7]Il y avait une concubine de Saül qui se nommait Riçpa, fille d'Ayya, et Abner la prit. Ishbaal dit à Abner : « Pourquoi t'es-tu approché de la concubine de mon père ? » [8]Aux paroles d'Ishbaal, Abner entra dans une grande colère et dit : « Suis-je donc une tête de chien ? Je suis plein de bienveillance pour la maison de Saül, ton père, pour ses frères et ses amis, je ne t'abandonne pas entre les mains de David, et maintenant tu me fais des reproches pour une histoire de femme ! [9]Que Dieu inflige tel mal à Abner et qu'il y ajoute tel autre si je n'accomplis pas ce que Yahvé a promis par serment à David, [10]d'enlever la royauté à la maison de Saül et d'établir le trône de David sur Israël et sur Juda depuis Dan jusqu'à Bersabée. » [11]Ishbaal n'osa pas répondre un mot à Abner parce qu'il avait peur de lui.

Abner négocie avec David.

[12]Abner envoya des messagers dire à David : « ... Fais alliance avec moi et je te soutiendrai pour rallier autour de toi tout Israël. » [13]David répondit : « Bien ! Je ferai alliance avec toi. Il n'y a qu'une chose que j'exige de toi : tu ne seras pas admis en ma présence à moins que

tu n'amènes Mikal, fille de Saül, quand tu viendras me
voir. » 14Et David envoya des messagers dire à Ishbaal,
fils de Saül : « Rends-moi ma femme Mikal, que je
me suis acquise pour cent prépuces de Philistins. »
15Ishbaal l'envoya prendre chez son mari Paltiel, fils de
Layish. 16Son mari partit avec elle et la suivit en pleurant jusqu'à Bahurim. Alors Abner lui dit :
« Retourne ! » et il s'en retourna.
17Abner avait eu des pourparlers avec les anciens
d'Israël et leur avait dit : « Voici longtemps que vous
désirez avoir David pour votre roi. 18Agissez donc
maintenant, puisque Yahvé a dit ceci à propos de
David : "C'est par l'entremise de mon serviteur David
que je délivrerai mon peuple Israël de la main des
Philistins et de tous ses ennemis". » 19Abner parla
aussi à Benjamin, puis il alla à Hébron pour exposer
à David tout ce qu'avaient approuvé les Israélites et
toute la maison de Benjamin.
20Abner, accompagné de vingt hommes, arriva chez
David à Hébron et David offrit un festin à Abner et aux
hommes qui étaient avec lui. 21Abner dit ensuite à
David : « Allons ! Je vais rassembler tout Israël auprès
de Monseigneur le roi : ils concluront un pacte avec
toi et tu régneras sur tout ce que tu souhaites. » David
congédia Abner, qui partit en paix.

Meurtre d'Abner.

22Il se trouva que la garde de David et Joab revenaient
alors de la razzia, ramenant un énorme butin, et
Abner n'était plus auprès de David à Hébron, puisque
David l'avait congédié et qu'il était parti en paix.
23Lorsque arrivèrent Joab et toute la troupe qui le sui-
vait, on prévint Joab qu'Abner, fils de Ner, était venu
chez le roi et que celui-ci l'avait laissé repartir en paix.
24Alors Joab entra chez le roi et dit : « Qu'as-tu fait ?
Abner est venu chez toi, pourquoi donc l'as-tu laissé
partir ? 25Tu connais Abner, fils de Ner. C'est pour te
tromper qu'il est venu, pour connaître tes allées et
venues, pour savoir tout ce que tu fais ! »
26Joab sortit de chez David et envoya derrière Abner des
messagers qui le firent revenir depuis la citerne de Sira,
à l'insu de David. 27Quand Abner arriva à Hébron, Joab
le prit à l'écart à l'intérieur de la porte, sous prétexte de
parler tranquillement avec lui, et là il le frappa mor-
tellement au ventre, à cause du sang d'Asahel son frère.
28Lorsque David apprit ensuite la chose, il dit : « Moi et
mon royaume, nous sommes pour toujours innocents devant Yahvé du sang d'Abner, fils de Ner : 29qu'il
retombe sur la tête de Joab et sur toute sa famille ! Qu'il
ne cesse d'y avoir dans la maison de Joab des gens

Loi du clan, loi du sang

Joab et Abishaï appliquent la loi du clan : ils tuent Abner pour venger leur frère, Asahel, frappé à mort par ce dernier au cours du combat de Gabaôn (2 S 2,18-23).
Le lien du sang crée entre les membres d'une même famille un esprit de solidarité. L'honneur et le déshonneur d'un fils du clan rejaillit sur tous les autres. Chaque homme se doit d'assurer la vengeance du père, du frère, de l'oncle ou du cousin assassiné. Seul ce sens du devoir à l'égard de la famille permet d'expliquer que Joab et Abishaï désobéissent à David.
Cette coutume, née dans les sables du désert, au temps où le peuple de la Bible menait une vie nomade, se maintient après la sédentarisation. Pourtant, la législation tente de réguler l'exercice de la loi du clan. C'est pourquoi on crée des " villes de refuge ", où les meurtriers peuvent trouver asile. Mais cela ne signifie pas pour autant que la faute reste impunie. La communauté de la cité a le devoir de juger, et éventuellement de condamner l'individu poursuivi (Nb 35,9-34 ; Dt 19,1-13).

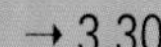
→ 3,30

France, Bourgogne

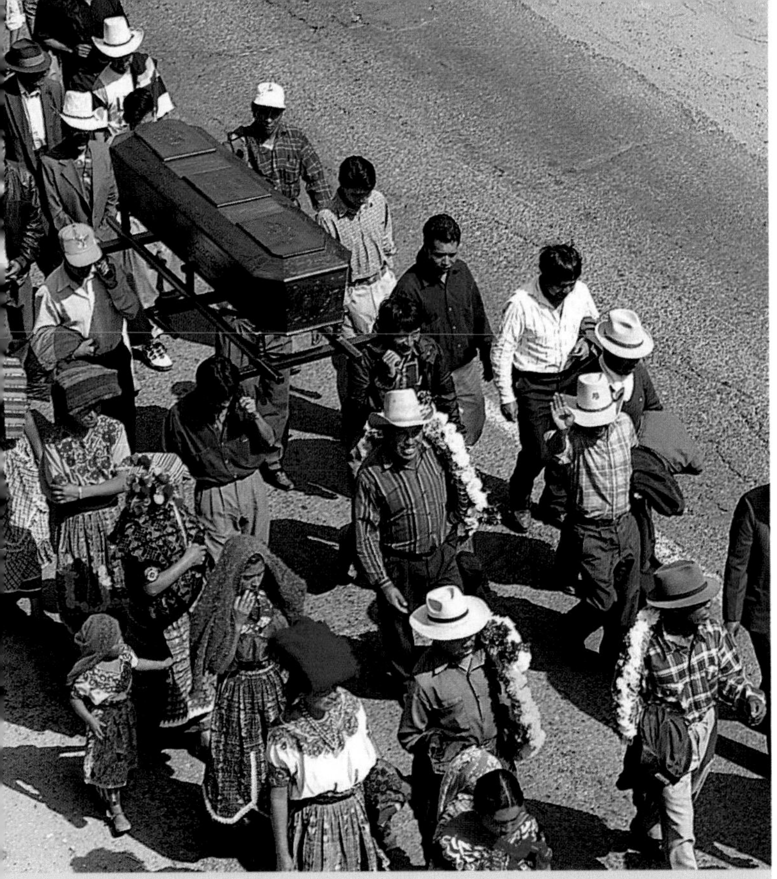

Guatemala, Totonicoplán

La lamentation d'Ézéchiel

Ce poème d'Ézéchiel est un exemple du genre littéraire de la lamentation (en hébreu, la " qînah "). De nombreux aspects distinguent ce texte d'une lamentation authentique : le contexte de rédaction, la dimension allégorique, le caractère construit du texte qui efface la spontanéité dans l'expression de la douleur et de la détresse que l'on peut trouver dans la lamentation authentique.

Et toi, prononce une complainte sur les princes d'Israël. Tu diras : ...

" Ta mère était semblable à une vigne,
plantée au bord de l'eau.
Elle était féconde et feuillue,
grâce à l'abondance de l'eau.
Elle eut des ceps puissants
qui devinrent des sceptres royaux ;
sa taille s'éleva
jusqu'au milieu des nuages ;
on l'admira pour sa hauteur
et la quantité de ses branches.
Mais elle a été arrachée avec fureur
et jetée à terre ;
le vent d'est a desséché son fruit,
elle a été brisée,
son cep puissant a séché,
le feu l'a dévoré.
La voici plantée au désert,
au pays sec et aride,
et le feu est sorti de son cep,
il a dévoré ses tiges et son fruit.
Elle n'aura plus son sceptre puissant,
son sceptre royal."

C'est une complainte ; elle servit de complainte.

Ézéchiel 19,10-14

→ 3,33

Italie, Rome,
Saint-Jean-de-Latran

atteints d'écoulement ou de lèpre, des hommes bons à
tenir le fuseau ou qui tombent sous l'épée, ou qui
manquent de pain ! » 30(Joab et son frère Abishaï avaient
assassiné Abner parce qu'il avait fait mourir leur frère
Asahel au combat de Gabaôn.) 31David dit à Joab et à
toute la troupe qui l'accompagnait : « Déchirez vos
vêtements, mettez des sacs et faites le deuil devant
Abner », et le roi David marchait derrière la civière.
32On ensevelit Abner à Hébron ; le roi éclata en sanglots sur sa tombe et tout le peuple pleura aussi.

33Le roi chanta cette complainte sur Abner :

« Abner devait-il mourir comme meurt l'insensé ?
34Tes mains n'étaient pas liées, tes pieds n'étaient pas mis aux fers,
tu es tombé comme on tombe devant des malfaiteurs ! »

et les larmes de tout le peuple redoublèrent.

35Tout le peuple vint inviter David à prendre de la
nourriture alors qu'il faisait encore jour, mais David
fit ce serment : « Que Dieu me fasse tel mal et qu'il y
ajoute tel autre si je goûte à du pain ou à quoi que ce
soit avant le coucher du soleil. » 36Tout le peuple remarqua cela et le trouva bien, car tout ce que faisait le roi
était approuvé par le peuple. 37Ce jour-là, tout le peuple
et tout Israël comprirent que le roi n'était pour rien
dans la mort d'Abner, fils de Ner.
38Le roi dit à ses officiers : « Ne savez-vous pas qu'un
prince et un grand homme est tombé aujourd'hui en
Israël ? 39Pour moi, je suis faible maintenant, tout roi
que je sois par l'onction, et ces hommes, les fils de Çeruya,
sont plus violents que moi. Que Yahvé rende au méchant
selon sa méchanceté ! »

Meurtre d'Ishbaal.

4. 1Lorsque le fils de Saül apprit qu'Abner était
mort à Hébron, les mains lui tombèrent et tout
Israël fut consterné. 2Or le fils de Saül avait deux
chefs de bandes, qui s'appelaient, l'un Baana et
le second Rékab. Ils étaient les fils de Rimmôn de
Béérot et Benjaminites, car Béérot aussi est attribuée à Benjamin. 3Les gens de Béérot s'étaient
réfugiés à Gittayim, où ils sont demeurés jusqu'à ce jour comme résidents étrangers. 4Il y
avait un fils de Jonathan, fils de Saül, qui était
perclus des deux pieds. Il avait cinq ans lorsque
arriva de Yizréel la nouvelle concernant Saül
et Jonathan. Sa nourrice l'emporta et s'enfuit, mais dans la précipitation de la fuite, l'enfant tomba et s'estropia. Il s'appelait Meribbaal.

5Les fils de Rimmôn de Béérot, Rékab et Baana, s'étant
mis en route, arrivèrent à l'heure la plus chaude du jour
à la maison d'Ishbaal, quand celui-ci faisait la sieste. 6La
portière, qui mondait du blé, s'était assoupie et dormait.
Rékab et son frère Baana se faufilèrent 7et entrèrent
dans la maison, où il était étendu sur son lit dans sa
chambre à coucher. Ils le frappèrent à mort et le déca-
pitèrent, puis, emportant sa tête, ils marchèrent toute
la nuit par la route de la Araba. 8Ils apportèrent la tête
d'Ishbaal à David, à Hébron, et dirent au roi : « Voici la
tête d'Ishbaal, fils de Saül, ton ennemi qui en voulait à
ta vie. Yahvé a accordé aujourd'hui à Monseigneur le
roi une vengeance sur Saül et sur sa race. »
9Mais David, s'adressant à Rékab et à son frère Baana, les
fils de Rimmôn de Béérot, leur dit : « Par la vie de Yahvé,
qui m'a délivré de toute détresse ! 10Celui qui m'a annoncé la mort de Saül croyait être porteur d'une bonne nouvelle, et je l'ai saisi et exécuté à Çiqlag, pour le payer de
sa bonne nouvelle ! 11A plus forte raison lorsque des ban-
dits ont tué un homme honnête dans sa maison, sur son
lit ! Ne dois-je pas vous demander compte de son sang
et vous faire disparaître de la terre ? » 12Alors David
donna un ordre aux cadets et ceux-ci les mirent à mort.
On leur coupa les mains et les pieds et on les suspendit
près de l'étang d'Hébron. Quant à la tête d'Ishbaal, on la
prit et on l'ensevelit dans le tombeau d'Abner à Hébron.

II
David roi de Juda et d'Israël

Sacre de David comme roi d'Israël.

5. 1Alors toutes les tribus d'Israël vinrent auprès de
David à Hébron et dirent : « Vois ! Nous sommes de tes
os et de ta chair. 2Autrefois déjà, quand Saül régnait sur
nous, c'était toi qui sortais et rentrais avec Israël, et
Yahvé t'a dit : C'est toi qui paîtras mon peuple Israël et
c'est toi qui deviendras chef d'Israël. » 3Tous les anciens
d'Israël vinrent donc auprès du roi à Hébron, le roi David
conclut un pacte avec eux à Hébron, en présence de
Yahvé, et ils oignirent David comme roi sur Israël.
4David avait trente ans à son avènement et il régna pendant quarante ans. 5A Hébron, il régna sept ans et six
mois sur Juda ; à Jérusalem, il régna trente-trois ans
sur tout Israël et sur Juda.

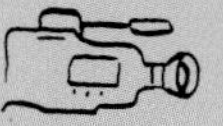

Conseils au responsable

De jour et de nuit
tu paîtras mon peuple.
Tu lui trouveras
les paroles qui font vivre
et l'espérance
qui permet de traverser
les défilés des ténèbres.

Tu ne laisseras
aucun se perdre
et, s'il le faut, tu courras
à travers les déserts
de cailloux et de ronces
pour ramener sur tes épaules
celui qui a perdu
la saveur de vivre.

D'aurore en aurore
tu te tiendras prêt
à fournir le bon pain
de ta fidèle présence
et, s'il le faut,
tu n'hésiteras pas
à tout délaisser
pour te consacrer entièrement
à celui qui est tombé
car c'est celui-là
qui est en manque d'amour
qu'il te faut secourir en premier.

Tu n'auras aucun pouvoir
sur les consciences
puisqu'il te revient
d'apprendre à chacun
à user de sa liberté.

Tu seras pauvre
car ils auront le droit
de tout te prendre.
Ton seul souci,
ton unique fonction,
sera de leur tracer
la route qui conduit
à la source tant cherchée
capable d'étancher la soif
des nomades du désir
qui te sont confiés.

→ 5,2

Jérusalem,
« Tour de David »

Génie politique

Le choix de Jérusalem comme capitale du nouveau royaume témoigne du génie politique de David.
Jérusalem est citée pour la première fois dans les lettres d'El Amarna (documents égyptiens datant de 1400 avant JC) sous le nom d'Uru Salim et, pour la première fois dans la Bible, sous le nom de Salem (Gn 14,18).
C'est une enclave cananéenne vieille de plus de 1000 ans, gouvernée par les Jébuséens.
Elle se situe hors des territoires propres des tribus d'Israël, aucun clan ne peut donc la revendiquer comme sienne. De plus, Jérusalem se trouve au centre du nouveau royaume et jouit ainsi d'une position stratégique, à mi-chemin entre les tribus du nord et les tribus du sud.
David et ses troupes prennent la ville par surprise, empruntant le canal destiné à approvisionner la cité en eau, en cas de siège. Le roi établit sa résidence sur le site même de la ville jébuséenne, sur la colline d'Ophel, entre les vallées du Cédron et du Tyropéon.

→ 5,6-12

La ville de tous

Les trois grandes religions monothéistes reconnaissent Jérusalem comme une ville sainte. C'est ce qui fait à la fois la grandeur mais aussi le drame de cette cité.
Pour les *juifs*, Jérusalem, c'est la ville du Temple. Construit par Salomon, le successeur de David, il signifie la présence de Dieu au milieu de ses enfants. Pour tout le peuple d'Israël, Jérusalem représente, aujourd'hui comme hier, le symbole de la rencontre possible entre le " Dieu-très-saint " et les siens.
Cette ville compte également pour les *chrétiens*, parce que c'est là qu'eurent lieu le procès, la mort et la résurrection de Jésus, qui sont pour eux des signes révélateurs de l'amour de Dieu pour l'Humanité.
Les *musulmans* considèrent Jérusalem comme la troisième des villes les plus saintes au monde. C'est de là, disent-ils, que le prophète Mahomet a été enlevé jusqu'auprès d'Allah.
Le drame de cette cité, c'est qu'au fil des siècles, les hommes en ont fait un lieu de conflits, de fanatisme et de haine. Plutôt que de se réjouir de la richesse d'un joyau unique au monde à partager, les croyants des trois religions se sont opposés, battus et entre-tués, revendiquant chacun l'exclusivité du lieu : " C'est la ville où se révèle *notre* Dieu ! "
Et pourtant... au-delà des atrocités et des rancoeurs humaines qui la meurtrissent, Jérusalem respire un air de paix et de sérénité exceptionnel qui donne envie de croire en l'avenir : pourquoi ne deviendrait-elle pas la ville de tous, symbole vivant de la paix entre les hommes ? Une cité où les croyants et tous les hommes de bonne volonté pourraient se rencontrer, apprendre à découvrir les richesses de leurs différences et prier chacun selon sa tradition religieuse ?

→ 5,6-12

Prise de Jérusalem.

6David avec ses gens marcha sur Jérusalem contre les
Jébuséens qui habitaient le pays, et ceux-ci dirent à
David : « Tu n'entreras pas ici ! Les aveugles et les boiteux t'en écarteront » (c'est-à-dire : David n'entrera pas
ici). 7Mais David s'empara de la forteresse de Sion ; c'est
la Cité de David. 8Ce jour-là, David dit : « Quiconque
frappera les Jébuséens et montera par le canal... » Quant
aux boiteux et aux aveugles, David les hait en son âme.
(C'est pourquoi on dit : Aveugle et boiteux n'entreront
pas au Temple.) 9David s'installa dans la forteresse et l'appela Cité de David. Puis David construisit un mur sur
son pourtour, depuis le Millo vers l'intérieur. 10David allait
grandissant et Yahvé, Dieu Sabaot, était avec lui.
11Hiram, roi de Tyr, envoya une ambassade à David,
avec du bois de cèdre, des charpentiers et des tailleurs de
pierres, qui construisirent une maison pour David.
12Alors David sut que Yahvé l'avait confirmé comme
roi sur Israël et qu'il exaltait sa royauté à cause d'Israël
son peuple.

Fils de David à Jérusalem.

13Après son arrivée d'Hébron, David prit encore des
concubines et des femmes à Jérusalem, et il lui naquit
des fils et des filles. 14Voici les noms des enfants qu'il
eut à Jérusalem : Shammua, Shobab, Natân, Salomon,
15Yibhar, Élishua, Népheg, Yaphia, 16Élishama,
Baalyada, Éliphélèt.

Victoires sur les Philistins.

17Lorsque les Philistins eurent appris qu'on avait oint
David comme roi sur Israël, ils montèrent tous pour
s'emparer de lui. A cette nouvelle, David descendit au
refuge. 18Les Philistins arrivèrent et se déployèrent dans
le val des Rephaïm. 19Alors David consulta Yahvé :
« Dois-je attaquer les Philistins ? demanda-t-il. Les livre-
ras-tu entre mes mains ? » Yahvé répondit à David :
« Attaque ! Je livrerai sûrement les Philistins entre tes
mains. » 20Donc David se rendit à Baal-Peraçim et là
David les battit. Et il dit : « Yahvé m'a ouvert une brèche
dans mes ennemis comme une brèche faite par les
eaux. » C'est pourquoi on appela cet endroit Baal-
Peraçim. 21Ils avaient abandonné sur place leurs dieux ;
David et ses gens les enlevèrent.
22Les Philistins montèrent de nouveau et se déployèrent
dans le val des Rephaïm. 23David consulta Yahvé, et
celui-ci répondit : « Ne les attaque pas en face, tourne-
les par derrière et aborde-les vis-à-vis des micocouliers.
24Quand tu entendras un bruit de pas à la cime des

"David et toute la maison d'Israël dansaient…" (2 S 6,5)

Tunisie

micocouliers, alors dépêche-toi : c'est que Yahvé sort
devant toi pour battre l'armée philistine. » 25David fit
comme Yahvé lui avait ordonné et il battit les Philistins
depuis Gabaôn jusqu'à l'entrée de Gézer.

L'arche à Jérusalem.

6. 1David rassembla encore toute l'élite d'Israël, trente mille hommes. 2S'étant mis en route, David et toute
l'armée qui l'accompagnait partirent pour Baala de
Juda, afin de faire monter de là l'arche de Dieu, qui
porte le nom de Yahvé Sabaot, siégeant sur les chérubins. 3On chargea l'arche de Dieu sur un chariot
neuf et on l'emporta de la maison d'Abinadab, qui est
sur la colline. Uzza et Ahyo, les fils d'Abinadab,
conduisaient le chariot. 4Uzza marchait à côté de
l'arche de Dieu et Ahyo marchait devant elle. 5David
et toute la maison d'Israël dansaient devant Yahvé de
toutes leurs forces, en chantant au son des cithares,
des harpes, des tambourins, des sistres et des cymbales.
6Comme on arrivait à l'aire de Nakôn, Uzza étendit la
main vers l'arche de Dieu et la retint, car les bœufs la
faisaient verser. 7Alors la colère de Yahvé s'enflamma
contre Uzza : sur place, Dieu le frappa pour cette
faute, et il mourut, là, à côté de l'arche de Dieu. 8David
fut fâché de ce que Yahvé eût foncé sur Uzza et on
donna à ce lieu le nom de Pérèç-Uzza, qu'il a gardé jusqu'à maintenant.
9Ce jour-là, David eut peur de Yahvé et dit : « Comment
l'arche de Yahvé entrerait-elle chez moi ? » 10Ainsi
David ne voulut pas conserver l'arche de Yahvé chez
lui, dans la Cité de David, et il la conduisit chez Obed-
Édom de Gat. 11L'arche de Yahvé demeura trois mois
chez Obed-Édom de Gat, et Yahvé bénit Obed-Édom et
toute sa famille.
12On rapporta au roi David que Yahvé avait béni la
famille d'Obed-Édom et tout ce qui lui appartenait à
cause de l'arche de Dieu. Alors David partit et fit monter l'arche de Dieu de la maison d'Obed-Édom à la Cité
de David en grande liesse. 13Quand les porteurs de
l'arche de Yahvé eurent fait six pas, il sacrifia un bœuf
et un veau gras. 14David dansait en tournoyant de
toutes ses forces devant Yahvé, il avait ceint un pagne
de lin. 15David et toute la maison d'Israël faisaient
monter l'arche de Yahvé en poussant des acclamations
et en sonnant du cor. 16Or, comme l'arche de Yahvé
entrait dans la Cité de David, la fille de Saül, Mikal,
regardait par la fenêtre, et elle vit le roi David qui sau-
tait et tournoyait devant Yahvé, et, dans son cœur,
elle le méprisa. 17On introduisit l'arche de Yahvé et on
la déposa à sa place, sous la tente que David avait fait
dresser pour elle, et David offrit des holocaustes en

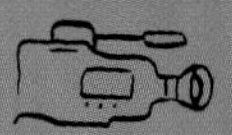

L'espoir d'une grande réconciliation...

Amnon Kapeliouk, journaliste israélien, exprime son inquiétude et ses espoirs à l'égard de sa ville natale, Jérusalem.

Je ne ressens pas Jérusalem comme une ville unifiée. Le mur est tombé, mais ce sont deux sociétés distinctes qui se font face, et l'une d'entre elles, parce qu'elle n'est pas associée à la gestion et à la direction de la cité, se ressent étrangère dans ses propres maisons. Les contacts entre ces deux mondes n'existent pratiquement pas. Il y a bien, ici et là, des hommes qui entretiennent des relations personnelles avec " l'autre côté ", mais ils sont une exception...
À mon avis, le fait que Jérusalem puisse être la capitale conjointe de deux peuples et de deux États souverains apparaît comme l'espoir d'une grande réconciliation. C'est peut-être pour cela, pour cette promesse et ce défi, que je me suis attaché à Jérusalem.

Jérusalem avec un petit j de Amnon KAPELIOUK, © Autrement, Série Monde HS n° 4

→ 5,6-12

Danser

Comment ne pas être sensible à la véritable place de la danse, à sa dimension cosmique et mystique ? La danse semble être liée à l'être même de Dieu. (...) Elle tend à refléter les tensions, les déchirements, les affrontements de notre monde. Cependant, la danse est un langage universel qui permet de s'adresser aux hommes de toutes races, de toutes langues, de toutes conditions et de toutes civilisations (...).
Cet art peut être la recherche d'une harmonie dans un monde blessé, et tracer dans la tourmente un chemin d'espérance qui témoigne de l'alliance entre Dieu et les hommes.

Danser sur les étoiles de Mireille NÈGRE, © Éditions Balland

→ 6,14

Matisse Henri (1869-1954), La Danse II, Musée de l'Ermitage, Saint-Petersbourg, © Succession H. Matisse - Giraudon

Qui est Natân ?

En hébreu, " Dieu a donné ". C'est le nom d'un prophète lié à la cour de David. D'après le texte biblique, il intervient à trois reprises dans l'histoire de David.

Pour annoncer au roi l'attente de Dieu.

Au lendemain de la conquête de Jérusalem, après avoir construit sa demeure, David évoque l'idée de construire un temple à Yahvé. Natân lui déconseille la mise en œuvre de ce projet qu'il dit contraire à la volonté de Dieu (2 S 7).

Pour critiquer le comportement du roi.

Le prophète reproche à David son attitude à l'égard d'Urie le Hittite qu'il envoie délibérément à la mort (2 S 12).

Pour assurer au roi la succession qu'il considère comme légitime.

Natân intervient dans le conflit qui, au seuil de la mort de David, oppose Adonias et Salomon. Il prend parti pour le fils de Bethsabée et rappelle au roi malade le serment qu'il avait fait à l'égard de son fils Salomon (1 R 1).

→ 7,1-17

République Tchèque, Prague

présence de Yahvé, ainsi que des sacrifices de communion. 18Lorsque David eut achevé d'offrir des holocaustes et des sacrifices de communion, il bénit le
peuple au nom de Yahvé Sabaot. 19Puis il fit une dis-
tribution à tout le peuple, à la foule entière des Israélites,
hommes et femmes, pour chacun une couronne de
pain, une masse de dattes et un gâteau de raisins secs,
puis tout le monde s'en alla chacun chez soi.
20Comme David s'en retournait pour bénir sa mai-
sonnée, Mikal, fille de Saül, sortit à sa rencontre et
dit : « Comme il s'est fait honneur aujourd'hui, le roi
d'Israël, qui s'est découvert aujourd'hui au regard des
servantes et de ses serviteurs comme se découvrirait un
homme de rien ! » 21Mais David répondit à Mikal :
« C'est devant Yahvé que je danse ! Par la vie de Yahvé,
qui m'a préféré à ton père et à toute sa maison pour
m'instituer chef d'Israël, le peuple de Yahvé, je danserai
devant Yahvé 22et je m'abaisserai encore davantage. Je
serai vil à tes yeux, mais auprès des servantes dont tu
parles, auprès d'elles je serai en honneur. » 23Et Mikal, fille
de Saül, n'eut pas d'enfant jusqu'au jour de sa mort.

Prophétie de Natân.

7. 1Quand le roi habita sa maison et que Yahvé l'eut
débarrassé de tous les ennemis qui l'entouraient, 2le roi
dit au prophète Natân : « Vois donc ! J'habite une maison de cèdre et l'arche de Dieu habite sous la tente ! »
3Natân répondit au roi : « Va et fais tout ce qui te tient
à cœur, car Yahvé est avec toi. »
4Mais, cette même nuit, la parole de Yahvé fut adressée
à Natân en ces termes :
5« Va dire à mon serviteur David : Ainsi parle Yahvé.
Est-ce toi qui me construiras une maison pour que j'y
habite ? 6Je n'ai jamais habité de maison depuis le jour
où j'ai fait monter d'Égypte les Israélites jusqu'aujour-
d'hui, mais j'étais en camp volant sous une tente et un
abri. 7Pendant tout le temps où j'ai voyagé avec tous les
Israélites, ai-je dit à un seul des juges d'Israël, que j'avais
institués comme pasteurs de mon peuple Israël : "Pourquoi
ne me bâtissez-vous pas une maison de cèdre ?" 8Voici
maintenant ce que tu diras à mon serviteur David : Ainsi
parle Yahvé Sabaot. C'est moi qui t'ai pris au pâturage,
derrière les brebis, pour être chef de mon peuple Israël.
9J'ai été avec toi partout où tu allais ; j'ai supprimé
devant toi tous tes ennemis. Je te donnerai un grand nom
comme le nom des plus grands de la terre. 10Je fixerai un
lieu à mon peuple Israël, je l'y planterai, il demeurera en
cette place, il ne sera plus ballotté et les méchants ne
continueront pas à l'opprimer comme auparavant,
11depuis le temps où j'instituais des juges sur mon peuple

Israël ; je te débarrasserai de tous tes ennemis. Yahvé t'annonce qu'il te fera une maison. 12 Et quand tes jours seront accomplis et que tu seras couché avec tes pères, je maintiendrai après toi le lignage issu de tes entrailles (et j'affermirai sa royauté. 13 C'est lui qui construira une maison pour mon Nom) et j'affermirai pour toujours son trône royal. 14 Je serai pour lui un père et il sera pour moi un fils : s'il commet le mal, je le châtierai avec une verge d'homme et par les coups que donnent les humains. 15 Mais ma faveur ne lui sera pas retirée comme je l'ai retirée à Saül, que j'ai écarté de devant toi. 16 Ta maison et ta royauté subsisteront à jamais devant moi, ton trône sera affermi à jamais. »

17 Natân communiqua à David toutes ces paroles et toute cette révélation.

Prière de David.

18 Alors le roi David entra et s'assit devant Yahvé, et il dit : « Qui suis-je, Seigneur Yahvé, et quelle est ma maison, pour que tu m'aies mené jusque-là ? 19 Mais cela est encore trop peu à tes yeux, Seigneur Yahvé, et tu étends aussi tes promesses à la maison de ton serviteur pour un lointain avenir. Voilà le destin de l'homme, Seigneur Yahvé. 20 Que David pourrait-il te dire de plus, alors que tu as toi-même distingué ton serviteur, Seigneur Yahvé ! 21 A cause de ta parole et selon ton cœur, tu as eu cette magnificence d'instruire ton serviteur. 22 C'est pourquoi tu es grand, Seigneur Yahvé : il n'y a personne comme toi et il n'y a pas d'autre Dieu que toi seul, comme l'ont appris nos oreilles. 23 Y a-t-il, comme ton peuple Israël, un autre peuple sur la terre qu'un dieu soit allé racheter pour en faire son peuple, pour le rendre fameux et opérer en sa faveur de grandes et terribles choses en chassant devant son peuple des nations et des dieux ? 24 Tu as établi ton peuple Israël pour qu'il soit à jamais ton peuple, et toi, Yahvé, tu es devenu son Dieu. 25 Maintenant, Yahvé Dieu, garde toujours la promesse que tu as faite à ton serviteur et à sa maison et agis comme tu l'as dit. 26 Ton nom sera exalté à jamais et l'on dira : Yahvé Sabaot est Dieu sur Israël. La maison de ton serviteur David subsistera en ta présence. 27 Car c'est toi, Yahvé Sabaot, Dieu d'Israël, qui as fait cette révélation à ton serviteur : "Je te bâtirai une maison". Aussi ton serviteur a-t-il trouvé le courage de te faire cette prière. 28 Oui, Seigneur Yahvé, c'est toi qui es Dieu, tes paroles sont vérité et tu fais cette belle promesse à ton serviteur. 29 Consens donc à bénir la maison de ton serviteur, pour qu'elle demeure toujours en ta présence. Car c'est toi, Seigneur Yahvé, qui as parlé, et par ta bénédiction la maison de ton serviteur sera bénie à jamais. »

Dieu sous la tente

" Je n'ai jamais habité de maison depuis le jour où j'ai fait monter d'Égypte les Israélites jusqu'aujourd'hui, mais j'étais en camp volant sous une tente et un abri " (2 S 7,6), dit le Seigneur, comme pour rappeler à David la tradition des Anciens et éviter que ses propres ambitions ne l'en éloignent.
Au désert, les Hébreux viennent prier et consulter leur Dieu à l'intérieur de la " tente de la rencontre " - en hébreu : 'ohèl mô`éd - (Ex 33,7-11). Il s'agit probablement d'un petit sanctuaire portatif, conçu à l'image des habitations en toile caractéristiques des tribus nomades. À chaque fois que les Hébreux montent leur camp en un nouvel endroit, ils plantent " la tente de la rencontre ". Les divinités de Mésopotamie ou de Canaan habitent des temples bâtis en dur, où les fidèles viennent rendre leur culte. Pour les Hébreux, Dieu est nomade, il accompagne son peuple dans ses pérégrinations. Il leur manifeste sa présence à travers les événements clefs de leur histoire. Il s'engage dans une relation fidèle et dynamique avec ceux qu'il a choisis et, en retour, il espère d'eux le respect des commandements donnés à Moïse.

→ 2 S 7,6

Dieu, le père du roi

La prière de Ramsès II à son dieu Amon ou Rê avant la bataille de Qadesh exprime déjà l'idée d'un roi " fils de Dieu " :

Et alors, Sa Majesté dit :
Qu'est-ce donc, ô mon père Amon ?
Est-ce qu'un père peut oublier son fils ?
Ai-je donc fait quelque chose sans toi ?
N'ai-je pas avancé, ne me suis-je pas arrêté selon ta parole ?
Je n'ai point passé outre à tes ordres,
je n'ai pas outrepassé tes volontés. (...)

Je t'appelle, ô mon père Amon !
Je suis au milieu de peuples nombreux que je ne connais pas.
Toutes les nations se sont unies contre moi. (...)

Aussi en ai-je grande joie.
Il m'appelle, derrière moi, comme s'il me faisait face :
" En avant ! En avant ! Ramsès-Meriamon.
Je suis avec toi, je suis ton père, Rê ; ma main est avec toi.
Je suis plus utile que des centaines de mille ;
Je suis le Seigneur de victoire qui aime la vaillance. "

Prières de l'Ancien Orient, Cahier Évangile 27 supplément, © Les Éditions du Cerf

→ 7,14

Égypte, Le Caire

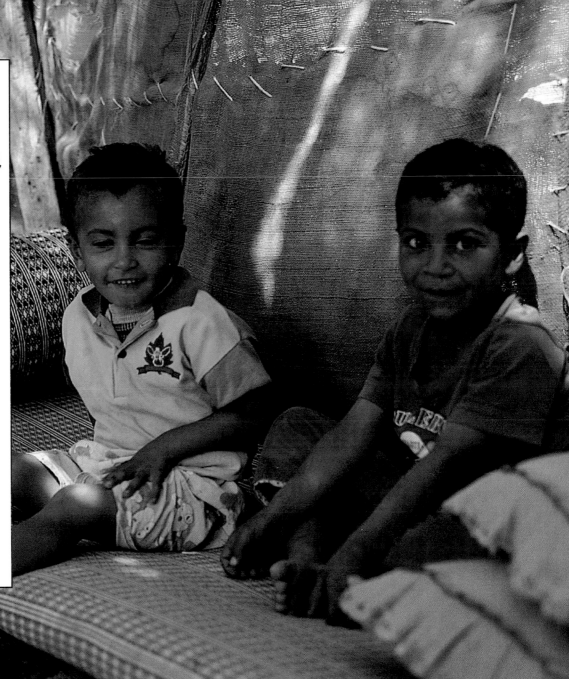

ונאמן
ביתך וממלכתך
עד-עולם

VeNé'MaN
BêTKa ôuMaMLaKTeKa
'aD 'ôLaM

Et subsisteront ta maison et ta royauté en pérennité.

2 Samuel 7,16

Syrie

Plus qu'un jeu de mots

La prophétie de Natân est construite autour du mot *maison*. En hébreu, comme en français, ce mot a un double sens. D'une part il peut signifier un bâtiment, un lieu d'habitation. La maison de Dieu est alors le Temple. D'autre part, il peut signifier les gens de la maison, la parenté, la famille, la descendance. La maison du roi est alors la dynastie.
Le texte biblique utilise les deux sens du mot : David ne construit pas de maison (Temple) à Yahvé, mais Dieu lui donnera une maison (descendance, dynastie).
Cette prophétie joue un double rôle dans la pensée du peuple de la Bible. D'une part elle montre que l'alliance de Yahvé avec Abraham, puis avec le peuple au Sinaï, continue avec la maison royale. D'autre part, elle répond à une question que les Israélites ne manquaient pas de se poser : " Pourquoi le grand roi David n'a-t-il pas lui-même construit le Temple ? " De tels propos consolident la position de Salomon, fils et successeur de David. N'est-il pas à la fois de la maison de David et bâtisseur de la maison de Dieu ?

→ 7,1-17

L'espérance du monde

La prophétie de Natân est à la source du messianisme biblique. Le peuple de l'alliance a appris que Dieu fait avancer l'histoire par des hommes comme Moïse, Josué, les Juges. Voici maintenant le roi, l'" oint " ou le " messie ". Le messianisme est l'espérance d'une ère où régneront la paix, la prospérité et la justice.

L'attente " messianique " est un des cas les plus remarquables dans l'histoire de l'espérance du monde. Qu'elle se soit enjolivée ou encombrée d'imagerie, emmêlée de désirs ou de rêves de toute sorte, les plus communs et aussi les plus chimériques, ce n'est point étonnant, et elle se montre par là bien insérée dans le coeur de l'homme comme dans l'histoire de l'humanité. Que, d'autre part, ce " messianisme ", de même que toute attente humaine, aille du connu à l'inconnu, du passé vécu au projet de ce qui peut, pourrait ou devrait arriver, cela ne l'empêche pas d'être de Dieu, qui sait les chemins de l'homme, qui les emprunte lui-même pour y aider l'homme à avancer.
Qu'est-ce que l'" alliance " de Dieu et de son peuple, sinon cette venue de " Dieu-avec-nous " - Emmanuel - cette association de la puissance de Dieu et des moyens, modestes mais respectés, de l'homme pour œuvrer, faire ce monde et son histoire ? Le " messianisme ", entendu au sens large, serait une attente active, une préparation dans l'espérance de l'accomplissement du destin de l'homme et de la destinée du monde, accomplissement pressenti, attente fondée comme la foi non sur une évidence mais sur une certitude.

La danse devant l'arche de Georges AUZOU,

→ 7,16

Les guerres de David.

8. 1 Il advint après cela que David battit les Philistins
et les abaissa. David prit des mains des Philistins... 2 Il
battit aussi les Moabites et les mesura au cordeau en
les faisant coucher à terre : il en mesura deux cordeaux
à mettre à mort et un plein cordeau à laisser en vie,
et les Moabites devinrent sujets de David et lui payèrent tribut.
3 David battit Hadadézer, fils de Rehob, roi de Çoba,
lorsque celui-ci alla pour étendre son pouvoir sur le
Fleuve. 4 David lui prit mille sept cents charriers et
vingt mille hommes de pied, et David coupa les jar-
rets de tous les attelages, il n'en garda que cent. 5 Les
Araméens de Damas vinrent au secours de Hadadézer,
roi de Çoba, mais David tua aux Araméens vingt-
deux mille hommes. 6 Puis David établit des gouverneurs dans l'Aram de Damas, et les Araméens
devinrent sujets de David et lui payèrent tribut. Partout
où David allait, Yahvé lui donna la victoire. 7 David prit
les rondaches d'or que portait la garde de Hadadézer
et les emporta à Jérusalem. 8 De Tébah et de Bérotaï,
villes de Hadadézer, le roi David enleva une énorme
quantité de bronze.
9 Lorsque Tôou, roi de Hamat, apprit que David avait
défait toute l'armée de Hadadézer, 10 il dépêcha son fils
Hadoram au roi David pour le saluer et le féliciter
d'avoir fait la guerre à Hadadézer et de l'avoir vaincu,
car Hadadézer était en guerre avec Tôou. Hadoram
apportait des objets d'argent, d'or et de bronze. 11 Le roi
David les consacra aussi à Yahvé, avec l'argent et l'or
qu'il avait consacrés, provenant de toutes les nations
qu'il avait subjuguées, 12 Aram, Moab, les Ammonites,
les Philistins, Amaleq, provenant aussi du butin pris
à Hadadézer, fils de Rehob, roi de Çoba.
13 David acquit du renom lorsqu'il revint de battre les
Édomites dans la vallée du Sel, au nombre de dix-huit
mille. 14 Il établit des gouverneurs en Édom et tous les
Édomites devinrent sujets de David. Partout où David
allait, Yahvé lui donna la victoire.

L'administration du royaume.

15 David régna sur tout Israël, faisant droit et justice à
tout son peuple. 16 Joab, fils de Çeruya, commandait
l'armée : Yehoshaphat, fils d'Ahilud, était héraut ;
17 Sadoq et Ébyatar, fils d'Ahimélek, fils d'Ahitub,
étaient prêtres ; Seraya était secrétaire ; 18 Benayahu,
fils de Yehoyada, commandait les Kerétiens et les
Pelétiens ; les fils de David étaient prêtres.

Cette mort grimaçante

Mobilisé, Jons, le héros du roman de Wiechert, prend conscience de l'absurdité de la guerre. De toutes les guerres. De leur horreur.

Non, " dur ", c'était autre chose. L'image d'une terre ravagée, déchirée, impuissante, sur laquelle tombait la pluie oblique, qui dissolvait les morts. Pas une terre grave, féconde, comme il la connaissait, solennellement ouverte pour recevoir des morts solennellement vêtus ; mais au contraire la saleté, la désolation, l'absence de lois dans laquelle les morts également sales, désolés et sans loi, gisaient épars. La destruction de toutes les images fermes et saintes qu'il avait emportées de la forêt, la dissolution de tout l'acquis qui le reliait au père et au grand-père.
Dur aussi de voir des rangs d'hommes jeunes et pleins de vie se lever et presque au même instant s'abattre, fauchés, tordus, détruits. Pas la mort à proprement parler, mais la sauvagerie de ses gestes, frappant à tort et à travers et comme si c'était un jeu. Le mépris de la vie de l'individu, l'aveuglement d'une force écrasant sous ses pieds ce qui dans cet enfer d'anéantissement portait pourtant une couronne, ne serait-ce que celle de l'obéissance et de la bravoure. La sale assurance d'un forgeron sans âme tapant sur des visages qui ont leur noblesse.
Dur aussi de devancer à la course cette mort grimaçante, quand on ramenait de loin à l'arrière les munitions, le ravitaillement, l'eau potable. Non qu'on lui disputât précisément sa propre vie, mais celle des autres qu'il fallait nourrir, entretenir. Le maudit essoufflement dans les ravins bouleversés et empestés ; l'éclair des obus qui tombaient sans qu'on pût prévoir l'endroit, les gémissements des blessés perdus ayant abandonné leur pays, projetés dans la terre ensanglantée, leurs yeux aveugles fixés sur le rideau de feu et de torture.

Les enfants Jéromine de Ernst WIECHERT, traduction F. BERTAUX et E. LEPOINTE,
© Calmann-Lévy, 1948

→ 8,1-18

Rats de la ville et rats des champs

Devenu le maître incontesté sur toutes les tribus d'Israël, David pose les premiers jalons d'une administration royale.
Jérusalem devient la capitale politique et religieuse, où s'organise la gestion du royaume. Ce changement entraîne des bouleversements dans l'organisation de la société :
- On assiste à la naissance d'un nouveau groupe social, le corps des fonctionnaires. Le roi a besoin de serviteurs d'un type nouveau, capables d'administrer le royaume.
- Une opposition apparaît entre ville et campagnes. La population rurale majoritaire est organisée en petites communautés villageoises. Elle se nourrit de sa propre production agricole. La population citadine est regroupée dans la capitale, elle est essentiellement constituée de fonctionnaires, d'officiers, de chefs de corvées, de membres du haut clergé et doit sa subsistance au surplus des campagnes.

→ 8,15-18

Jordanie

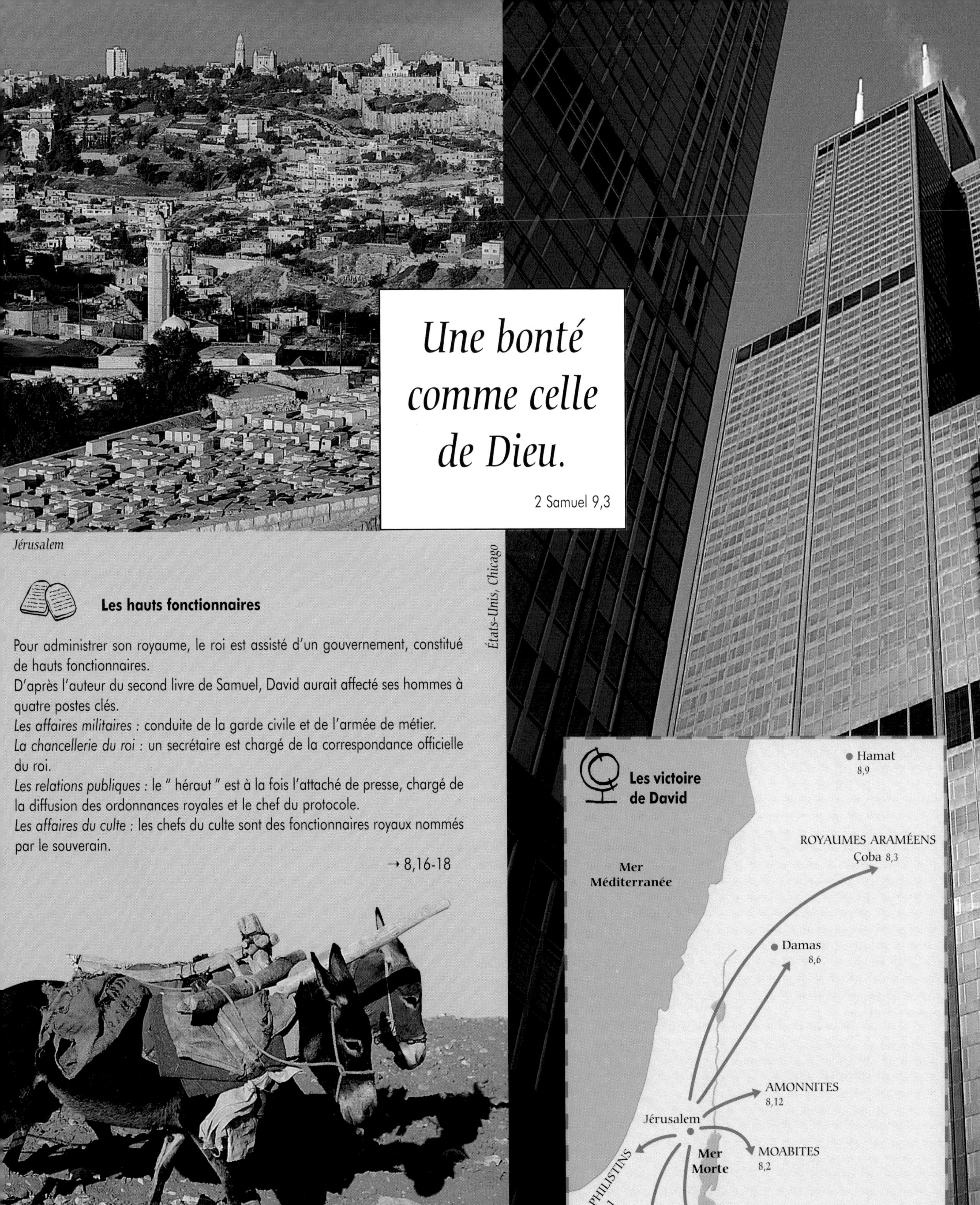

Jérusalem

États-Unis, Chicago

Une bonté comme celle de Dieu.

2 Samuel 9,3

Les hauts fonctionnaires

Pour administrer son royaume, le roi est assisté d'un gouvernement, constitué de hauts fonctionnaires.

D'après l'auteur du second livre de Samuel, David aurait affecté ses hommes à quatre postes clés.

Les affaires militaires : conduite de la garde civile et de l'armée de métier.

La chancellerie du roi : un secrétaire est chargé de la correspondance officielle du roi.

Les relations publiques : le " héraut " est à la fois l'attaché de presse, chargé de la diffusion des ordonnances royales et le chef du protocole.

Les affaires du culte : les chefs du culte sont des fonctionnaires royaux nommés par le souverain.

→ 8,16-18

III
La famille de David et les intrigues pour la succession

A. MERIBBAAL

Bonté de David envers le fils de Jonathan.

9. 1 David demanda : « Est-ce qu'il y a encore un survivant de la famille de Saül, pour que je le traite avec bonté
par égard pour Jonathan ? » 2 Or la famille de Saül avait
un serviteur, qui se nommait Çiba. On l'appela auprès de
David et le roi lui dit : « Tu es Çiba ? » Il répondit : « Pour
te servir. » 3 Le roi lui demanda : « Ne reste-t-il pas quelqu'un de la famille de Saül, pour que je le traite avec une
bonté comme celle de Dieu ? » Çiba répondit au roi : « Il
y a encore un fils de Jonathan qui est perclus des deux
pieds. » – 4 « Où est-il ? », demanda le roi, et Çiba répondit au roi : « Il est dans la maison de Makir, fils d'Ammiel,
à Lo-Debar. » 5 Le roi David l'envoya donc chercher à la
maison de Makir, fils d'Ammiel, de Lo-Debar.
6 En arrivant auprès de David, Meribbaal, fils de Jonathan
fils de Saül, tomba sur sa face et se prosterna. David dit :
« Meribbaal ! » Et il répondit : « C'est moi, pour te
servir. » 7 David lui dit : « N'aie pas peur, car je veux te
traiter avec bonté par égard pour ton père Jonathan. Je
te restituerai toutes les terres de Saül ton aïeul et tu
mangeras toujours à ma table. » 8 Meribbaal se prosterna et dit : « Qui est ton serviteur pour que tu fasses
grâce à un chien crevé tel que moi ? »
9 Puis le roi appela Çiba, le serviteur de Saül, et lui dit :
« Tout ce qui appartient à Saül et à sa famille, je le
donne au fils de ton maître. 10 Tu travailleras pour lui la
terre, toi avec tes fils et tes esclaves, tu en récolteras le
produit qui assurera à la famille de ton maître le pain
qu'elle mangera ; quant à Meribbaal, le fils de ton
maître, il prendra toujours ses repas à ma table. » Or Çiba
avait quinze fils et vingt esclaves. 11 Çiba répondit au
roi : « Ton serviteur fera tout ce que Monseigneur le
roi a ordonné à son serviteur. »
Donc Meribbaal mangeait à la table de David, comme
l'un des fils du roi. 12 Meribbaal avait un petit garçon qui
se nommait Mika. Tous ceux qui habitaient chez Çiba
étaient au service de Meribbaal. 13 Mais Meribbaal rési-
dait à Jérusalem, puisqu'il mangeait toujours à la table
du roi. Il était perclus des deux pieds.

Une histoire tragique

Ce chapitre ouvre une nouvelle section de la vie de David. Il s'agit d'un récit très ancien qui raconte comment la succession de David échut finalement à Salomon, malgré la survivance d'un petit-fils de Saül, Meribbaal (9). Ces pages décrivent l'histoire tragique de la famille royale avec adultère (10-11), meurtres (13), révoltes (15-18) et intrigues multiples (1 R 1-2). Il s'agit très probablement d'une chronique royale écrite au temps de Salomon pour légitimer son accession au trône.

→ 9,1-13

Avec bonté

Le sang coule pour régler les problèmes de successions de Saül (3,22-4,12) et de David (18,9-18 ; 1 R 2,13-25). Au milieu de ces massacres, voici comme un rayon de lumière : David traite avec bonté le fils de Jonathan. Ce mot " bonté " (ḥèsèd en hébreu) désigne dans la Bible la bienveillance des humains entre eux. Ainsi, Josué traite avec bonté la famille de Rahab à Jéricho (Jos 1,12). Ḥèsèd désigne aussi la bienveillance de Dieu, appelé " Dieu de bonté " (Ex 34,7). À trois reprises, ce chapitre exprime l'attitude de David vis-à-vis de Meribbaal, fils de Jonathan, en unissant la bonté humaine et celle de Dieu.

→ 9,1.3.7

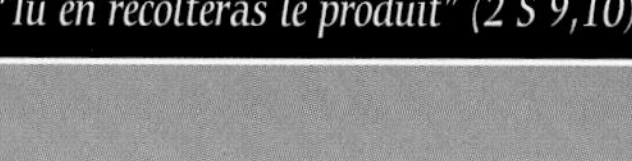
"Tu en récolteras le produit" (2 S 9,10)

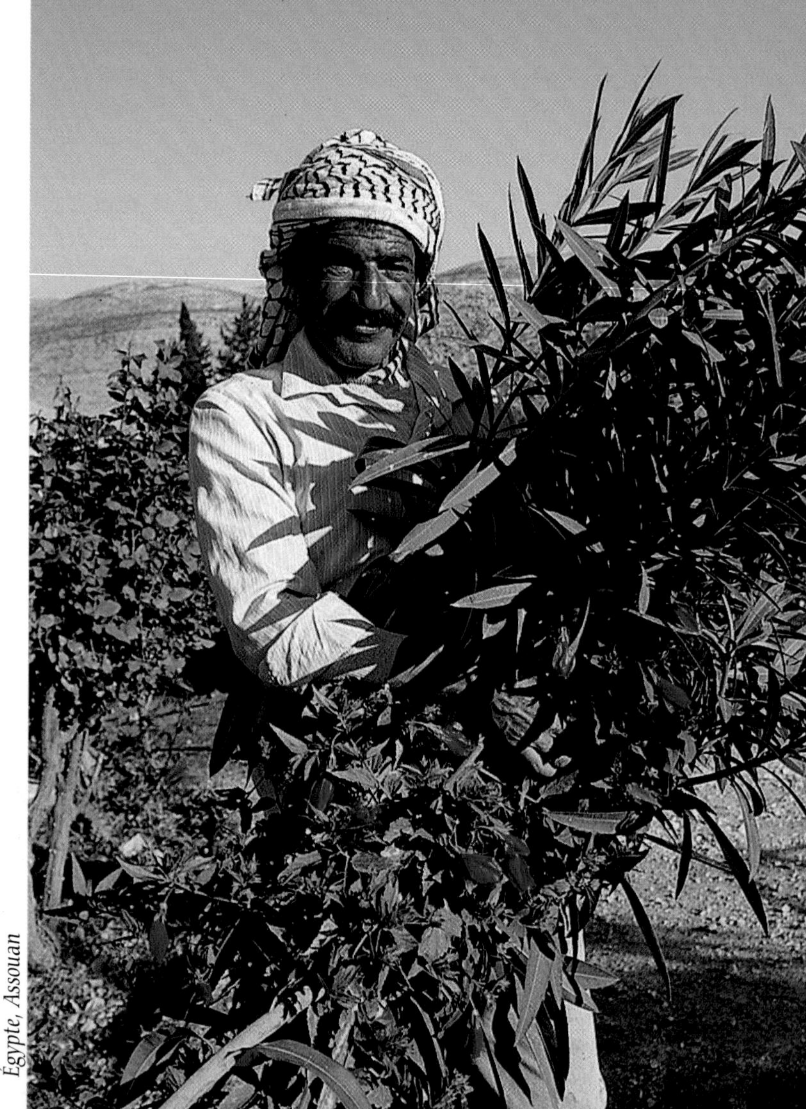
Égypte, Assouan

Jordanie, Amman

La ville aux plusieurs noms

" La ville " mentionnée par les princes des Ammonites (2 S 10,3), c'est Rabba, leur capitale (2 S 11,1). Dans les textes bibliques, elle est quelquefois désignée par l'expression " la ville royale " (2 S 12,26).
Elle prospère à l'époque gréco-romaine et byzantine sous le nom de Philadelphia. Elle décline, après la conquête musulmane (7e siècle). Au 19e siècle, elle n'est plus qu'un point d'eau pour les nomades. Elle renaît de ses cendres en 1922, sous le nom d'Amman et devient la capitale de l'émirat de Transjordanie. En 1948, l'émirat cède la place au royaume hachémite de Jordanie mais la capitale demeure.
Depuis, la ville s'est considérablement développée. Le conflit israélo-palestinien y a provoqué un afflux de réfugiés palestiniens qui constituent aujourd'hui la majorité de la population, et monopolisent la presque totalité des activités commerciales, industrielles et financières.
La ville a conservé de son passé un théâtre antique remontant au 2e siècle de notre ère.

→ 10,3

Israélites et Ammonites

Au temps de Saül, les relations entre les deux peuples sont loin d'être bonnes (1 S 11). C'est à sa victoire contre Nahash, le roi des Ammonites, que Saül doit d'être reconnu comme roi par le peuple d'Israël.
Pourtant, 2 S 10,2 laisse entendre que David était l'allié de Nahash. Peut-être cette alliance remonte-t-elle à l'époque où David et Saül étaient ennemis, à l'époque où David recherchait le soutien de tribus voisines contre Saül.
Mais Hanûn, l'héritier de Nahash, dénonce cette alliance en insultant les messagers de David (2 S 10,4). Son manque de confiance à l'égard de la bonne foi de David déclenche la guerre entre les deux peuples.
Les Ammonites, qui bénéficient pourtant du soutien des Araméens, perdent la guerre. Cette victoire permettra à David d'étendre son autorité sur la Transjordanie et les Araméens de Syrie méridionale.

→ 10,1-19

B. LA GUERRE AMMONITE. NAISSANCE DE SALOMON

Insulte aux ambassadeurs de David.

10. 1Après cela, il advint que le roi des Ammonites
mourut et que son fils Hanûn régna à sa place. 2David
se dit : « J'aurai pour Hanûn, fils de Nahash, les
mêmes bontés que son père a eues pour moi », et
David envoya ses serviteurs lui présenter des condoléances au sujet de son père. Mais lorsque les serviteurs
de David arrivèrent au pays des Ammonites, 3les
princes des Ammonites dirent à Hanûn leur maître :
« T'imagines-tu que David veuille honorer ton père,
parce qu'il t'a envoyé des porteurs de condoléances ?
N'est-ce pas plutôt afin d'explorer la ville, pour en
connaître les défenses et la renverser, que David t'a
envoyé ses serviteurs ? » 4Alors Hanûn se saisit des serviteurs de David, il leur fit raser la moitié de la barbe,
et couper les vêtements à mi-hauteur jusqu'aux fesses,
puis il les congédia. 5Lorsque David en fut informé, il
envoya quelqu'un à leur rencontre, car ces gens étaient
couverts de honte, et le roi leur fit dire : « Restez à
Jéricho jusqu'à ce que votre barbe ait repoussé, et
vous reviendrez. »

Première campagne ammonite.

6Les Ammonites virent bien qu'ils s'étaient rendus
odieux à David et ils envoyèrent des messagers pour
prendre à leur solde les Araméens de Bet-Rehob et les
Araméens de Çoba, vingt mille hommes de pied, le
roi de Maaka, mille hommes, et le prince de Tob, douze
mille hommes. 7L'ayant appris, David envoya Joab
avec toute l'armée, les preux. 8Les Ammonites sortirent et se rangèrent en bataille à l'entrée de la porte,
tandis que les Araméens de Çoba et de Rehob et les gens
de Tob et de Maaka étaient à part en rase campagne.
9Voyant qu'il avait un front de combat à la fois devant
et derrière lui, Joab fit choix de toute l'élite d'Israël et
la mit en ligne face aux Araméens. 10Il confia à son frère
Abishaï le reste de l'armée et le mit en ligne face aux
Ammonites. 11Il dit : « Si les Araméens l'emportent
sur moi, tu viendras à mon secours ; si les Ammonites
l'emportent sur toi, j'irai te secourir. 12Aie bon courage
et montrons-nous forts pour notre peuple et pour
les villes de notre Dieu. Que Yahvé fasse ce qui lui
semblera bon ! » 13Joab et la troupe qui était avec lui
engagèrent le combat contre les Araméens et ceux-ci
s'enfuirent devant eux. 14 Quand les Ammonites virent
que les Araméens avaient fui, ils lâchèrent pied devant

Abishaï et rentrèrent dans la ville. Alors Joab revint de la guerre contre les Ammonites et rentra à Jérusalem.

Victoire sur les Araméens.

15Voyant qu'ils avaient été battus devant Israël, les
Araméens concentrèrent leurs forces. 16Hadadézer
envoya des messagers et mobilisa les Araméens qui
sont de l'autre côté du Fleuve. Ceux-ci arrivèrent à
Hélam, ayant à leur tête Shobak, le chef de l'armée de
Hadadézer. 17Cela fut rapporté à David, qui rassembla
tout Israël, passa le Jourdain et arriva à Hélam. Les
Araméens se rangèrent en face de David et lui livrèrent bataille. 18Mais les Araméens lâchèrent pied devant
Israël et David leur tua sept cents attelages et quarante
mille hommes ; il abattit aussi Shobak, leur général,
qui mourut sur les lieux. 19Lorsque tous les rois vassaux de Hadadézer virent qu'ils avaient été battus
devant Israël, ils firent la paix avec les Israélites et
leur furent assujettis. Les Araméens craignirent de
porter encore secours aux
Ammonites.

Jérusalem, Cour du Musée d'Israël, Statue de Bourdelle (détail)

Les " preux du roi "

Les " preux " sont des mercenaires engagés au service de David. L'existence d'une armée de métier est très récente dans l'histoire d'Israël. À l'époque des Juges, seul le peuple levé en masse défendait son territoire et ses intérêts. Cependant, les Israélites comprirent très vite qu'il était impossible de résister contre des adversaires (les Cananéens et les Philistins) qui, eux, possédaient des troupes permanentes composées de soldats professionnels. Saül, le premier, commença à recruter des mercenaires (1 S 14,52).

Les " preux " au service des souverains israélites étaient liés personnellement au roi, en recevaient une solde, mais ne jouissaient pas d'un statut d'hommes libres. À la mort du roi, ils passaient au service de son successeur.

La présence de l'armée de métier n'excluait pas celle de l'armée populaire. En général, les attaques étaient lancées par les mercenaires, et les contingents populaires donnaient l'assaut final.

→ 10,7

Jourdain

Les mercenaires au fil des siècles

Les " preux " de David s'inscrivent dans une longue tradition d'armées de mercenaires qui remonte à la plus haute antiquité et se perpétue jusqu'au 20e siècle. Ces armées de métier vendent leurs services, selon contrat, à un prince ou à un État.

Bien avant David, les pharaons utilisaient des archers libyens et nubiens puis, plus tard, des fantassins grecs. Entre le 11e et le 13e siècle, la dynastie des Song, en Chine, avait recours aux services des Huns et des Turco-Mongols. Les chevaliers croisés des principautés franques de Cilicie, Syrie et Palestine s'adjoignaient les troupes légères des turcopoles. Les républiques de l'Italie du 15e siècle louaient les services de " condottieri " allemands, hongrois, bretons, bourguignons. Au début du 16e siècle, fantassins suisses, lansquenets allemands, stradiots dalmates se battaient dans un camp ou dans l'autre, selon le poids de la bourse proposée en échange des bons et loyaux services. À l'instigation de Richelieu, les troupes de Bernard de Saxe Weimar vinrent grossir celles de l'armée de Louis XIII (17e siècle). Au cours de la première moitié du 20e siècle, les généraux chinois nationalistes, en guerre civile contre les communistes, engagèrent à leur service des mercenaires russes issus des armées blanches antibolcheviques.

À l'aube de l'an 2000, les armées de mercenaires ont-elles disparu de la planète ?

Les armées, oui ; mais pas les mercenaires. Si, de nos jours, aucune armée de métier ne présente ses services à un autre pays que le sien, de nombreux soldats isolés se font recruter pour un conflit ponctuel par un gouvernement dont ils ne sont pas ressortissants.

→ 10,7

Deuxième livre de Samuel

Censure

Pourquoi les auteurs du livre de Samuel ont-ils rapporté ce chapitre qui nous émeut et nous scandalise ? Quelques siècles plus tard le chroniste supprimera l'histoire de David et de Bethsabée de son ouvrage. Il ne rapportera que la guerre contre les Ammonites (1 Ch 20).
Lisez ces pages qui ont été censurées dans la suite. À la différence de certains textes bibliques qui présentent des personnages idéalisés (Abraham, Joseph), elles décrivent un David très humain. Elles montrent comment l'héritier des promesses naît d'un amour défendu, ensanglanté par un meurtre. Elles témoignent que Dieu peut tirer le bien du mal (Gn 20,5).

→ 11,1-27

Israël, Haïfa, statue d'Ursula Malbin

Seconde campagne ammonite. Faute de David.

11. 1Au retour de l'année, au temps où les
rois se mettent en campagne, David
envoya Joab et avec lui sa garde et tout
Israël : ils massacrèrent les Ammonites et
mirent le siège devant Rabba. Cependant
David restait à Jérusalem.
2Il arriva que, vers le soir, David, s'étant
levé de sa couche et se promenant sur la
terrasse du palais, aperçut, de la terrasse,
une femme qui se baignait. Cette femme était
très belle. 3David fit prendre des informations
sur cette femme, et on répondit : « Mais c'est
Bethsabée, fille d'Éliam et femme d'Urie le
Hittite ! » 4Alors David envoya des émissaires et
la fit chercher. Elle vint chez lui et il coucha avec
elle, alors qu'elle venait de se purifier de ses règles.
Puis elle retourna dans sa maison. 5La femme conçut
et elle envoya dire à David : « Je suis enceinte ! »
6Alors David expédia un message à Joab : « Envoie-
moi Urie le Hittite », et Joab envoya Urie à David.
7Lorsque Urie fut arrivé auprès de lui, David demanda comment allaient Joab et l'armée et la guerre. 8Puis
David dit à Urie : « Descends à ta maison et lave-toi les
pieds. » Urie sortit du palais, suivi d'un présent de la
table royale. 9Mais Urie coucha à la porte du palais avec
tous les gardes de son maître et ne descendit pas à sa
maison.
10On en informa David : « Urie, lui dit-on, n'est pas
descendu à sa maison. » David demanda à Urie :
« N'arrives-tu pas de voyage ? Pourquoi n'es-tu pas
descendu à ta maison ? » 11Urie répondit à David :
« L'arche, Israël et Juda logent sous les huttes, mon
maître Joab et la garde de Monseigneur campent en
rase campagne, et moi j'irais à ma maison pour manger et boire et coucher avec ma femme ! Aussi vrai que
Yahvé est vivant et que tu vis toi-même, je ne ferai pas
une chose pareille ! » 12Alors David dit à Urie : « Reste
encore aujourd'hui ici, et demain je te donnerai congé. »
Urie resta donc à Jérusalem ce jour-là. Le lendemain,
13David l'invita à manger et à boire en sa présence et
il l'enivra. Le soir Urie sortit et s'étendit sur sa couche
avec les gardes de son maître, mais il ne descendit pas
à sa maison.
14Le matin suivant, David écrivit une lettre à Joab et
la fit porter par Urie. 15Il écrivait dans la lettre : « Mettez
Urie au plus fort de la mêlée et reculez derrière lui :
qu'il soit frappé et qu'il meure. » 16Joab, qui bloquait la
ville, plaça Urie à l'endroit où il savait que se trouvaient

Cézanne Paul (1839-1906), Bethsabée, © Lauros - Giraudon / Musée d'Orsay, Paris (France)

de vaillants guerriers. 17Les gens de la ville firent une
sortie et attaquèrent Joab. Il y eut des tués dans l'armée, parmi les gardes de David, et Urie le Hittite mourut aussi.
18Joab envoya à David un compte rendu de tous les
détails du combat. 19Il donna cet ordre au messager :
« Quand tu auras fini de raconter au roi tous les détails
du combat, 20si la colère du roi s'élève et qu'il te dise :
"Pourquoi vous êtes-vous approchés de la ville pour
livrer bataille ? Ne saviez-vous pas qu'on tire du haut
des remparts ? 21Qui a tué Abimélek, le fils de Yerubbaal ?
N'est-ce pas une femme, qui a lancé une meule sur
lui, du haut du rempart, et il est mort à Tébèç ? Pourquoi
vous êtes-vous approchés du rempart ?", tu diras : Ton
serviteur Urie le Hittite est mort lui aussi. »
22Le messager partit et, à son arrivée, il rapporta à David
tout le message dont Joab l'avait chargé. David s'emporta contre Joab et dit au messager : « Pourquoi vous
êtes-vous approchés du rempart de la ville pour livrer
bataille ? Ne saviez-vous pas qu'on tire du haut des
remparts ? Qui a tué Abimélek, le fils de Yerubbaal ?
N'est-ce pas une femme qui a jeté une meule sur lui du
haut du rempart, et il est mort à Tébèç ? Pourquoi vous
êtes-vous approchés du rempart ? » 23Le messager répondit à David : « C'est que ces gens l'avaient emporté sur
nous et étaient sortis vers nous en rase campagne, nous
les avons refoulés jusqu'à l'entrée de la porte 24mais les
archers ont tiré sur tes gardes du haut des remparts, certains des gardes du roi ont péri et ton serviteur Urie le
Hittite est mort lui aussi. » 25Alors David dit au messager : « Voici ce que tu diras à Joab : "Que cette affaire
ne t'affecte pas : l'épée dévore tantôt celui-ci et tantôt
celui-là. Force ton attaque contre la ville et détruis-là."
Ainsi tu lui rendras courage. »
26Lorsque la femme d'Urie apprit que son époux, Urie,
était mort, elle fit le deuil pour son mari. 27Quand le deuil
fut achevé, David l'envoya chercher et la recueillit chez
lui, et elle devint sa femme. Elle lui enfanta un fils. Mais
l'action que David avait commise déplut à Yahvé.

Reproches de Natân.
Repentir de David.

12. 1Yahvé envoya le prophète Natân vers David.
Il entra chez lui et lui dit :

« Il y avait deux hommes dans la même ville,
l'un riche et l'autre pauvre.
2Le riche avait petit et gros bétail
en très grande abondance.
3Le pauvre n'avait rien du tout qu'une brebis,
une seule petite qu'il avait achetée.

Possession

Ce corps,
je m'en emparerai !
Je l'aurai.
Il sera à moi
et j'en userai
pour mon plaisir.

Cette femme,
je la ferai tomber
en ma propriété.
Cet homme,
je le séduirai,
je le ferai sortir
de son chemin
et de ses promesses.
Désormais moi seule
en disposerai.

Me voici, Seigneur,
déchirant mes engagements,
me dérobant à ma parole
et me détournant
de mes alliances d'amour.

Me voici, Seigneur,
adultère.

→ 11,1-27

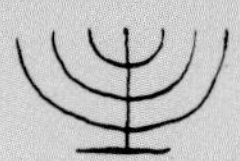

Ordre de tuer

À propos d'homicide ordonné par un gouverneur, le Talmud (enseignement des règles sur la vie religieuse et civile des juifs) rapporte le fait suivant :

Un homme vint trouver Raba et
lui dit :
" Le gouverneur de ma ville m'a
donné l'ordre de tuer un tel,
sinon c'est moi qu'il tuera."
Raba lui répondit :
" Laisse-le te tuer.
mais ne soit pas homicide.
Qui te dit que ton sang est plus
rouge que le sien ?
Peut-être est-ce le sien qui est
plus rouge que le tien ? "

Talmud, Yoma le Grand Jour, 43

→ 11,15

Le droit du plus fort

Dans ses recueils de Fables, La Fontaine déguise la critique d'un comportement humain ou social en l'attrayante description d'un fait imaginaire inspiré du monde animal.
En voici un exemple, qui, (composé trois millénaires plus tôt) aurait pu amener David à réfléchir sur son attitude à l'égard d'Urie le Hittite !

La génisse, la chèvre et la brebis
en société avec le lion.

La génisse, la chèvre et leur soeur la brebis,
Avec un fier lion, seigneur du voisinage,
Firent société, dit-on, au temps jadis,
Et mirent en commun le gain et le dommage.
Dans les lacs de la chèvre un cerf se trouva pris.
Vers ses associés aussitôt elle envoie.
Eux venus, le lion par ses ongles compta,
Et dit : " Nous sommes quatre à partager la proie " ;
Puis en autant de parts le cerf dépeça ;
Prit pour lui la première en qualité de Sire :
" Elle doit être à moi, dit-il, et la raison,
C'est que je m'appelle lion :
À cela l'on n'a rien à dire.
La seconde, par droit, me doit échoir encor :
Ce droit, vous le savez, c'est le droit du plus fort.
Comme le plus vaillant je prétends la troisième.
Si quelqu'une de vous touche à la quatrième
Je l'étranglerai tout d'abord. "

Fables (livre I, 1668), Jean de LA FONTAINE

→ 12,1-15

France, Paris, statue d'Antoine Bourdelle

Des vieillards qui vivent sottement

Il y a aussi des jeunes gens intelligents et des vieillards qui vivent sottement ; mais comme cela d'ordinaire est rare, tandis que le contraire se voit le plus souvent, il a désigné par ce nom des insensés. Timothée était jeune, et il gouverna les Églises avec plus de sagesse qu'une multitude de vieillards ; Salomon âgé de douze ans s'entretenait avec Dieu et jouissait d'une grande assurance ; proclamé roi et couronné, il siégeait, ayant les Barbares pour spectateurs de sa sagesse et non seulement des hommes, mais des femmes venant de loin n'avaient d'autre motif de leur voyage que d'apprendre et d'entendre une parole de sa bouche ; cependant, quand il arriva à la vieillesse, il s'écarta loin de la vertu.

Son propre père, le bienheureux David, ne commit pas le grave péché que l'on sait dans l'enfance ou dans l'adolescence, mais c'est après être sorti de cet âge qu'il pécha. Alors qu'il n'était qu'un jeune enfant, il dressa un trophée admirable, terrassa le barbare, et manifesta une parfaite philosophie, sans que la jeunesse ait été un obstacle pour ces hauts faits. Quand Jérémie invoqua l'excuse de son âge, Dieu n'agréa pas son refus ; il l'amena devant le peuple juif, en lui disant que sa jeunesse ne serait pas un empêchement, pourvu que son esprit fût résolu. À cet âge-là ou plutôt étant encore beaucoup plus jeune, Daniel jugea les vieillards.

Commentaire sur Isaïe de JEAN CHRYSOSTOME, Sources Chrétiennes 304,

→ 11-12

Urie le Hittite

Urie était peut-être un mercenaire étranger. La désignation de Hittite est utilisée pour une population non sémitique de la Palestine. Mari de Bethsabée, membre de la garde personnelle de David (23,39), il est tué traîtreusement sous les murs de Rabba. La Bible aurait pu l'oublier. Mais son nom revient de façon étonnante au début de l'évangile de Matthieu, dans la généalogie de Jésus :

Jessé engendra David
David engendra
Salomon
de la femme d'Urie.

Matthieu 1,6

→ 11,3

Salvador

"C'était comme sa fille" (2 S 12,3)

Il la nourrissait et elle grandissait avec lui et avec ses enfants,
mangeant son pain, buvant dans sa coupe,
dormant dans son sein : c'était comme sa fille.
4 Un hôte se présenta chez l'homme riche
qui épargna de prendre sur son petit ou gros bétail
de quoi servir au voyageur arrivé chez lui.
Il vola la brebis de l'homme pauvre
et l'apprêta pour son visiteur. »

5 David entra en grande colère contre cet homme et
dit à Natân : « Aussi vrai que Yahvé est vivant, l'homme qui a fait cela est passible de mort ! 6 Il rembour-
sera la brebis au quadruple, pour avoir commis cette
action et n'avoir pas eu de pitié. » 7 Natân dit alors à
David : « Cet homme, c'est toi ! Ainsi parle Yahvé,
Dieu d'Israël : Je t'ai oint comme roi d'Israël, je t'ai
sauvé de la main de Saül, 8 je t'ai livré la maison de ton
maître, j'ai mis dans tes bras les femmes de ton maître,
je t'ai donné la maison d'Israël et de Juda et, si ce
n'est pas assez, j'ajouterai pour toi n'importe quoi.
9 Pourquoi as-tu méprisé Yahvé et fait ce qui lui déplaît ?
Tu as frappé par l'épée Urie le Hittite, sa femme tu l'as
prise pour ta femme, lui tu l'as fait périr par l'épée des
Ammonites. 10 Maintenant l'épée ne se détournera plus
jamais de ta maison, parce que tu m'as méprisé et
que tu as pris la femme d'Urie le Hittite pour qu'elle
devienne ta femme.
11 « Ainsi parle Yahvé : Je vais, de ta propre maison, faire
surgir contre toi le malheur. Je prendrai tes femmes
sous tes yeux et je les livrerai à ton prochain, qui
couchera avec tes femmes à la vue de ce soleil. 12 Toi,
tu as agi dans le secret, mais moi j'accomplirai cela à
la face de tout Israël et à la face du soleil ! »
13 David dit à Natân : « J'ai péché contre Yahvé ! »
Alors Natân dit à David : « De son côté, Yahvé pardonne ta faute, tu ne mourras pas. 14 Seulement, parce
que tu as outragé Yahvé en cette affaire, l'enfant qui
t'est né mourra. » 15 Et Natân s'en alla chez lui.

Mort de l'enfant de Bethsabée. Naissance de Salomon.

Yahvé frappa l'enfant que la femme d'Urie avait donné
à David, et il tomba gravement malade. 16 David implo-
ra Dieu pour l'enfant : il jeûnait strictement, rentrait
chez lui et passait la nuit couché sur la terre nue.
17 Les dignitaires de sa maison se tenaient debout autour
de lui pour le relever de terre, mais il refusa et ne prit
avec eux aucune nourriture. 18 Le septième jour, l'enfant mourut. Les officiers de David avaient peur de lui

Népal

La recherche de l'onction

Dans son roman Bethsabée, *l'auteur suédois imagine ce dialogue entre Bethsabée et Natân le prophète.*

Bethsabée avait vu le prophète entrer chez le roi. Lorsqu'il sortit du salon du roi, elle l'attendait. Elle était seule, les deux gardes de la porte, avec leurs longues lances, se tenaient bien là mais presque inexistants dans leur immobilité, ils semblaient même ne pas respirer.
- Que lui as-tu dit ? chuchota Bethsabée angoissée.
- Je lui ai dit la vérité, dit Natân.
- La vérité ?
- Oui, la vérité.
- Et quelle est cette vérité ?
- Qu'il porte sur ses mains le sang d'Urie. Qu'il a fait tuer ton mari.
- Tout le monde a toujours sur les mains le sang de quelqu'un, dit Bethsabée, et c'était presque comme si elle se défendait elle-même. Mais il est quand même roi.
- Un roi doit être un homme juste, expliqua le prophète, sa voix était douce comme s'il avait parlé à un enfant.

Et Bethsabée réfléchit sur cela.
- Je crois, dit-elle finalement, je crois que ce qui est royal et ce qui est humain n'ont pas à se joindre. Un véritable roi ne peut être en même temps un être humain. Et celui qui choisit d'être exclusivement humain ne peut régner sur d'autres humains.
- Tous les humains sont des humains, dit Natân. Certains sont élus, c'est aussi simple que ça.
- L'élu peut-il refuser l'élection ? demanda Bethsabée. Est-il possible de fuir cette élection ?
- Tous recherchent l'élection, répondit Natân. Tous cherchent à être choisis et oints. Dieu nous a créés ainsi : nous nous précipitons en avant, aveuglés par le désir d'être saisis par sa main.
- Le roi aussi ?
- Oui. David aussi.

Bethsabée de Torgny LINDGREN, © Éditions Actes Sud/Labor

→ 12,1-5

Cet homme, c'est toi !

2 Samuel 12,7

C'est moi

C'est moi, Seigneur,
ce menteur
trafiquant la vérité
pour se hisser au premier plan,
cet électeur
soutenant par son vote
l'idéologie d'exclusion,
ce patron
refusant la confiance
à ses employés...

C'est moi, Seigneur,
cet adultère
prisonnier de sa convoitise,
cet ouvrier
trichant avec ses horaires,
ce prêtre
transformé en fonctionnaire,
ce citoyen
déclarant de faux revenus...

C'est moi, Seigneur,
cet égoïste
crispé sur ses richesses,
ce beau parleur
hésitant à s'engager,
cet époux
installé dans l'indifférence,
cet envieux
rongé de jalousie,
ce médisant
colportant le venin...

C'est moi cet homme, Seigneur !
C'est moi ce pécheur !

→ 12,7

Suisse, Bâle

Yahvé l'aima

La naissance de Salomon est présentée comme le signe du pardon de Dieu pour David et sa dynastie. Parce que le roi a su reconnaître sa faute et s'en repentir, Dieu lui pardonne et lui confirme sa bienveillance. L'enfant de David et de Bethsabée est nommé par Dieu - à travers la bouche du prophète - " Yédidya ", ce qui signifie en hébreu, " aimé de Yahvé ".
Comme pour Saül et pour David, l'auteur montre que c'est le choix gratuit de Dieu qui portera Salomon au trône.

→ 12,24-25

apprendre que l'enfant était mort. Ils se disaient en
effet : « Quand l'enfant était vivant, nous lui avons
parlé et il ne nous a pas écoutés. Comment pourrons-
nous lui dire que l'enfant est mort ? Il fera un malheur ! » 19David s'aperçut que ses officiers chuchotaient
entre eux, et il comprit que l'enfant était mort. David
demanda à ses officiers : « L'enfant est-il mort ? », et
ils répondirent : « Oui. »
20Alors David se leva de terre, se baigna, se parfuma
et changea de vêtements. Puis il entra dans le sanctuaire
de Yahvé et se prosterna. Rentré chez lui, il demanda
qu'on lui servît de la nourriture et il mangea. 21Ses officiers lui dirent : « Que fais-tu là ? Tant que l'enfant
était vivant, tu as jeûné et pleuré, et maintenant que
l'enfant est mort, tu te relèves et tu prends de la
nourriture ! » 22Il répondit : « Tant que l'enfant était
vivant, j'ai jeûné et j'ai pleuré, car je me disais : Qui
sait ? Yahvé aura peut-être pitié de moi et l'enfant
vivra. 23Maintenant qu'il est mort, pourquoi jeûnerais-
je ? Pourrais-je le faire revenir ? C'est moi qui m'en vais
le rejoindre, mais lui ne reviendra pas vers moi. »
24David consola Bethsabée, sa femme. Il alla vers elle
et coucha avec elle. Elle conçut et mit au monde un fils
auquel elle donna le nom de Salomon. Yahvé l'aima 25et
le fit savoir par le prophète Natân. Celui-ci le nomma
Yedidya, suivant la parole de Yahvé.

Prise de Rabba.

26Joab donna l'assaut à Rabba des Ammonites et il
s'empara de la ville royale. 27Joab envoya alors des
messagers à David pour dire : « J'ai attaqué Rabba, je
me suis emparé de la ville des eaux. 28Maintenant,
rassemble le reste de l'armée, dresse ton camp contre
la ville et prends-la, pour que ce ne soit pas moi qui
conquière la ville et lui donne mon nom. » 29David
rassembla toute l'armée et alla à Rabba, il donna l'assaut à la ville et s'en empara. 30Il enleva de la tête de
Milkom la couronne qui pesait un talent d'or ; elle
enchâssait une pierre précieuse qui devint l'ornement
de la tête de David. Il emporta le butin de la ville en
énorme quantité. 31Quant à sa population, il la fit
sortir, la mit à manier la scie, les pics ou les haches de
fer et l'employa au travail des briques ; il agissait de
même pour toutes les villes des Ammonites. David et
toute l'armée revinrent à Jérusalem.

C. HISTOIRE D'ABSALOM

Amnon outrage sa sœur Tamar.

13. [1]Voici ce qui arriva ensuite. Absalom, fils de David, avait une sœur qui était belle et qui se nommait Tamar, et Amnon, fils de David, s'éprit d'elle. [2]Amnon était tourmenté au point de se rendre malade à cause de sa sœur Tamar, car elle était vierge et Amnon ne voyait pas la possibilité de lui rien faire. [3]Mais Amnon avait un ami nommé Yonadab, fils de Shiméa, frère de David, et Yonadab était un homme très avisé. [4]Il lui dit : « D'où vient, fils du roi, que tu sois si languissant chaque matin ? Ne m'expliqueras-tu pas ? » Amnon lui répondit : « C'est que j'aime Tamar, la sœur de mon frère Absalom. » [5]Alors Yonadab lui dit : « Mets-toi au lit, fais le malade et quand ton père viendra te voir, tu lui diras : "Permets que ma sœur Tamar vienne me donner à manger ; elle apprêtera le plat sous mes yeux pour que je le voie et je mangerai de sa main". » [6]Donc, Amnon se coucha et fit le malade. Le roi vint le voir et Amnon dit au roi : « Permets que ma sœur Tamar vienne et que, sous mes yeux, elle prépare une paire de beignets, et je me restaurerai de sa main. » [7]David envoya dire à Tamar au palais : « Va donc chez ton frère Amnon et prépare-lui un plat. » [8]Tamar se rendit à la maison de son frère Amnon. Il était couché. Elle prit de la pâte, la pétrit, façonna des beignets sous ses yeux et fit cuire les beignets. [9]Puis elle prit la poêle et la vida devant lui, mais il refusa de manger. Amnon dit : « Faites sortir tout le monde d'auprès de moi. » Et tout le monde sortit d'auprès de lui. [10]Alors Amnon dit à Tamar : « Apporte le plat dans l'alcôve, que je me restaure de ta main. » Et Tamar prit les beignets qu'elle avait faits et les apporta à son frère Amnon dans l'alcôve. [11]Comme elle lui présentait à manger, il la saisit et lui dit : « Viens, couche avec moi, ma sœur ! » [12]Mais elle lui répondit : « Non, mon frère ! Ne me violente pas, car on n'agit pas ainsi en Israël, ne commets pas cette infamie. [13]Moi, où irais-je porter ma honte ? Et toi, tu serais comme un infâme en Israël ! Maintenant parle donc au roi : il ne refusera pas de me donner à toi. » [14]Mais il ne voulut pas l'entendre, il la maîtrisa et, lui faisant violence, il coucha avec elle.

[15]Alors Amnon se prit à la haïr très fort – la haine qu'il lui voua surpassait l'amour dont il l'avait aimée – et Amnon lui dit : « Lève-toi ! Va-t-en ! » [16]Elle lui dit : « Non, mon frère, me chasser serait pire que l'autre mal que tu m'as fait. » Mais il ne voulut pas l'écouter. [17]Il appela le garçon qui le servait et lui dit :

Frères ennemis

Un conflit naît entre deux fils de David, entre l'aîné, Amnon, fils de sa première femme et le troisième, Absalon, fils de sa troisième femme, Maaka : Amnon viole sa demi-soeur Tamar. Absalon, le frère de cette dernière veut la venger. L'auteur présente Amnon comme l'unique responsable de cette dispute qui débouchera sur sa propre mort. Il a atteint l'honneur d'une femme, à travers elle, l'honneur de la famille royale et du roi lui-même. Amnon aggrave doublement son cas. Il refuse l'offre de Tamar, prête à l'épouser pour sauver l'honneur des deux. De plus, il la traite avec violence et la chasse de chez lui avec mépris.
En revanche, Absalon trouve grâce aux yeux de l'auteur qui excuse le ressentiment du frère vengeur : " Absalon s'était pris de haine pour Amnon à cause de la violence qu'il avait faite à sa soeur Tamar. "

→ 13,1-22

France, Paris, Jardin des Tuileries

Amnon aurait-il pu épouser Tamar ?

Oui, selon l'usage en vigueur à l'époque. Tamar n'est que la demi-soeur d'Amnon, ils ont le même père mais pas la même mère. Un cas de figure comparable est mentionné dans la Genèse. Abraham dit de Sara son épouse : " Elle est vraiment ma soeur, la fille de mon père mais non la fille de ma mère, et elle est devenue ma femme " (Gn 20,12).
Mais plus tard, à l'époque du Lévitique et du Deutéronome, ce mariage aurait été impossible : " Tu ne découvriras pas la nudité de la fille de la femme de ton père. C'est ta soeur, tu ne dois pas en découvrir la nudité " (Lv 18,11 ; Dt 27,22).

→ 13,13

Espagne, Valencia

Égypte, Alexandrie

« Débarrasse-moi de cette fille, jette-la dehors et ver-
rouille la porte derrière elle ! » 18(Elle portait une
tunique de luxe qui était autrefois le vêtement des
filles de roi qui n'étaient pas mariées.) Le serviteur la
mit dehors et verrouilla la porte derrière elle.
19Tamar, prenant de la poussière, la jeta sur sa tête, elle
déchira la tunique de luxe qu'elle portait, mit la main
sur sa tête et s'en alla, poussant des cris en marchant.
20Son frère Absalom lui dit : « Serait-ce que ton frère
Amnon a été avec toi ? Maintenant, ma sœur, tais-toi ;
c'est ton frère : ne prends pas cette affaire à cœur. »
Tamar demeura abandonnée, dans la maison de son
frère Absalom.
21Lorsque le roi David apprit toute cette histoire, il en
fut très irrité, mais il ne voulut pas faire de peine à
son fils Amnon, qu'il aimait parce que c'était son
premier-né. 22Quant à Absalom, il n'adressa plus la
parole à Amnon, car Absalom s'était pris de haine
pour Amnon, à cause de la violence qu'il avait faite à
sa sœur Tamar.

Absalom fait assassiner Amnon et prend la fuite.

23Deux ans plus tard, comme Absalom avait les tondeurs à Baal-Haçor, qui est près d'Éphraïm, il invita tous
les fils du roi. 24Absalom se rendit auprès du roi et dit :
« Voici que ton serviteur a les tondeurs. Que le roi et
ses officiers daignent venir avec ton serviteur. » 25Le roi
répondit à Absalom : « Non, mon fils, il ne faut pas que
nous allions tous et te soyons à charge. » Absalom
insista, mais il ne voulut pas venir et lui donna congé.
26Absalom reprit : « Permets du moins que mon frère
Amnon vienne avec nous. » Et le roi dit : « Pourquoi
irait-il avec toi ? » 27Mais Absalom insista et il laissa partir avec lui Amnon et tous les fils du roi.
Absalom prépara un festin de roi 28et il donna cet
ordre aux serviteurs : « Faites attention ! Lorsque le
cœur d'Amnon sera mis en gaîté par le vin et que je
vous dirai : "Frappez Amnon !", vous le mettrez à
mort. N'ayez pas peur ; n'est-ce pas moi qui vous
l'ai ordonné ? Prenez courage et montrez-vous
vaillants. » 29Les serviteurs d'Absalom agirent à l'égard
d'Amnon comme Absalom l'avait ordonné. Alors tous
les fils du roi se levèrent, enfourchèrent chacun son
mulet et s'enfuirent.
30Comme ils étaient en chemin, cette rumeur parvint
à David : « Absalom a tué tous les fils du roi, il n'en
reste pas un seul ! » 31Le roi se leva, déchira ses vêtements et se coucha par terre ; tous ses officiers se
tenaient debout, les vêtements déchirés. 32Mais

Yonadab, le fils de Shiméa, frère de David, prit ainsi la
parole : « Que Monseigneur ne dise pas qu'on a fait
périr tous les jeunes gens, les fils du roi, car seul
Amnon est mort : Absalom s'était promis cela depuis
le jour où Amnon avait outragé sa sœur Tamar. 33 Que
maintenant Monseigneur le roi ne se mette pas dans
l'idée que tous les fils du roi ont péri. Non, Amnon
seul est mort 34 et Absalom s'est enfui. »
Le cadet qui était en sentinelle, levant les yeux,
aperçut une troupe nombreuse qui s'avançait sur
le chemin de Bahurim. La sentinelle vint annoncer au
roi : « J'ai vu des hommes descendant par le chemin
de Bahurim au flanc de la montagne. » 35 Alors Yonadab
dit au roi : « Ce sont les fils du roi qui arrivent : il en a
été comme ton serviteur l'avait dit. » 36 Il achevait à peine
de parler que les fils du roi entrèrent, et ils se mirent à
crier et à pleurer ; le roi aussi et tous ses officiers pleurèrent très fort. 37 Absalom s'était enfui et s'était rendu
chez Talmaï, fils d'Ammihud, roi de Geshur ; le roi
garda tout le temps le deuil de son fils.

Joab négocie le retour d'Absalom.

38 Absalom s'était enfui et s'était rendu à Geshur ;
il y resta trois ans. 39 L'esprit du roi cessa de s'emporter contre Absalom, car il s'était consolé de la
mort d'Amnon.
14. 1 Joab, fils de Çeruya, reconnut que le cœur du
roi se tournait vers Absalom. 2 Alors Joab envoya
chercher à Teqoa une femme avisée et lui dit : « Je
t'en prie, feins d'être en deuil, mets des habits de
deuil, ne te parfume pas, sois comme une femme
qui, depuis bien des jours, porte le deuil d'un mort. 3 Tu
iras chez le roi et tu lui tiendras ce discours. » Joab lui
mit dans la bouche les paroles qu'il fallait.
4 La femme de Teqoa alla donc chez le roi, elle tomba
la face contre terre et se prosterna, puis elle dit : « Au
secours, ô roi ! » 5 Le roi lui demanda : « Qu'as-tu ? »
Elle répondit : « Hélas ! je suis veuve. Mon mari est
mort 6 et ta servante avait deux fils. Ils se sont querellés
ensemble dans la campagne, il n'y avait personne
pour les séparer, l'un a frappé l'autre et l'a tué. 7 Voilà
que tout le clan s'est dressé contre ta servante et dit :
"Livre le fratricide : nous le mettrons à mort pour
prix de la vie de son frère qu'il a tué, et nous détrui-
rons en même temps l'héritier." Ils vont ainsi éteindre
la braise qui me reste, pour ne plus laisser à mon
mari ni nom ni survivant sur la face de la terre. » 8 Le
roi dit à la femme : « Va à ta maison, je donnerai moi-
même des ordres à ton sujet. » 9 La femme de Teqoa dit
au roi : « Monseigneur le roi ! Que la faute retombe

France, Lyon

Italie, Rome

Les conseillères du roi

Aucune dame ne figure dans la liste des notables de David. Trois femmes interviennent pourtant dans l'histoire de son règne comme de brillantes conseillères avisées.

La femme de Teqoa se rend auprès de David et négocie avec brio le retour d'Absalon à Jérusalem (2 S 14).

La sagesse et la présence d'esprit d'*Abigayil* retient David " d'en venir au sang et de faire justice de sa propre main " (1 S 25,33). Elle évite ainsi que ne disparaissent tous les hommes au service de son mari.

Bethsabée ramène pour quelque temps à la raison son époux à l'esprit affaibli par la vieillesse. Elle lui rappelle le serment par lequel il s'était engagé à ce que Salomon, (et aucun autre de ses fils,) devienne son successeur (1 R 1,11-37).

→ 14,2

Les personnages qui interviennent dans l'histoire de David

Les membres de sa famille

Les femmes de David :
Ahinoam de Yizréel, 3,2 ; Abigayil, la femme de Nabal, 3,3 ; Maaka, fille du roi de Geshur, 3,3 ; Haggit, 3,4 ; Abital, 3,4 ; Égla, 3,5 ; Mikal, la fille de Saül, 3,14-16 ; Bethsabée, la femme d'Urie le Hittite, 11,1-27.

Les enfants de David, dix-sept garçons, une fille :
Amnon, 3,2 ; Kiléab, 3,3 ; Absalom, 3,3 ; Adonias, 3,4 ; Shephatya, 3,4 ; Yitréam, 3,5 ; Shammua, 5,14 ; Shobab, 5,14 ; Natân, 5,14 ; Salomon, 5,14 ; Yibhar, 5,15 ; Élishua, 5,15 ; Népheg, 5,15 ; Yaphia, 5,15 ; Élishama, 5,16 ; Baalyada, 5,16 ; Éliphélet, 5,16 ; Tamar, soeur d'Absalon, 13,1.

Autres parents :
Yonadab, neveu de David, 13,5.32-37 ; Tamar, fille d'Absalom, 14,27.

Les membres de la famille de Saül :
Ishbaal, le fils de Saül, prétendant à la succession de son père, 2,8 ; Meribbaal, le fils de Jonathan, 9,1-13.

Les hommes au service de David :
Joab, Abishaï et Asahel, les trois fils de Çeruya servent dans l'armée ; Joab en est le chef, 2,18 et 8,16 ; Natân est le prophète de la cour, 7,2 ; Yehoshaphat, fils d'Ahilud, est le héraut du roi, 8,16 ; Sadoq et Ébyatar, ainsi que leurs fils respectifs, Ahimaaç et Yehonatân, sont prêtres 8,17 et 15,27 ; Shusha est secrétaire, 8,17 ; Benayahu est le chef des mercenaires kérétiens et pélétiens, 8,18 ; Adoram est le chef de la corvée, 20,24 ; Ira, le Yaïrite, est le prêtre de David, 20,26 ; tous les soldats au service de David, 23,29.

Les hommes bienveillants à l'égard de David :
Uzza et Ahyo, les fils d'Abinadab, et Obed-Édom de Gat, 6,3,12 ; Çiba, le serviteur de Meribbaal, le fils de Jonathan, 9,1-13 et 16,1-4 ;Urie, le Hittite, 11,6-17 ; Ittaï, le Gittite, 15,19.22 ; Hushaï, l'Arkite, 15,32-37.

Les opposants à David :
Abner, fils de Ner, est le chef de l'armée de Saül. Il défend les intérêts de la maison de Saül (plutôt les siens) contre David, 2,8 ; Ahitophel, conseiller de David, passe à l'ennemi, 15,12 ; Shiméï, fils de Géra, maudit David, 16,5-14 puis se repentit 19,16-24 ; Sheba, fils de Bikri, 20,1.

Les représentants des peuples voisins :
Hiram, le roi de Tyr, 5,11 ; Hadadézer, fils de Rehob et les chefs de la principauté de Çoba, 8,3 ; Tôou, roi de Hamat, 8,9-12 ; Hanûn, le roi des Ammonites, 10,1.

Les autres :
Le jeune Amalécite qui vient annoncer à David la mort de Saül, 1,1-10 ; Rékab et Baana, fils de Rimmôn de Beerot, les assassins d'Ishbaal, le fils de Saül, 4,5-8 ; la femme avisée de Teqoa, 14,1-24 ; la femme de la maison de Bahurim, 17,17-22 ; Barzillaï, 19,32-40 ; la femme avisée d'Abel Bet-Maaka, 20,14-22.

sur moi et sur ma famille ; le roi et son trône en sont
innocents. » 10Le roi reprit : « Celui qui t'a menacée,
amène-le-moi et il ne reviendra plus te faire du mal. »
11Elle dit : « Que le roi daigne prononcer le nom de
Yahvé ton Dieu, afin que le vengeur du sang n'augmente pas la ruine et ne fasse pas périr mon fils ! »
Il dit alors : « Aussi vrai que Yahvé est vivant, il ne
tombera pas à terre un seul cheveu de ton fils ! »
12La femme reprit : « Qu'il soit permis à ta servante de
dire un mot à Monseigneur le roi », et il répondit :
« Parle. » 13La femme dit : « Et alors, pourquoi le roi
– en prononçant cette sentence, il se reconnaît coupable – a-t-il eu contre le peuple de Dieu cette pensée
de ne pas faire revenir celui qu'il a banni ? 14Nous
sommes mortels et comme les eaux qui s'écoulent à
terre et qu'on ne peut recueillir, et Dieu ne relève pas
un cadavre : que le roi fasse donc des plans pour que
le banni ne reste pas exilé loin de lui.
15« Maintenant, si je suis venue parler de cette affaire
à Monseigneur le roi, c'est que les gens m'ont fait
peur et ta servante s'est dit : Je parlerai au roi et peut-être le roi exécutera-t-il la parole de sa servante. 16Car
le roi consentira à délivrer sa servante des mains de
l'homme qui cherche à nous retrancher, moi et mon
fils ensemble, de l'héritage de Dieu. 17Ta servante a
dit : Puisse la parole de Monseigneur le roi donner
l'apaisement. Car Monseigneur le roi est comme l'Ange
de Dieu pour saisir le bien et le mal. Que Yahvé ton
Dieu soit avec toi ! »
18Alors le roi, prenant la parole, dit à la femme : « Je
t'en prie, ne te dérobe pas à la question que je vais te
poser. » La femme répondit : « Que Monseigneur le
roi parle ! » 19Le roi demanda : « La main de Joab
n'est-elle pas avec toi en tout cela ? » La femme répliqua : « Aussi vrai que tu es vivant, Monseigneur le roi,
on ne peut pas aller à droite ni à gauche de tout ce qu'a
dit Monseigneur le roi ; oui, c'est ton serviteur Joab
qui m'a donné l'ordre, c'est lui qui a mis toutes ces
paroles dans la bouche de ta servante. 20C'est pour
déguiser l'affaire que ton serviteur Joab a agi ainsi,
mais Monseigneur a la sagesse de l'Ange de Dieu, il sait
tout ce qui se passe sur la terre. »
21Le roi dit alors à Joab : « Eh bien, je fais la chose : Va,
ramène le jeune homme Absalom. » 22Joab tomba la
face contre terre, il se prosterna et bénit le roi. Puis Joab
dit : « Ton serviteur sait aujourd'hui qu'il a trouvé
grâce à tes yeux, Monseigneur le roi, puisque le roi a
exécuté la parole de son serviteur. » 23Joab se mit en
route, il alla à Geshur et ramena Absalom à Jérusalem.
24Cependant le roi dit : « Qu'il se retire dans sa maison,
il ne sera pas reçu par moi. » Absalom se retira dans
sa maison et fut pas reçu par le roi.

"Envoie moi Urie le Hittite" (2 S 11,6)

Turquie, Ivriz, Reliefs hittites

Quelques détails sur Absalom.

[25]Dans tout Israël, il n'y avait personne d'aussi beau qu'Absalom, à qui on pût faire tant d'éloges : de la plante des pieds au sommet de la tête, il était sans défaut. [26]Lorsqu'il se rasait la tête – il se rasait chaque année parce que c'était trop lourd, alors il se rasait –, il pesait sa chevelure : soit deux cents sicles, poids du roi. [27]Il naquit à Absalom trois fils, et une fille, qui se nommait Tamar ; c'était une belle femme.

Absalom obtient son pardon.

[28]Absalom demeura deux ans à Jérusalem, sans être reçu par le roi. [29]Absalom convoqua Joab pour l'envoyer chez le roi, mais Joab ne consentit pas à venir chez lui, il le convoqua encore une seconde fois, mais il ne consentit pas à venir. [30]Absalom dit à ses serviteurs : « Voyez le champ de Joab qui est à côté du mien et où il y a de l'orge, allez y mettre le feu. » Les serviteurs d'Absalom mirent le feu au champ. [31]Joab vint trouver Absalom dans sa maison et lui dit : « Pourquoi tes serviteurs ont-ils mis le feu au champ qui m'appartient ? » [32]Absalom répondit à Joab : « Voilà ce que je t'avais fait dire : Viens ici, je veux t'envoyer auprès du roi avec ce message : "Pourquoi suis-je revenu de Geshur ? Il vaudrait mieux pour moi y être encore". Je veux maintenant être reçu par le roi et, si je suis coupable, qu'il me mette à mort ! » [33]Joab se rendit près du roi et lui rapporta ces paroles. Puis il appela Absalom. Celui-ci alla chez le roi, se prosterna devant lui et se jeta la face contre terre devant le roi. Et le roi embrassa Absalom.

Les intrigues d'Absalom.

15. [1]Il arriva après cela qu'Absalom se procura un char et des chevaux, et cinquante hommes couraient devant lui. [2]Levé de bonne heure, Absalom se tenait au bord du chemin qui mène à la porte, et chaque fois qu'un homme, ayant un procès, devait venir au tribunal du roi, Absalom l'interpellait et lui demandait : « De quelle ville es-tu ? » Il répondait : « Ton serviteur est de l'une des tribus d'Israël. » [3]Alors Absalom lui disait : « Vois ! Ta cause est bonne et juste, mais tu n'auras personne qui t'écoute de la part du roi. » [4]Absalom continuait : « Ah ! qui m'établira juge dans le pays ? Tous ceux qui ont un procès et un jugement viendraient à moi et je leur rendrais justice ! » [5]Et lorsque quelqu'un s'approchait pour se prosterner devant lui, il tendait la main, l'attirait à lui et l'embrassait. [6]Absalom agissait de la sorte envers tous les Israélites qui en appelaient au tribunal du roi et Absalom séduisait le cœur des gens d'Israël.

Dites-le avec des fleurs !

La femme de Teqoa plaide la cause d'Absalon au moyen d'une parabole. Il s'agit d'une comparaison. Elle présente des personnages et des faits imaginaires qui, mis en relation avec la situation de celui qui écoute, permettent de transmettre une vérité importante le concernant, la remise en cause d'une action morale ou politique, par exemple.
En fait, la parabole consiste à " dire avec des fleurs " une vérité qui serait difficilement admise par l'auditoire si elle était livrée telle quelle. Ici, la femme de Teqoa se présente elle-même comme l'actrice principale de sa fiction. Avec une grande habileté, elle développe son récit, jusqu'au moment précis où le roi lui apporte la réponse attendue.
Est-elle assez bonne conteuse pour faire entendre raison au roi ?

→ 14,1-24

Indonésie

David va-t-il garder le pouvoir ?

Pour la première fois depuis que David a été choisi comme souverain, son pouvoir est sérieusement remis en cause. Alors que le roi n'a manqué aucune victoire militaire sur les peuples voisins, c'est de l'intérieur que vient maintenant la menace.
Son fils, Absalon, intrigue contre lui. Il exploite les mécontentements des tribus d'Israël à l'égard de la justice de David, prétendant que le tribunal du roi n'a d'oreille que pour les gens de Juda. Il exploite également l'opposition latente dans le royaume entre les tribus du Nord et Juda (2 S 15,2-6). Il rallie à sa cause Ahitophel, le conseiller de David et une foule de partisans de plus en plus nombreuse.
Absalon parvient même à séduire certains Judéens d'Hébron qui lui sont d'une aide précieuse pour la préparation et la réalisation de son "coup d'État ". La menace est d'une ampleur telle que David se voit obligé de fuir avec le petit reste des loyaux, c'est-à-dire sa famille et sa garde personnelle composée de mercenaires kérétiens, pélétiens et gittites. Pourra-t-il revenir ?

→ 15

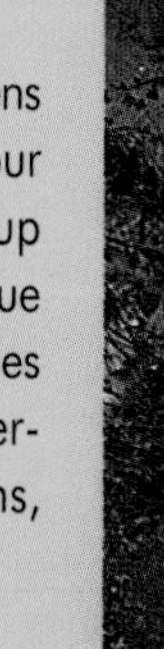

Inde, Rajasthan

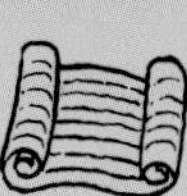

David et son service de renseignements

David gagne la partie contre Absalon et pas seulement grâce à la bénédiction de Dieu ! À l'heure de sa fuite, il prend soin d'organiser un bon service de renseignements.
Il est intéressant de lire les chapitres 15, 16 et 17 en pointant l'œil sur la façon dont se met en place ce réseau d'informateurs.

→ 15-17

Bulgarie

Que faire en cas de conjuration ?

Le guide pratique pour une manière correcte de vivre selon l'enseignement du Bouddha prévoit le cas d'une conjuration:

Il se peut qu'il y ait une conjuration contre un bon roi qui gouverne son pays selon l'enseignement juste ou peut-être que des ennemis étrangers attaquent le pays. Dans un tel cas, le roi doit prendre trois décisions.
Il doit décider : " D'abord, ces conspirateurs ou ces ennemis étrangers menacent le bon ordre et le bien-être de notre nation. Je dois protéger mon peuple et mon pays même avec la force armée. "
" Deuxièmement, je vais essayer une manière de les vaincre sans recourir à l'usage des armes. "
" Troisièmement, j'essayerai de les capturer vivants, sans les tuer et, si possible, les désarmer. "
En adoptant ces trois décisions, le roi procédera avec grande sagesse, après avoir disposé les postes nécessaires et donné les instructions.
En procédant de cette manière, le pays et ses soldats seront encouragés par la sagesse du roi et par sa dignité et ils respecteront à la fois sa droiture et sa bonté. S'il est nécessaire de faire appel aux soldats, ils comprendront pleinement la raison de la guerre et sa nature. Alors, ils iront au champ de bataille avec courage et loyauté, et ils respecteront la souveraineté bienveillante et sage du roi. Une telle guerre n'apportera pas seulement la victoire, mais agrandira la vertu de la nation.

L'enseignement de Bouddha du Bukkyo Dendo Kyokaï

→ 15,7-19

Révolte d'Absalom.

7Au bout de quatre ans, Absalom dit au roi : « Permets
que j'aille à Hébron accomplir le vœu que j'ai fait à
Yahvé. 8Car, lorsque j'étais à Geshur en Aram, ton
serviteur a fait ce vœu : Si Yahvé me ramène à
Jérusalem, je rendrai un culte à Yahvé à Hébron. »
9Le roi lui dit : « Va en paix. » Il se mit donc en route
et alla à Hébron.
10Absalom dépêcha des émissaires à toutes les tribus
d'Israël pour dire : « Quand vous entendrez le son
du cor, vous direz : Absalom est devenu roi à Hébron. »
11Avec Absalom étaient partis deux cents hommes de
Jérusalem ; c'étaient des invités qui étaient venus en
toute innocence, n'étant au courant de rien. 12Absalom
envoya chercher, de sa ville de Gilo, Ahitophel le
Gilonite, conseiller de David, et l'eut avec lui en offrant
les sacrifices. La conjuration était puissante et la foule
des partisans d'Absalom allait augmentant.

Fuite de David.

13Quelqu'un vint informer David : « Le cœur des
gens d'Israël, dit-il, est passé à Absalom. » 14Alors
David dit à tous ses officiers qui étaient avec lui à
Jérusalem : « En route, et fuyons ! Autrement nous
n'échapperons pas à Absalom. Hâtez-vous de partir, de crainte qu'il ne se presse et ne nous attaque,
qu'il ne nous inflige le malheur et ne passe la ville
au fil de l'épée. » 15Les officiers du roi lui répondirent :
« Quelque choix que fasse Monseigneur le roi, nous
sommes à ton service. » 16Le roi sortit à pied avec
toute sa famille ; cependant le roi laissa dix concubines pour garder le palais. 17Le roi sortit à pied avec
tout le peuple et ils s'arrêtèrent à la dernière maison.
18Tous ses officiers se tenaient à ses côtés. Tous les
Kerétiens, tous les Pelétiens, Ittaï et tous les Gittites
qui étaient venus de Gat à sa suite, six cents hommes,
défilaient devant le roi. 19Celui-ci dit à Ittaï le Gittite :
« Pourquoi viens-tu aussi avec nous ? Retourne et
demeure avec le roi, car tu es un étranger, tu es
même exilé de ton pays. 20Tu es arrivé d'hier, et
aujourd'hui je te ferais errer avec nous, quand je
m'en vais à l'aventure ! Retourne et remmène tes
frères avec toi, et que Yahvé te témoigne miséricorde et bonté. » 21Mais Ittaï répondit au roi : « Par la
vie de Yahvé et par la vie de Monseigneur le roi,
partout où sera Monseigneur le roi, pour la mort et
pour la vie, là aussi sera ton serviteur. » 22David dit
alors à Ittaï : « Va et passe. » Et Ittaï le Gittite passa
avec tous ses hommes et toute sa smala. 23Tout le

monde pleurait à grands sanglots. Le roi se tenait dans le torrent du Cédron et tout le peuple défilait devant lui en direction du désert.

Le sort de l'arche.

24On vit aussi Sadoq et tous les lévites portant l'arche de Dieu. On déposa l'arche de Dieu auprès d'Ébyatar jusqu'à ce que tout le peuple eût fini de défiler hors de la ville. 25Le roi dit à Sadoq : « Rapporte en ville l'arche de Dieu. Si je trouve grâce aux yeux de Yahvé, il me ramènera et me permettra de le revoir ainsi que sa demeure, 26et s'il dit : "Tu me déplais", me voici : qu'il me fasse comme bon lui semble. » 27Le roi dit au prêtre Sadoq : « Voyez, toi et Ébyatar, retournez en paix à la ville, et vos deux fils avec vous, Ahimaaç ton fils et Yehonatân le fils d'Ébyatar. 28Voyez, moi je m'attarderai dans les passes du désert jusqu'à ce que vienne un mot de vous qui m'apporte des nouvelles. » 29Sadoq et Ébyatar ramenèrent donc l'arche de Dieu à Jérusalem et ils y demeurèrent.

David s'assure le concours de Hushaï.

30David gravissait en pleurant la Montée des Oliviers, la tête voilée et les pieds nus, et tout le peuple qui l'accompagnait avait la tête voilée et montait en pleurant. 31On avertit alors David qu'Ahitophel était parmi les conjurés avec Absalom, et David dit : « Rends fous, Yahvé, les conseils d'Ahitophel ! »

32Comme David arrivait au sommet, là où l'on adore Dieu, il vit venir à sa rencontre Hushaï l'Arkite, le familier de David, avec la tunique déchirée et de la terre sur la tête. 33David lui dit : « Si tu pars avec moi, tu me seras à charge. 34Mais si tu retournes en ville et si tu dis à Absalom : "Je serai ton serviteur, Monseigneur le roi ; auparavant je servais ton père, maintenant je te servirai", alors tu déjoueras à mon profit les conseils d'Ahitophel. 35Sadoq et Ébyatar, les prêtres, ne seront-ils pas avec toi ? Tout ce que tu entendras du palais, tu le rapporteras aux prêtres Sadoq et Ébyatar. 36Il y a avec eux leurs deux fils, Ahimaaç pour Sadoq, et Yehonatân pour Ébyatar : vous me communiquerez par leur intermédiaire tout ce que vous aurez appris. » 37Hushaï, le familier de David, rentra en ville au moment où Absalom arrivait à Jérusalem.

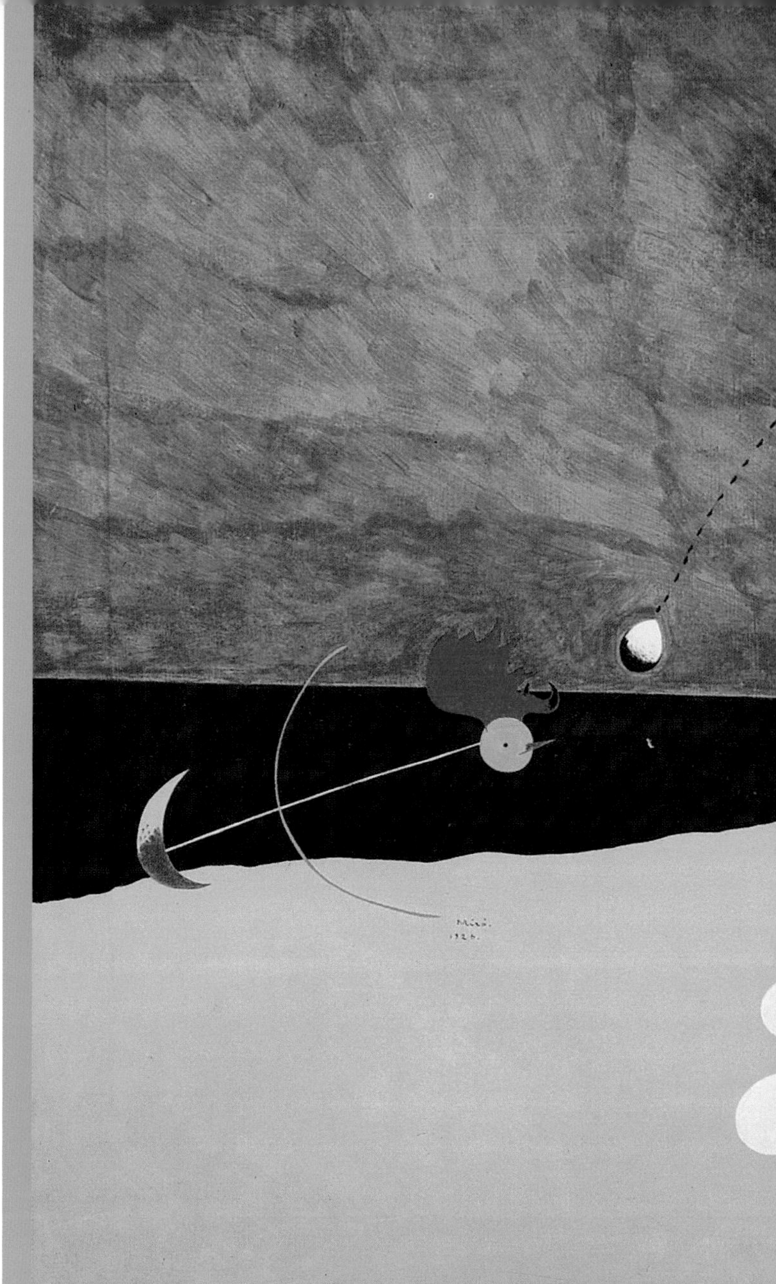

Miró, Personnage lançant une pierre à un oiseau (1926), © Photo M.O.M.A. - Museum of Modern Art, New York (États-Unis)

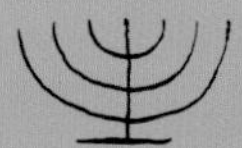

David idéalisé

David, " le doux chanteur d'Israël ", fut idéalisé dans la tradition juive. La paternité des psaumes lui fut attribuée, de même que le fond de la musique au Temple. À chaque occasion du calendrier juif, David est mentionné dans l'espoir et la prière. La *Amidah*, l'action de grâces après le repas, les bénédictions suivant la lecture de la Torah ne sont pas considérées comme effectives si la prière pour la restauration de la maison de David est omise. La bénédiction de la nouvelle lune affirme que " David, roi d'Israël, vit pour l'éternité ", et David est l'un des sept invités *(ouchpizin)* dans la *soukkah*.

Sa personnalité fascina les générations suivantes et la tradition nationale juive a investi sa mémoire de mystique et de prestige, de sorte qu'il est devenu le symbole des aspirations messianiques. Le Messie doit sortir de la maison de David (et, dans la tradition chrétienne, la généalogie de Jésus remonte à David ; de même, Jésus est né à Bethléem, comme David). David fut le sujet de nombreux récits dont témoigne la *Aggadah*. Une tradition millénaire situe sa tombe sur ce qui est appelé maintenant le mont Sion et, entre 1948 et 1967, quand les Juifs n'avaient pas accès au Mur occidental, cet endroit devint un site majeur de pèlerinage, surtout pour les juifs orientaux. David a également été un des sujets favoris de la littérature, de la musique, de la peinture et de la sculpture occidentales.

Dictionnaire encyclopédique du judaïsme, © Les Éditions du Cerf

David et Çiba.

16. [1]Lorsque David eut un peu dépassé le sommet,
Çiba, le serviteur de Meribbaal, vint à sa rencontre avec
une paire d'ânes bâtés qui portaient deux cents pains,
cent grappes de raisins secs, cent fruits de saison et une
outre de vin. [2]Le roi demanda à Çiba : « Que veux-tu
faire de cela ? » Et Çiba répondit : « Les ânes servi-
ront de monture à la famille du roi, le pain et les
fruits de nourriture pour les cadets, et le vin servira
de breuvage pour qui sera fatigué dans le désert. »
[3]Le roi demanda : « Où donc est le fils de ton maître ? »
Et Çiba dit au roi : « Voici qu'il est resté à Jérusalem,
car il s'est dit : Aujourd'hui la maison d'Israël me
restituera le royaume de mon père. » [4]Le roi dit alors
à Çiba : « Tout ce que possède Meribbaal est à toi. » Çiba
dit : « Je me prosterne ! Puissé-je être digne de faveur
à tes yeux, Monseigneur le roi ! »

Shiméï maudit David.

[5]Comme David atteignait Bahurim, il en sortit un
homme du même clan que la famille de Saül. Il s'appelait Shiméï, fils de Géra, et il sortait en proférant des
malédictions. [6]Il lançait des pierres à David et à tous les
officiers du roi David, et pourtant toute l'armée et tous
les preux encadraient le roi à droite et à gauche. [7]Voici
ce que Shiméï disait en le maudissant : « Va-t'en, va-
t'en, homme de sang, vaurien ! [8]Yahvé a fait retomber
sur toi tout le sang de la maison de Saül, dont tu as
usurpé la royauté, aussi Yahvé a-t-il remis la royauté
entre les mains de ton fils Absalom. Te voilà livré à ton
malheur, parce que tu es un homme de sang. » [9]Abishaï,
fils de Çeruya, dit au roi : « Faut-il que ce chien crevé
maudisse Monseigneur le roi ? Laisse-moi traverser et
lui trancher la tête. » [10]Mais le roi répondit : « Qu'ai-je
à faire avec vous, fils de Çeruya ? S'il maudit et si Yahvé
lui a ordonné : "Maudis David", qui donc pourrait lui
dire "Pourquoi as-tu agi ainsi ?" » [11]David dit à Abishaï
et à tous ses officiers : « Voyez : le fils qui est sorti de
mes entrailles en veut à ma vie. A plus forte raison
maintenant ce Benjaminite ! Laissez-le maudire, si
Yahvé le lui a commandé. [12]Peut-être Yahvé considére-
ra-t-il ma misère et me rendra-t-il le bien au lieu de sa
malédiction d'aujourd'hui. » [13]David et ses hommes
continuèrent leur route. Quant à Shiméï, il s'avançait
au flanc de la montagne, parallèlement à lui, et tout en
marchant il proférait des malédictions, lançait des
pierres et jetait de la terre. [14]Le roi et tout le peuple qui
l'accompagnait arrivèrent exténués à… et là, on reprit
haleine.

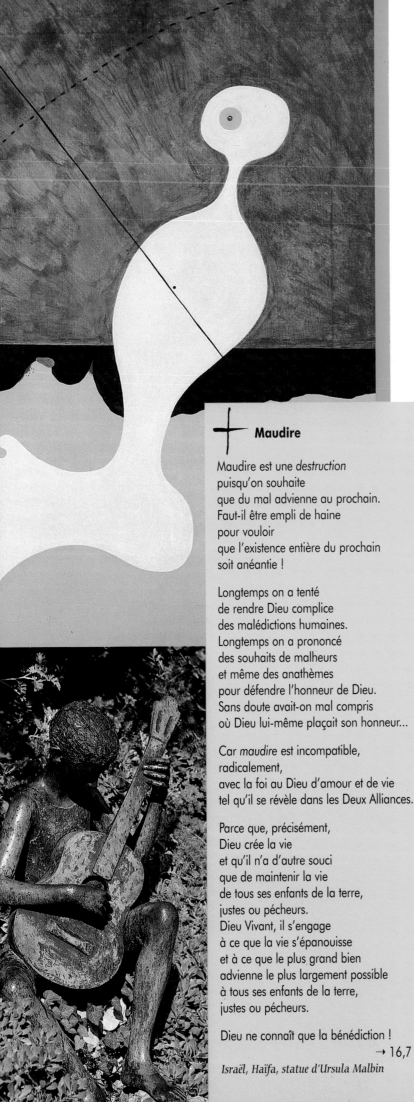

Maudire

Maudire est une *destruction*
puisqu'on souhaite
que du mal advienne au prochain.
Faut-il être empli de haine
pour vouloir
que l'existence entière du prochain
soit anéantie !

Longtemps on a tenté
de rendre Dieu complice
des malédictions humaines.
Longtemps on a prononcé
des souhaits de malheurs
et même des anathèmes
pour défendre l'honneur de Dieu.
Sans doute avait-on mal compris
où Dieu lui-même plaçait son honneur…

Car *maudire* est incompatible,
radicalement,
avec la foi au Dieu d'amour et de vie
tel qu'il se révèle dans les Deux Alliances.

Parce que, précisément,
Dieu crée la vie
et qu'il n'a d'autre souci
que de maintenir la vie
de tous ses enfants de la terre,
justes ou pécheurs.
Dieu Vivant, il s'engage
à ce que la vie s'épanouisse
et à ce que le plus grand bien
advienne le plus largement possible
à tous ses enfants de la terre,
justes ou pécheurs.

Dieu ne connaît que la bénédiction !

→ 16,7

Israël, Haïfa, statue d'Ursula Malbin

Hushaï rejoint Absalom.

[15]Absalom entra à Jérusalem avec tous les hommes
d'Israël et Ahitophel se trouvait avec lui. [16]Lorsque
Hushaï l'Arkite, familier de David, arriva auprès
d'Absalom, Hushaï dit à Absalom : « Vive le roi !
Vive le roi ! » [17]Et Absalom dit à Hushaï : « C'est toute
l'affection que tu as pour ton ami ? Pourquoi n'es-tu
pas parti avec ton ami ? » [18]Hushaï répondit à
Absalom : « Non, celui que Yahvé et ce peuple et tous
les gens d'Israël ont choisi, c'est à lui que je veux être
et avec lui que je demeurerai ! [19]En second lieu, qui vais-
je servir ? N'est-ce pas son fils ? Comme j'ai servi ton
père, ainsi je te servirai. »

Absalom et les concubines de David.

[20]Absalom dit à Ahitophel : « Consultez-vous : qu'al-
lons-nous faire ? » [21]Ahitophel répondit à Absalom :
« Approche-toi des concubines de ton père, qu'il a
laissées pour garder le palais : tout Israël apprendra que
tu t'es rendu odieux à ton père et le courage de tous
tes partisans en sera affermi. » [22]On dressa donc pour
Absalom une tente sur la terrasse et Absalom s'approcha des concubines de son père aux yeux de tout
Israël. [23]Le conseil que donnait Ahitophel en ce temps-
là était comme un oracle qu'on aurait obtenu de Dieu ;
tel était, tant pour David que pour Absalom, tout
conseil d'Ahitophel.

Hushaï déjoue les plans d'Ahitophel.

17. [1]Ahitophel dit à Absalom : « Laisse-moi choisir
douze mille hommes et me lancer, cette nuit même, à
la poursuite de David. [2]Je tomberai sur lui quand il
sera fatigué et sans courage, je l'épouvanterai et tout
le peuple qui est avec lui prendra la fuite. Alors je frap-
perai le roi seul [3]et je ramènerai à toi tout le peuple,
comme la fiancée revient à son époux : tu n'en veux qu'à
la vie d'un seul homme et tout le peuple sera sauf. » [4]La
proposition plus à Absalom et à tous les anciens d'Israël.
[5]Cependant Absalom dit : « Appelez encore Hushaï
l'Arkite, que nous entendions ce qu'il a à dire lui aussi. »
[6]Hushaï arriva auprès d'Absalom, et Absalom lui dit :
« Ahitophel a parlé de telle manière. Devons-nous faire
ce qu'il a dit ? Sinon parle toi-même. » [7]Hushaï répondit à Absalom : « Pour cette fois le conseil qu'a donné
Ahitophel n'est pas bon. » [8]Et Hushaï poursuivit : « Tu
sais que ton père et ses gens sont des preux et qu'ils
sont exaspérés, comme une ourse sauvage à qui on a
ravi ses petits. Ton père est un homme de guerre, il ne

Dieu pardonne-t-il à moitié ?

Après la mort d'Urie le Hittite orchestrée par David, le prophète Natân vient faire des reproches au roi et lui prédit la trahison d'un membre de son propre clan. " Ainsi parle le Seigneur : Je vais de ta propre maison, faire surgir contre toi le malheur. Je prendrai tes femmes sous tes yeux et je les livrerai à ton prochain, qui couchera avec tes femmes à la vue de ce soleil. Toi, tu as agi dans le secret, mais moi j'accomplirai cela à la face de tout Israël et à la face du soleil ! " (12,11-12).
Pourtant David se repent, et, d'après l'auteur, il a été pardonné. La naissance de son fils Salomon, né de l'ancienne femme d'Urie, est présentée comme le signe concret du pardon divin.
L'affaire semble close... jusqu'à l'heure de la trahison d'Absalon. Ce qui arrive alors à David correspond aux malheurs prédits par le prophète (16,20-22).
Comment comprendre ? Dieu ne pardonnerait-il qu'à moitié ? Ou, pire encore, reprendrait-il son pardon ? Selon la perspective de l'auteur qui relit et relie les événements a posteriori, la réponse est claire. Dieu a donné son pardon, mais cela ne signifie pas l'absence de toute épreuve. David paie pour sa faute, il subit la trahison de son fils et d'une partie de son peuple, mais, tout n'est pas perdu. Il vient à bout de la conspiration, récupère le trône et retrouve la confiance de ses sujets.
C'est donc cette brillante victoire face à l'adversité qui est interprétée par l'auteur comme une bénédiction de Dieu et non l'adversité elle-même comme une punition divine.

→ 16,20-23

Le harem, symbole du pouvoir royal

Dès son entrée dans Jérusalem, l'usurpateur prend possession du harem de son père. Il veut ainsi marquer symboliquement son intention de devenir le maître des lieux.
La tradition voulait en effet que le harem du roi défunt passe à son successeur. On trouve dans le deuxième livre de Samuel deux illustrations de cette tradition. Dans le premier cas, l'auteur évoque le mécontentement d'Ishbaal lorsqu'il découvre qu'Abner entretenait des relations avec l'une des concubines de Saül. Ishbaal voit dans ce comportement les prétentions d'Abner au trône du roi défunt (2 Samuel 3,7). Dans le second cas, David est présenté comme l'heureux héritier de la maison et des femmes de Saül, son maître (2 Samuel 12,8).
De la même manière que les insignes royaux ou la splendeur du palais, le harem royal est considéré comme l'un des signes extérieurs de la puissance du souverain.

→ 16,20-22

Courbet Gustave (1819-1877), Les Cribleuses de blé,
© Giraudon - Musée des Beaux-Arts de Nantes (France)

laissera pas l'armée se reposer la nuit. 9Il se
cache maintenant dans quelque creux ou
dans quelque place. Si, dès l'abord, il y a
des victimes dans notre troupe, la rumeur
se répandra d'un désastre dans l'armée qui
suit Absalom. 10Alors même le brave qui a
un cœur semblable à celui du lion perdra
courage, car tout Israël sait que ton père
est un preux et que ceux qui l'accompagnent sont braves. 11Pour moi, je donne le
conseil suivant : que tout Israël, depuis Dan
jusqu'à Bersabée, se rassemble autour de
toi, aussi nombreux que les grains de sable
au bord de la mer, et tu marcheras en personne au milieu d'eux. 12Nous l'atteindrons
en quelque lieu qu'il se trouve, nous nous
abattrons sur lui comme la rosée tombe sur
le sol et nous ne laisserons subsister ni lui
ni personne de tous les hommes qui l'accompagnent. 13Que s'il se retire dans une
ville, tout Israël apportera des cordes à cette
ville et nous la traînerons au torrent, jusqu'à
ce qu'on n'en trouve plus un caillou. »
14Absalom et tous les gens d'Israël dirent : « Le conseil de
Hushaï l'Arkite est meilleur que celui d'Ahitophel. »
Yahvé avait décidé de faire échouer le plan habile
d'Ahitophel, afin d'amener le malheur sur Absalom.
15Hushaï dit alors aux prêtres Sadoq et Ébyatar :
« Ahitophel a donné tel et tel conseil à Absalom et
aux anciens d'Israël, mais c'est telle et telle chose que
moi, j'ai conseillée. 16Maintenant, envoyez vite avertir David et dites-lui : "Ne bivouaque pas cette nuit
dans les passes du désert, mais traverse d'urgence de
l'autre côté, de crainte que ne soient anéantis le roi et
toute l'armée qui l'accompagne." »

David, informé, passe le Jourdain.

17Yehonatân et Ahimaaç étaient postés à la source du
Foulon : une servante viendrait les avertir et eux-
mêmes iraient avertir le roi David, car ils ne pouvaient pas se découvrir en entrant dans la ville. 18Mais
un jeune homme les aperçut et porta la nouvelle à
Absalom. Alors ils partirent tous deux en hâte et arrivèrent à la maison d'un homme de Bahurim. Il y
avait dans sa cour une citerne où ils descendirent.
19La femme prit une bâche, elle l'étendit sur la bouche
de la citerne et étala dessus du grain concassé, de sorte
qu'on ne remarquait rien.
20Les serviteurs d'Absalom entrèrent chez cette femme
dans la maison et demandèrent : « Où sont Ahimaaç
et Yehonatân ? », et la femme leur répondit : « Ils ont

Jésus fils de David

Dans l'évangile de Matthieu, David est présenté comme l'ancêtre de Jésus par Joseph (Mt 1,17.20). Selon Luc, Jésus est né à Bethléem la cité de David (Lc 2,11). Il est regardé comme le fils de David, le messie attendu (Mt 9,27 ; 12,23 ; 15,22 ; 20,30-34). Mais en même, temps il est Seigneur de son ancêtre David (Mt 22,42-45).

Sauvés par une femme

C'est à la présence d'esprit d'une femme de Bahurim que les deux messagers de David doivent la vie. De la même manière, plusieurs siècles auparavant, deux espions avaient été sauvés par la ruse d'une prostituée :

Josué, fils de Nûn, envoya secrètement de Shittim, deux hommes pour espionner, en disant : "Allez, examinez le pays et Jéricho." Ils y allèrent, se rendirent à la maison d'une prostituée nommée Rahab et ils y couchèrent. On dit au roi de Jéricho : "Voici que des hommes sont venus ici cette nuit, des Israélites pour explorer le pays. "Alors le roi de Jéricho envoya dire à Rahab : "Fais sortir les hommes venus chez toi - qui sont descendus dans ta maison - car c'est pour explorer tout le pays qu'ils sont venus." Mais la femme prit les deux hommes et les cacha. "C'est vrai, dit-elle, ces hommes sont venus chez moi, mais je ne savais pas d'où ils étaient. Lorsqu'à la nuit tombante on allait fermer la porte de la ville, ces hommes sont sortis et je ne sais pas où ils sont allés. Mettez-vous vite à leur poursuite et vous les rejoindrez."
Or elle les avait fait monter sur la terrasse et les avait cachés sous des tiges de lin qu'elle y avait déposées. Les gens les poursuivirent dans la direction du Jourdain, vers les gués, et l'on ferma la porte dès que furent sortis ceux qui étaient à leur poursuite.

Josué 2,1-7

→ 17,18-21

Préserver l'image de David

L'auteur du deuxième livre de Samuel a le souci de présenter David de façon positive. Ici, il le fait en relevant les deux points suivants :

- *David n'est pas un lâche.* S'il ne participe pas au combat, c'est pour une raison précise et personne ne peut remettre en cause la vaillance du roi (18,3-4).
- *David n'est pas responsable de la mort de son fils.* Il avait donné à ses chefs l'instruction d'épargner Absalon (18,5) et pleure sa mort à chaudes larmes (19,1-5).

→ 18,3-5

France, Rosenwiller

Se mentir à soi-même

Le préjugé moral courant tend à être plutôt sévère avec le mensonge de sang-froid, tandis que l'art souvent hautement développé de la tromperie de soi est habituellement considéré avec beaucoup de tolérance et d'indulgence. Parmi le peu d'exemples qu'on peut citer dans la littérature contre cette évaluation courante, il y a la célèbre scène dans le monastère au début des *Frères Karamazov*. Le père, menteur invétéré, demande au Starets : " Et que dois-je faire pour gagner le salut ? " et le Starets réplique : " Surtout, ne vous mentez jamais à vous-même! " Dostoïevski n'ajoute pas d'explication ni de développement. Les arguments destinés à soutenir l'affirmation : " il est mieux de mentir aux autres que de se tromper soi-même " auraient à souligner que le menteur de sang-froid reste au fait de la distinction entre le vrai et le faux, et qu'ainsi la vérité qu'il est en train de cacher aux autres n'a pas été éliminée complètement du monde ; elle a trouvé son dernier refuge dans le menteur. L'offense faite à la réalité n'est ni complète, ni définitive. Il a menti, mais il n'est cependant pas un menteur. A la fois lui-même et le monde qu'il a trompé ne sont pas au-delà du " salut " - pour dire cela dans le langage du Starets.

La crise de la culture de Hannah ARENDT, traduction de Patrick LÉVY, © Éditions Gallimard

→ 18,13

Il avait volé trois cœurs

Le traité rabbinique sur la Sota (femme suspectée d'adultère) élargit sa réflexion à d'autres cas semblables et on retrouve Absalon :

Nos docteurs disent : " La femme infidèle regardait ce qui n'était pas fait pour elle. Alors ce qu'elle voulait ne lui a pas été donné et on lui enlève ce qu'elle avait. Nous trouvons quelque chose de semblable dans le serpent antique, à l'Éden. Il regarda ce qui n'était pas pour lui. Ce qu'il désirait ne lui fut pas donné et on lui enleva ce qu'il avait, c'est-à-dire le fait d'être le roi des animaux. (...) Samson suivit ses yeux. C'est pourquoi les Philistins lui crevèrent les yeux (Jg 16,21). Absalon était orgueilleux de sa chevelure. C'est pourquoi il fut suspendu par elle. On le frappa de dix lances parce qu'il s'était uni aux dix concubines de son père (1 S 18,10). On le frappa de trois javelots, parce qu'il avait volé trois coeurs, celui de son père, celui du tribunal et celui d'Israël (2 S 15,6).

→ 18,9-15

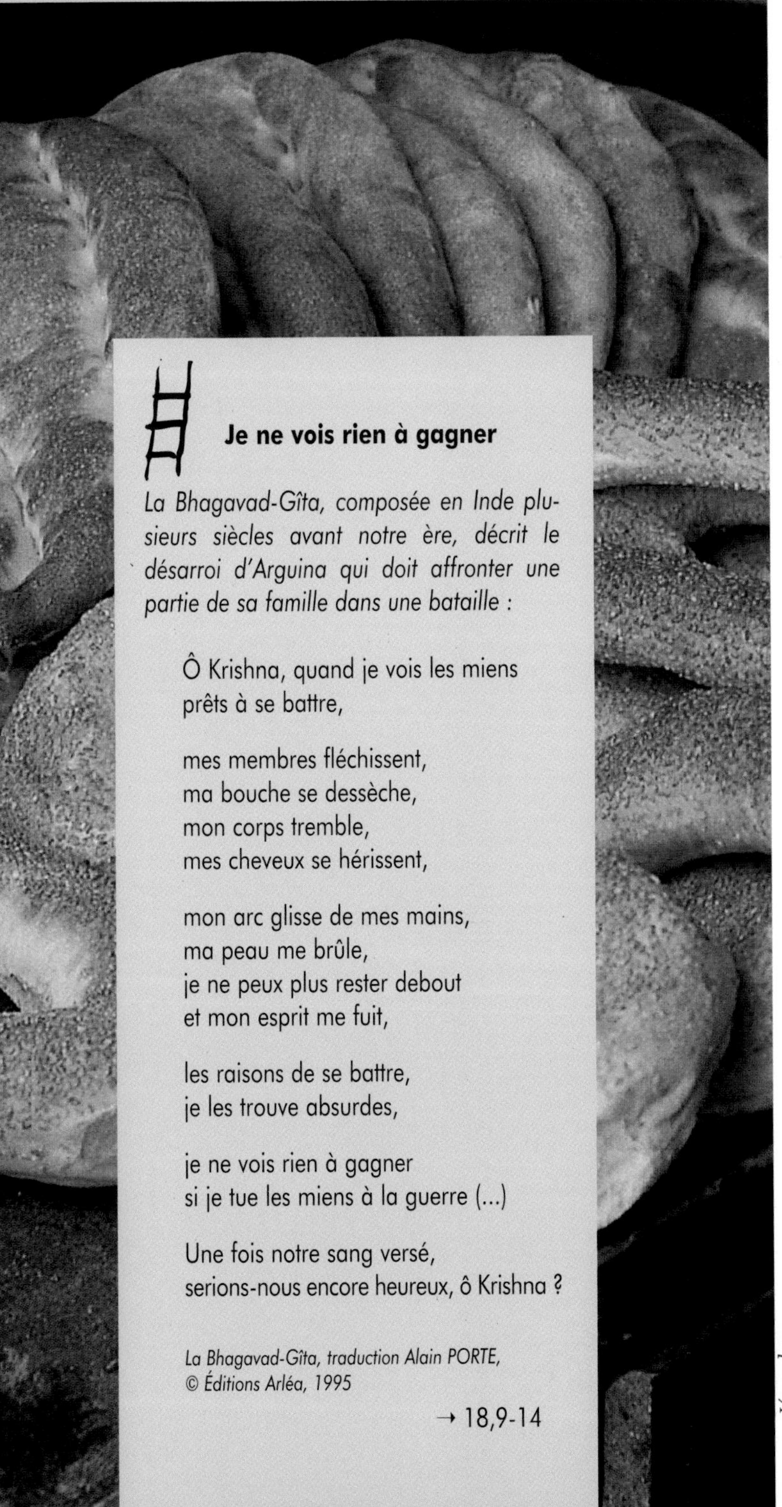

Jérusalem

Je ne vois rien à gagner

La Bhagavad-Gîta, composée en Inde plusieurs siècles avant notre ère, décrit le désarroi d'Arguina qui doit affronter une partie de sa famille dans une bataille :

Ô Krishna, quand je vois les miens
prêts à se battre,

mes membres fléchissent,
ma bouche se dessèche,
mon corps tremble,
mes cheveux se hérissent,

mon arc glisse de mes mains,
ma peau me brûle,
je ne peux plus rester debout
et mon esprit me fuit,

les raisons de se battre,
je les trouve absurdes,

je ne vois rien à gagner
si je tue les miens à la guerre (...)

Une fois notre sang versé,
serions-nous encore heureux, ô Krishna ?

La Bhagavad-Gîta, traduction Alain PORTE,
© Éditions Arléa, 1995

→ 18,9-14

passé outre allant d'ici vers l'eau. » Ils cherchèrent et,
ne trouvant rien, revinrent à Jérusalem. 21Après leur
départ, Ahimaaç et Yehonatân remontèrent de la
citerne et allèrent avertir le roi David : « Mettez-vous
en route et hâtez-vous de passer l'eau, car voilà le
conseil qu'Ahitophel a donné à votre propos. » 22David
et toute l'armée qui l'accompagnait se mirent donc en
route et passèrent le Jourdain ; à l'aube, il ne manquait
personne qui n'eût passé le Jourdain.
23Quant à Ahitophel, lorsqu'il vit que son conseil
n'était pas suivi, il sella son âne et se mit en route pour
aller chez lui dans sa ville. Il mit ordre à sa maison,
puis il s'étrangla et mourut. On l'ensevelit dans le
tombeau de son père.

Absalom franchit le Jourdain. David à Mahanayim.

24David était arrivé à Mahanayim lorsqu'Absalom
franchit le Jourdain avec tous les hommes d'Israël.
25Absalom avait mis Amasa à la tête de l'armée à la place
de Joab. Or Amasa était le fils d'un homme qui s'appelait Yitra l'Ismaélite et qui s'était uni à Abigayil, fille
de Jessé et sœur de Çeruya, la mère de Joab. 26Israël et
Absalom dressèrent leur camp au pays de Galaad.
27Lorsque David arriva à Mahanayim, Shobi, fils de
Nahash, de Rabba des Ammonites, Makir, fils
d'Ammiel, de Lo-Debar, et Barzillaï le Galaadite, de
Roglim, 28apportèrent des matelas de lit, des tapis, des
coupes et de la vaisselle. Il y avait du froment, de l'orge, de la farine, du grain grillé, des fèves, des lentilles,
29du miel, du lait caillé et des fromages de vache et de
brebis, qu'ils offrirent à David et au peuple qui l'accompagnait pour qu'ils s'en nourrissent. En effet, ils
s'étaient dit : « L'armée a souffert de la faim, de la
fatigue et de la soif dans le désert. »

Défaite du parti d'Absalom.

18. 1David passa en revue les troupes qui étaient avec
lui et il mit à leur tête des chefs de mille et des chefs
de cent. 2David divisa l'armée en trois corps : un tiers
aux mains de Joab, un tiers aux mains d'Abishaï, fils
de Çeruya et frère de Joab, un tiers aux mains d'Ittaï
le Gittite. Puis David dit aux troupes : « Je partirai
en guerre avec vous, moi aussi. » 3Mais les troupes
répondirent : « Tu ne dois pas partir. Car, si nous prenions
la fuite, on n'y ferait pas attention, et si la moitié
d'entre nous mourait, on n'y ferait pas attention,
tandis que toi tu es comme dix mille d'entre nous. Et
puis, il vaut mieux que tu nous sois un secours prêt à

venir de la ville. » 4David leur dit : « Je ferai ce qui vous
semble bon. » Le roi se tint à côté de la porte, tandis que
l'armée sortait par unités de cent et de mille. 5Le roi fit
un commandement à Joab, à Abishaï et à Ittaï : « Par
égard pour moi, ménagez le jeune Absalom ! » et toute
l'armée entendit que le roi donnait à tous les chefs cet
ordre concernant Absalom. 6L'armée sortit en pleine
campagne à la rencontre d'Israël et la bataille eut lieu
dans la forêt d'Éphraïm. 7L'armée d'Israël y fut battue
devant la garde de David, et ce fut ce jour-là une grande défaite, qui frappa vingt mille hommes. 8Le combat
s'éparpilla dans toute la région, et ce jour-là, la forêt
fit dans l'armée plus de victimes que l'épée.

Mort d'Absalom.

9Absalom se heurta par hasard à des gardes de David.
Absalom montait un mulet et le mulet s'engagea
sous la ramure d'un grand chêne. La tête d'Absalom
se prit dans le chêne et il resta suspendu entre ciel et
terre tandis que continuait le mulet qui était sous
lui. 10Quelqu'un l'aperçut et prévint Joab : « Je viens
de voir, dit-il, Absalom suspendu à un chêne. » 11Joab
répondit à l'homme qui portait cette nouvelle :
« Puisque tu l'as vu, pourquoi ne l'as-tu pas abattu
sur place ? J'aurais pris sur moi de te donner dix
sicles d'argent et une ceinture ! » 12Mais l'homme
répondit à Joab : « Quand même je soupèserais dans
mes paumes mille sicles d'argent, je ne porterais pas
la main sur le fils du roi ! C'est à nos oreilles que le
roi t'a donné cet ordre ainsi qu'à Abishaï et à Ittaï : "Par
égard pour moi, épargnez le jeune Absalom." 13Que si
je m'étais menti à moi-même, rien ne reste caché au
roi, et toi, tu te serais tenu à distance. » 14Alors Joab
dit : « Je ne vais pas ainsi perdre mon temps avec
toi. » Il prit en mains trois javelots et les planta dans
le cœur d'Absalom encore vivant au milieu du chêne.
15Puis s'approchèrent dix cadets, les écuyers de Joab,
qui frappèrent Absalom et l'achevèrent.
16Joab fit alors sonner du cor et l'armée cessa de
poursuivre Israël, car Joab retint l'armée. 17On prit
Absalom, on le jeta dans une grande fosse en pleine
forêt et on dressa sur lui un énorme monceau de
pierres. Tous les Israélites s'étaient enfuis, chacun à
ses tentes.
18De son vivant, Absalom avait entrepris de s'ériger
la stèle qui est dans la vallée du Roi, car il s'était dit :
« Je n'ai pas de fils pour commémorer mon nom »,
et il avait donné son nom à la stèle. On l'appelle
encore aujourd'hui le monument d'Absalom.

Le tombeau d'Absalom

Absalon a érigé une stèle dans la vallée du roi pour commémorer son nom. L'historien juif, Flavius Josèphe (au 1er siècle de notre ère) parle d'une colonne de marbre avec une inscription. La vallée du roi est difficilement localisable. La stèle est introuvable. Mais dans la vallée du Cédron, à l'est de Jérusalem, on montre un monument appelé le tombeau d'Absalon. Il date de l' époque hellénistique (3e siècle avant JC). Il rappelle, au milieu d'autres tombeaux, le destin tragique du fils de David, révolté et tué par trois javelots dans la forêt d'Éphraïm. Bien qu'inauthentique, ce monument invite à se souvenir des drames familiaux et politiques de la monarchie naissante. Absalon n'est pas totalement oublié.

→ 18,16-18

Carte à jouer, 17ème siècle, Cabinet des Estampes, Bibliothèque Nationale, Paris (France)

Les nouvelles sont portées à David.

France, Jura

19Ahimaaç, fils de Sadoq, dit : « Je vais courir et annoncer au roi cette bonne nouvelle, que Yahvé lui a rendu
justice en le délivrant de ses ennemis. » 20Mais Joab lui
dit : « Tu ne serais pas un porteur d'heureux message aujourd'hui ; tu le seras un autre jour, mais aujour-
d'hui tu ne porterais pas une bonne nouvelle, puisque
le fils du roi est mort. » 21Et Joab dit au Kushite : « Va
rapporter au roi tout ce que tu as vu. » Le Kushite se
prosterna devant Joab et partit en courant. 22Ahimaaç,
fils de Sadoq, insista encore et dit à Joab : « Advienne
que pourra, je veux courir moi aussi derrière le
Kushite. » Joab dit : « Pourquoi courrais-tu, mon fils,
tu n'en tireras aucune récompense. » 23Il reprit :
« Advienne que pourra, je courrai ! » Joab lui dit :
« Cours donc.» Et Ahimaaç partit en courant par le
chemin de la Plaine et il dépassa le Kushite.
24David était assis entre les deux portes. Le guetteur
étant monté à la terrasse de la porte, sur le rempart,
leva les yeux et aperçut un homme qui courait seul.
25Le guetteur cria et avertit le roi, et le roi dit : « S'il
est seul, c'est qu'il a une bonne nouvelle sur les
lèvres. » Comme celui-là continuait d'approcher, 26le
guetteur qui était sur la porte cria : « Voici un autre
homme, qui court seul. » Et David dit : « Celui-ci est
encore un messager de bon augure. » 27Le guetteur dit :
« Je reconnais la façon de courir du premier, c'est la
façon de courir d'Ahimaaç, fils de Sadoq. » Le roi
dit : « C'est un homme de bien, il vient pour une
bonne nouvelle. »
28Ahimaaç s'approcha du roi et dit : « Salut ! » Il se
prosterna face contre terre devant le roi et poursuivit : « Béni soit Yahvé ton Dieu qui a livré les hommes
qui avaient levé la main contre Monseigneur le roi ! »
29Le roi demanda : « En va-t-il bien pour le jeune
Absalom ? » Et Ahimaaç répondit : « J'ai vu un grand
tumulte au moment où Joab, serviteur du roi,
envoyait ton serviteur, mais je ne sais pas ce que
c'était. » 30Le roi dit : « Range-toi et tiens-toi là. »
Il se rangea et attendit.
31Alors arriva le Kushite et il dit : « Que
Monseigneur le roi apprenne la bonne nouvelle.
Yahvé t'a rendu justice aujourd'hui en te délivrant
de tous ceux qui s'étaient dressés contre toi. » 32Le roi
demanda au Kushite : « En va-t-il bien pour le jeune
Absalom ? » Et le Kushite répondit : « Qu'ils
aient le sort de ce jeune homme, les ennemis de Monseigneur le roi et tous ceux qui
se sont dressés contre toi pour le mal ! »

Luxembourg

Ils retournent leur veste

À l'heure de la conjuration d'Absalom, ils se désolidarisent du roi fragilisé pour rejoindre son rival qui semble avoir le vent en poupe. Lorsque David reprend le dessus et finit par vaincre son fils, ils s'empressent de retourner leurs vestes.

Qui sont-ils ? Des gens comme on en rencontre partout lorsque la situation politique devient incertaine, assez malins pour revêtir une veste réversible. Des gens qui cherchent à tirer parti de toute situation, assez rusés pour se trouver au bon moment au bon endroit.

Une lecture attentive des chapitres 15 à 19 révèle le nom des personnages (quelquefois des groupes sociaux) qui agissent de la sorte à l'égard de David.

→ 19,9-44

Douleur de David.

19. 1Alors le roi frémit. Il monta dans la chambre
supérieure de la porte et se mit à pleurer ; il disait en
sanglotant : « Mon fils Absalom ! mon fils ! mon fils
Absalom ! que ne suis-je mort à ta place ! Absalom mon
fils ! mon fils ! » 2On prévint Joab : « Voici que le roi
pleure et se lamente sur Absalom. » 3La victoire, ce
jour-là, se changea en deuil pour toute l'armée, car l'armée apprit ce jour-là que le roi était dans l'affliction à
cause de son fils. 4Et ce jour-là, l'armée rentra furtivement dans la ville, comme se dérobe une armée qui
s'est couverte de honte en fuyant durant la bataille. 5Le
roi s'était voilé le visage et poussait de grands cris :
« Mon fils Absalom ! Absalom mon fils ! mon fils ! »
6Joab se rendit auprès du roi à l'intérieur et dit : « Tu
couvres aujourd'hui de honte le visage de tous tes
serviteurs qui ont sauvé aujourd'hui ta vie, celle de tes
fils et de tes filles, celle de tes femmes et celle de tes
concubines, 7parce que tu aimes ceux qui te haïssent
et que tu hais ceux qui t'aiment. En effet, tu as mani-
festé aujourd'hui que chefs et soldats n'étaient rien
pour toi, car je sais maintenant que, si Absalom vivait
et si nous étions tous morts aujourd'hui, tu trouve-
rais cela très bien. 8Allons, je t'en prie, sors et rassure
tes soldats, car, je le jure par Yahvé, si tu ne sors pas,
il n'y aura personne qui passe cette nuit avec toi, et
ce sera pour toi un malheur plus grand que tous les
malheurs qui te sont advenus depuis ta jeunesse jusqu'à présent. » 9Le roi se leva et vint s'asseoir à la
porte. On l'annonça à toute l'armée : « Voici, dit-on,
que le roi est assis à la porte », et toute l'armée se
rendit devant le roi.

On prépare le retour de David.

Israël s'était enfui chacun à ses tentes. 10Dans toutes les
tribus d'Israël, tout le monde se querellait. On disait :
« C'est le roi qui nous a délivrés de la main de nos ennemis, c'est lui qui nous a sauvés de la main des Philistins,
et maintenant il a dû s'enfuir du pays, loin d'Absalom.
11Quant à Absalom que nous avions oint pour qu'il
régnât sur nous, il est mort dans la bataille. Alors pourquoi ne faites-vous rien pour ramener le roi ? »
12bCe qui se disait dans tout Israël arriva jusqu'au roi.
12aAlors le roi David envoya dire aux prêtres Sadoq et
Ébyatar : « Parlez ainsi aux anciens de Juda : "Pourquoi
seriez-vous les derniers à ramener le roi chez lui ?
13Vous êtes mes frères, vous êtes de ma chair et de
mes os, pourquoi seriez-vous les derniers à ramener
le roi ?" 14Et vous direz à Amasa : "N'es-tu pas de mes

David, un roi très humain

L'auteur du deuxième livre de Samuel trace le portrait d'un roi très humain. Il ne cherche à cacher ni ses fautes ni ses faiblesses.
David pleure, se fâche, change d'avis. Il est capable du meilleur et du pire, d'éliminer celui qui le dérange et de pardonner à celui qui le trahit. Il est humble devant Dieu et se repent de sa faute.
Dans l'affaire qui l'oppose à son fils Absalon, il est déchiré par des sentiments contraires. Il est écartelé entre, d'une part, la raison d'État qui l'oblige à défendre ses intérêts de roi contre l'usurpateur et, d'autre part, l'amour paternel qu'il éprouve pour un fils qui, malgré tout le mal qu'il lui a fait, n'en est pas moins chair de sa chair.

→ 19,1-2

Sri Lanka

Honduras, Copán

Aux antipodes

Comment vit-on à l'autre bout du monde à l'heure où David règne sur Israël ?

Dans les steppes d'Eurasie, des groupes de pasteurs nomades vivent de l'élevage des bovins, des moutons et des chevaux. Ils pratiquent l'agriculture et la chasse. Leur arme principale est l'arc, et des chaudrons de bronze leur permettent de transporter le matériel nécessaire à la vie quotidienne.

En Inde, l'urbanisation se développe dans les vallées du Gange et du Yamouna. L'entreprise est difficile, car il faut défricher des sols alourdis par la pluie des moussons. Il est heureux tout de même que l'on puisse compter sur des outils en fer apparus depuis peu ! On pratique la culture du riz, grâce à un système d'irrigation déjà très élaboré.

En Chine, une société aristocratique témoignant d'un haut degré de culture vit dans des agglomérations fortifiées. Le petit peuple, lui, est essentiellement composé d'agriculteurs et de soldats. On exploite et on raffine le cuivre pour produire des armes, des vases. On produit de la céramique faite au tour du potier.

En Corée et au Japon, on cultive le millet et le riz. La technique de la riziculture semble avoir été importée de Chine. Pour moissonner les grains de riz, on se sert de couteaux de pierre, de houes et de pelles en bois. On travaille le bronze pour la fabrication d'objets cultuels.

Les Polynésiens, grands navigateurs, occupent les principales îles de l'océan Pacifique, regroupées dans un triangle délimité par la Nouvelle-Zélande, l'île de Pâques et les îles Hawaii, soit environ 20 millions de km^2. Ils cultivent l'igname, la noix de coco et la banane. La pierre volcanique ainsi que les coquillages servent à la fabrication d'outils et d'ornements.

En Afrique, une nouvelle époque s'ouvre avec l'introduction de la métallurgie du fer. Cette technique semble avoir été introduite en Afrique subsaharienne à partir des colonies phéniciennes d'Afrique du Nord. L'activité agricole prend le pas sur l'économie de chasse et de cueillette.

En Amérique andine, on relève la présence de nombreux temples et d'un culte de la fécondité. Les coquilles d'huîtres épineuses sont utilisées comme ornements et on trouve des objets de céramique, de coquillage, de bois, de pierre, d'argent et d'or, des tissus brodés et peints.

En Amérique centrale, vivent les Olmèques. Ils sont particulièrement réputés pour leurs sculptures sur pierre. Leur panthéon est peuplé de terrifiantes créatures mi-hommes mi-bêtes. Le dieu apparemment le plus important est un homme-jaguar, conçu de l'union d'une bête et d'une femme.
Les populations ***d'Amérique du nord*** vivent de chasse et de cueillette. Elles utilisent de petits paniers pour ramasser les céréales sauvages, chassent le cerf, l'élan, les chèvres de montagne et attrapent le petit gibier au filet.

os et de ma chair ? Que Dieu me fasse ce mal et qu'il
ajoute cet autre si tu n'es pas pour toujours à mon service comme chef de l'armée à la place de Joab".» [15]Il
rallia ainsi le cœur de tous les hommes de Juda comme
d'un seul homme et ils envoyèrent dire au roi :
« Reviens, toi et tous tes serviteurs. »

Épisodes du retour : Shiméï.

[16]Le roi revint donc et atteignit le Jourdain. Juda était
arrivé à Gilgal, venant à la rencontre du roi, pour
aider le roi à passer le Jourdain. [17]En hâte, Shiméï,
fils de Géra, le Benjaminite de Bahurim, descendit avec
les gens de Juda au-devant du roi David. [18]Il avait
avec lui mille hommes de Benjamin. Çiba, le serviteur
de la maison de Saül, ses quinze fils et ses vingt serviteurs avec lui devancèrent le roi au Jourdain [19]et ils
mirent tout en œuvre pour faire traverser la famille
du roi et satisfaire son bon plaisir.
Shiméï fils de Géra se jeta aux pieds du roi quand il
traversait le Jourdain, [20]et il dit au roi : « Que
Monseigneur ne m'impute pas de faute ! Ne te sou-
viens pas du mal que ton serviteur a commis le jour
où Monseigneur le roi est sorti de Jérusalem. Que le
roi ne le prenne pas à cœur ! [21]Car ton serviteur reconnaît qu'il a péché, et voici que je suis venu aujourd'hui
le premier de toute la maison de Joseph pour descendre au-devant de Monseigneur le roi. »
[22]Abishaï fils de Çeruya prit alors la parole et dit : « Shiméï
ne mérite-t-il pas la mort pour avoir maudit l'oint de
Yahvé ? » [23]Mais David dit : « Qu'ai-je à faire avec vous,
fils de Çeruya, pour que vous deveniez aujourd'hui mes
adversaires ? Quelqu'un pourrait-il aujourd'hui être
mis à mort en Israël ? N'ai-je pas l'assurance qu'aujourd'hui je suis roi sur Israël ? » [24]Le roi dit à Shiméï :
« Tu ne mourras pas », et le roi le lui jura.

Meribbaal.

[25]Meribbaal, le fils de Saül, était descendu aussi au-
devant du roi. Il n'avait soigné ni ses pieds ni ses mains,
il n'avait pas taillé sa moustache, il n'avait pas lavé ses
vêtements depuis le jour où le roi était parti jusqu'au
jour où il revint en paix. [26]Lorsqu'il arriva de Jérusalem
au-devant du roi, celui-ci demanda : « Pourquoi n'es-
tu pas venu avec moi, Meribbaal ? » [27]Il répondit :
« Monseigneur le roi, mon serviteur m'a trompé. Ton
serviteur lui avait dit : "Selle-moi l'ânesse, je la monterai
et j'irai avec le roi", car ton serviteur est infirme. [28]Il a
calomnié ton serviteur auprès de Monseigneur le roi.
Mais Monseigneur le roi est comme l'Ange de Dieu :

© AZIK, « Le Retour », Strasbourg (France)

Fragile unité

Vers 1030 avant JC, Saül parvient le premier à réunir derrière lui l'ensemble des douze tribus d'Israël. Avant lui, ces dernières, réparties sur tout le pays de Canaan, entourées de voisins puissants, obéissent chacune à leur propre chef, ce qui n'empêche pas quelquefois certaines alliances circonstanciées entre les unes et les autres.
Après Saül, David réussit, de façon plus sûre encore que son prédécesseur, à gagner la confiance des tribus d'Israël. Mais, pour l'un comme pour l'autre, l'unité de la monarchie est le résultat d'une union personnelle entre un chef charismatique et différentes tribus. L'entente du moment ne garantit rien pour l'avenir ou le successeur du roi en exercice.
À l'époque de David, plusieurs conflits entre les diverses tribus, en particulier entre les tribus du Nord et Juda, mettent en cause l'autorité du roi :

- Le ralliement des tribus du Nord à David reconnu comme le successeur de Saül ne se fait pas sans peine (2 S 2-5).
- Absalon parvient aisément à exploiter contre son père le mécontentement des Israélites (2 S 15,1-6).
- Les hommes d'Israël et les hommes de Juda se disputent le roi, chaque groupe prétend avoir été plus fidèle que l'autre (2 S 19,41-44).
- La révolte de Sheba fait éclater au grand jour les inimitiés qui menacent l'unité du royaume (2 S 20,1-2).

David, dont la force stratégique et militaire se trouve confirmée plus d'une fois par les événements, vient à bout de toutes les menaces contre la stabilité de la monarchie. Mais... pour combien de temps encore ?

→ 20

Les femmes dans le deuxième livre de Samuel

- Les huit femmes de David :
Ahinoam de Yizréel, la mère d'Amnon, l'aîné de David, 3,2.
Abigayil, mère de Kiléab, 3,3.
Maaka, mère d'Absalon, 3,3.
Haggit, mère d'Adonias, 3,4.
Abital, mère de Shephatya, 3,4.
Égla, mère d'Ytréam, 3,5.
Mikal, la fille de Saül, 3,14-16.
Bethsabée, la femme d'Urie le Hittite, 11,1-27. Elle donne deux fils à David. Le premier meurt peu après la naissance, le second, Salomon, hérite du trône.

- La fille de David, Tamar, violée par son demi-frère Amnon et vengée par son frère Absalon, 13,1.

- La femme avisée de Teqoa, obtient le pardon du roi pour Absalon, 14,1-24.
- La femme de la maison de Bahurim, parvient à éloigner les serviteurs d'Absalon et protège ainsi Yehonatân et Ahimaaç, les informateurs de David, 17,17-22.
- La femme avisée d'Abel Bet-Maaka évite que la ville entière soit détruite à cause d'un seul homme, 20,14-22.

Et toutes celles dont 2 Samuel ne parle pas mais dont il mentionne les maris et les fils.

France, Moissac

agis comme il te semble bon. 29Car toute la famille de
mon père méritait seulement la mort de la part de
Monseigneur le roi, et pourtant tu as admis ton serviteur parmi ceux qui mangent à ta table. Quel droit
puis-je avoir d'implorer encore le roi ? » 30Le roi dit :
« Pourquoi continuer de parler ? Je décide que toi et Çiba
vous partagerez les terres. » 31Meribbaal dit au roi :
« Qu'il prenne donc tout, puisque Monseigneur le roi
est rentré en paix chez lui ! »

Barzillaï.

32Barzillaï le Galaadite était descendu de Roglim et avait
continué avec le roi vers le Jourdain pour prendre congé
de lui au Jourdain. 33Barzillaï était très âgé, il avait
quatre-vingts ans. Il avait pourvu à l'entretien du roi
pendant son séjour à Mahanayim, car c'était un homme
très riche. 34Le roi dit à Barzillaï : « Continue avec moi
et je pourvoirai à tes besoins auprès de moi à
Jérusalem. » 35Mais Barzillaï répondit au roi : « Combien
d'années me reste-t-il à vivre, pour que je monte avec
le roi à Jérusalem ? 36J'ai maintenant quatre-vingts
ans : puis-je distinguer ce qui est bon et ce qui est mauvais ? Ton serviteur a-t-il le goût de ce qu'il mange et
de ce qu'il boit ? Puis-je entendre encore la voix des
chanteurs et des chanteuses ? Pourquoi ton serviteur
serait-il encore à charge à Monseigneur le roi ? 37Ton serviteur passera tout juste le Jourdain avec le roi, mais
pourquoi le roi m'accorderait-il une telle récompense ? 38Permets à ton serviteur de s'en retourner : je mourrai dans ma ville près du tombeau
de mon père et de ma mère. Mais voici ton
serviteur Kimhân, qu'il continue avec
Monseigneur le roi, et agis comme bon te
semble à son égard. » 39Le roi dit : « Que
Kimhân continue donc avec moi, je ferai
pour lui ce qui te plaira et tout ce que tu sol-
liciteras de moi, je le ferai pour toi. » 40Tout
le peuple passa le Jourdain, le roi passa, il
embrassa Barzillaï et le bénit, et celui-ci s'en
retourna chez lui.

Juda et Israël se disputent le roi.

41Le roi continua vers Gilgal et Kimhân continua avec
lui. Tout le peuple de Juda accompagnait le roi, et
aussi la moitié du peuple d'Israël. 42Et voici que tous
les hommes d'Israël vinrent auprès du roi et lui dirent :
« Pourquoi nos frères, les hommes de Juda, t'ont-ils
enlevé et ont-il fait passer le Jourdain au roi et à sa
famille, et à tous les hommes de David avec lui ? »

43Tous les hommes de Juda répondirent aux hommes
d'Israël : « C'est que le roi m'est plus apparenté !
Pourquoi t'irriter à ce propos ? Avons-nous mangé aux
dépens du roi ou nous a-t-il apporté quelque por-
tion ? » 44Les hommes d'Israël répliquèrent aux
hommes de Juda et dirent : « J'ai dix parts sur le roi
et de plus je suis ton aîné, pourquoi m'as-tu méprisé ? N'ai-je pas parlé le premier de faire revenir mon
roi ? » Mais les propos des hommes de Juda furent plus
violents que ceux des hommes d'Israël.

Révolte de Shéba.

20. 1Or, il se trouvait là un vaurien, qui s'appelait Shéba,
fils de Bikri, un Benjaminite. Il sonna du cor et dit :

« Nous n'avons pas de part avec David,
nous n'avons pas d'héritage sur le fils de Jessé !
Chacun à ses tentes, Israël ! »

2Tous les hommes d'Israël abandonnèrent David et
suivirent Shéba fils de Bikri, mais les hommes de Juda
s'attachèrent aux pas de leur roi, depuis le Jourdain
jusqu'à Jérusalem.
3David rentra dans son palais à Jérusalem. Le roi prit les
dix concubines qu'il avait laissées pour garder le palais
et les mit sous surveillance. Il pourvut à leur entretien
mais il n'approcha plus d'elles et elles furent séques-
trées jusqu'à leur mort, comme les veuves d'un vivant.

Assassinat d'Amasa.

4Le roi dit à Amasa : « Convoque-moi les hommes de
Juda, je te donne trois jours pour te présenter ici. »
5Amasa partit pour convoquer Juda, mais il tarda
au-delà du terme que David lui avait fixé. 6Alors David
dit à Abishaï : « Shéba fils de Bikri est désormais plus
dangereux pour nous qu'Absalom. Toi, prends les
gardes de ton maître et pourchasse-le de peur qu'il n'at-
teigne des villes fortes et ne nous échappe. » 7Derrière
Abishaï partirent en campagne Joab, les Kerétiens, les
Pelétiens et tous les preux ; ils quittèrent Jérusalem à
la poursuite de Shéba fils de Bikri. 8Ils étaient près de
la grande pierre qui se trouve à Gabaôn, quand Amasa
arriva en face d'eux. Or Joab était vêtu de sa tenue
militaire sur laquelle il avait ceint une épée attachée
à ses reins dans son fourreau ; celle-ci sortit et tomba.
9Joab demanda à Amasa : « Tu vas bien, mon frère ? »
Et, de la main droite, il saisit la barbe d'Amasa pour
l'embrasser. 10Amasa ne prit pas garde à l'épée que
Joab avait en main, et celui-ci l'en frappa au ventre
et répandit ses entrailles à terre. Il n'eut pas à lui

À tes tentes, Israël !

Environ 50 ans après David, son deuxième successeur, Roboam, refuse les revendications des tribus du Nord. Leurs représentants répliquent avec les mêmes termes que Sheba.

Quand les Israélites virent que le roi ne les écoutait pas, ils lui répliquèrent :
" Quelle part avons-nous sur David ?
Nous n'avons pas d'héritage sur le fils de Jessé.
À tes tentes, Israël !
Et maintenant, pourvois à ta maison, David. "
1 Rois 12,16

→ 20,1

Népal

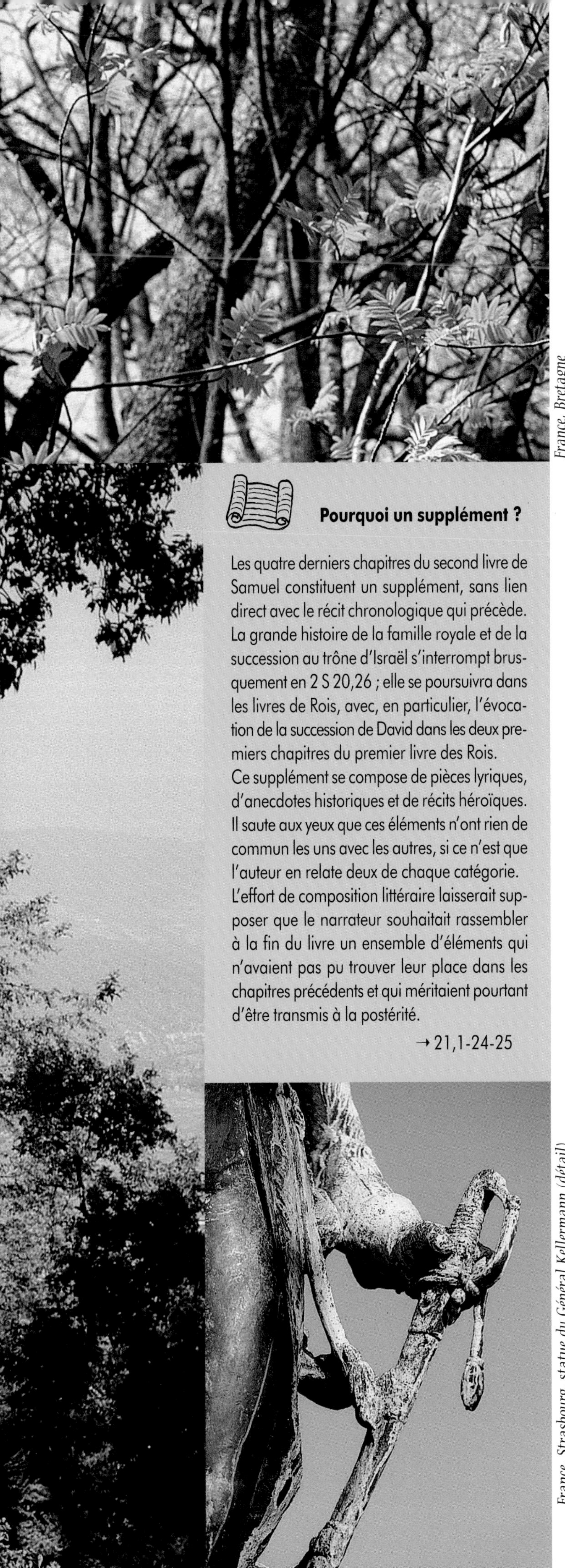

France, Bretagne

Pourquoi un supplément ?

Les quatre derniers chapitres du second livre de Samuel constituent un supplément, sans lien direct avec le récit chronologique qui précède. La grande histoire de la famille royale et de la succession au trône d'Israël s'interrompt brusquement en 2 S 20,26 ; elle se poursuivra dans les livres de Rois, avec, en particulier, l'évocation de la succession de David dans les deux premiers chapitres du premier livre des Rois.
Ce supplément se compose de pièces lyriques, d'anecdotes historiques et de récits héroïques. Il saute aux yeux que ces éléments n'ont rien de commun les uns avec les autres, si ce n'est que l'auteur en relate deux de chaque catégorie. L'effort de composition littéraire laisserait supposer que le narrateur souhaitait rassembler à la fin du livre un ensemble d'éléments qui n'avaient pas pu trouver leur place dans les chapitres précédents et qui méritaient pourtant d'être transmis à la postérité.

→ 21,1-24-25

France, Strasbourg, statue du Général Kellermann (détail)

donner un second coup et Amasa mourut, tandis que
Joab et son frère Abishaï se lançaient à la poursuite
de Shéba fils de Bikri.
11 L'un des cadets de Joab resta en faction près d'Amasa
et il disait : « Quiconque aime Joab et est pour David,
qu'il suive Joab ! » 12 Cependant Amasa s'était roulé
dans son sang au milieu du chemin. Voyant que tout
le monde s'arrêtait, cet homme tira Amasa du chemin
dans le champ et jeta un vêtement sur lui, parce qu'il
voyait s'arrêter tous ceux qui arrivaient près de lui.
13 Lorsque Amasa eut été écarté du chemin, tous les
hommes passèrent outre, suivant Joab à la poursuite
de Shéba fils de Bikri.

Fin de la révolte.

14 Celui-ci parcourut toutes les tribus d'Israël jusqu'à
Abel-Bet-Maaka et tous les Bikrites... Ils se rassemblèrent et entrèrent aussi derrière lui. 15 On vint l'assiéger
dans Abel-Bet-Maaka et on entassa contre la ville un
remblai qui s'adossait à l'avant-mur, et toute l'armée
qui accompagnait Joab creusait des sapes pour faire
tomber le rempart. 16 Une femme avisée cria de la ville :
« Écoutez ! Écoutez ! Dites à Joab : Approche ici, que je
te parle. » 17 Il s'approcha et la femme demanda : « Est-
ce toi Joab ? » Il répondit : « Oui. » Elle lui dit : « Écoute la parole de ta servante. » Il répondit : « J'écoute. »
18 Elle parla ainsi : « Jadis, on avait coutume de dire : Que
l'on demande à Abel et à Dan s'il en est fini 19 de ce
qu'ont établi les fidèles d'Israël. Et toi tu cherches à
ruiner une ville et une métropole en Israël. Pourquoi
veux-tu anéantir l'héritage de Yahvé ? » 20 Joab répondit : « Loin, loin de moi ! Je ne veux ni anéantir ni ruiner. 21 Il ne s'agit pas de cela, mais un homme de la
montagne d'Éphraïm, du nom de Shéba fils de Bikri,
s'est insurgé contre le roi, contre David. Livrez-le tout
seul et je lèverai le siège de la ville. » La femme dit à Joab :
« Eh bien, on va te jeter sa tête par-dessus la muraille. »
22 La femme alla parler à tout le peuple comme le lui dic-
tait sa sagesse : on trancha la tête de Shéba fils de Bikri
et on la jeta à Joab. Celui-ci fit sonner du cor et on
s'éloigna de la ville, chacun vers ses tentes. Quant à Joab,
il revint à Jérusalem auprès du roi.

Les grands officiers de David.

23 Joab commandait à toute l'armée ; Benayahu fils
de Yehoyada commandait les Kerétiens et les Pelétiens ;
24 Adoram était chef de la corvée ; Yehoshaphat fils
d'Ahilud était héraut ; 25 Shiya était secrétaire ; Sadoq
et Ébyatar étaient prêtres. 26 De plus, Ira le Yaïrite était
prêtre de David.

• SUPPLÉMENTS • 5

Le géant d'Afrique

Un conte africain présente la description d'un géant cruel qui hante les Pygmées du merveilleux pays de Khum. Il partage avec les descendants de Rapha la difformité et la démesure.

Un jour, il arriva que Dzom le géant vint sur leur terre. C'était un énorme géant, plus grand que quatre personnes debout les unes sur les autres, et il pouvait manger un homme entier en un seul repas. Il en mangeait beaucoup car il avait trois têtes. Deux de ses têtes n'avaient qu'un œil au milieu du front. Et Dzom avait aussi six mains. Deux d'entre elles tenaient d'immenses gourdins qui étaient en fait des troncs d'arbres qu'il avait durcis dans le feu pour les rendre plus forts.

Dzom le géant de Maria KOSOVA in Contes Africains, © Gründ

→ 21,16

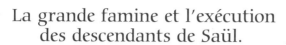

La grande famine et l'exécution des descendants de Saül.

21. 1 Au temps de David, il y eut une famine pendant trois ans de suite. David s'enquit auprès de
Yahvé, et Yahvé dit : « Il y a du sang sur Saül
et sur sa famille, parce qu'il a mis à mort
les Gabaonites. » 2 Le roi convoqua les
Gabaonites et leur dit. – Ces Gabaonites
n'étaient pas des Israélites, ils étaient un reste des
Amorites, envers qui les Israélites s'étaient engagés
par serment. Mais Saül avait cherché à les abattre dans
son zèle pour les Israélites et pour Juda. – 3 Donc David
dit aux Gabaonites : « Que faut-il vous faire et comment réparer, pour que vous bénissiez l'héritage de
Yahvé ? » 4 Les Gabaonites lui répondirent : « Il ne s'agit
pas pour nous d'une affaire d'argent ou d'or avec Saül
et sa famille, et il ne s'agit pas pour nous d'un homme
à tuer en Israël. » David dit : « Ce que vous direz, je le
ferai pour vous. » 5 Ils dirent alors au roi : « L'homme
qui nous a exterminés et qui avait projeté de nous
anéantir, pour que nous ne subsistions plus dans tout
le territoire d'Israël, 6 qu'on nous livre sept de ses fils
et nous les démembrerons devant Yahvé à Gabaôn,
sur la montagne de Yahvé. » Et le roi dit : « Je les livrerai. » 7 Le roi épargna Meribbaal fils de Jonathan fils de
Saül, à cause du serment par Yahvé qui les liait, David
et Jonathan fils de Saül. 8 Le roi prit les deux fils que
Riçpa, fille d'Ayya, avait donnés à Saül, Armoni et
Meribbaal, et les cinq fils que Mérab fille de Saül avait
donnés à Adriel fils de Barzillaï, de Mehola. 9 Il les livra
aux mains des Gabaonites et ceux-ci les démembrèrent
sur la montagne, devant Yahvé. Les sept succombèrent
ensemble ; ils furent mis à mort aux premiers jours de
la moisson, au début de la moisson des orges. 10 Riçpa,
fille d'Ayya, prit le sac et l'étendit pour elle sur le
rocher, depuis le début de la moisson des orges jusqu'à
ce que l'eau tombât du ciel sur eux, et elle ne laissa pas
s'abattre sur eux les oiseaux du ciel pendant le jour ni
les bêtes sauvages pendant la nuit. 11 On informa David
de ce qu'avait fait Riçpa, fille d'Ayya, la concubine de
Saül. 12 Alors David alla réclamer les ossements de Saül
et ceux de son fils Jonathan aux notables de Yabesh
de Galaad. Ceux-ci les avaient enlevés de l'esplanade
de Bet-Shân, où les Philistins les avaient suspendus,
quand les Philistins avaient vaincu Saül à Gelboé.

Statuette africaine, © Collection privée, Marseille (France)

France, Martinique

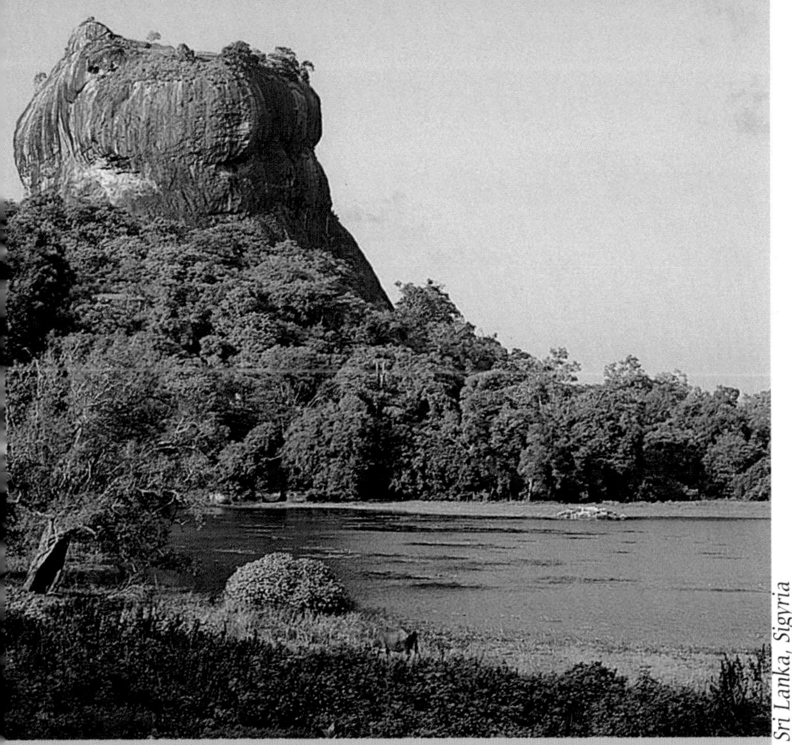

Sri Lanka, Sigyria

"Yahvé est mon roc" (2 S 22,2)

La colline au fenouil

Ras Shamra (en arabe, " la colline au fenouil ") est un site archéologique sur la côte méditerranéenne de la Syrie septentrionale. Les archéologues situent à cet endroit l'antique ville portuaire et commerciale d'Ugarit.
Des fouilles commencées en 1929 ont révélé que les premières habitations remontent au septième millénaire avant JC. La période faste de la ville se situe autour de 1400-1300 avant JC, à l'époque de l'émigration israélite en terre de Canaan. Environ un siècle plus tard, la ville passe aux mains des Philistins.
On a trouvé sur le site de Ras Shamra de nombreux éléments très intéressants. Les archives découvertes dans les différents temples et palais royaux renferment une grande collection de tablettes d'argile dont certaines donnent de précieuses informations sur la culture urbaine et les conceptions religieuses cananéennes. Ainsi on y trouve une longue épopée de Daniel ou Danel appelé " l'homme Rapha ". Il s'agit probablement d'une identification avec l'ancêtre de la race des géants du folklore cananéen.
Les habitants d'Ugarit pratiquaient le culte de la fécondité, ce qui était habituel dans les sociétés agricoles de l'époque. Il semble qu'ils avaient l'habitude de sacrifier à leurs dieux le même type d'offrande que le peuple de la Bible à Yahvé. Il existe donc une similitude dans les pratiques cultuelles de cette région. La différence entre le peuple d'Ugarit et celui de la Bible réside dans le fait que les uns vénèrent plusieurs dieux et les autres un Dieu unique.

→ 21,15-22

Qui sont les descendants de Rapha ?

Rapha serait l'ancêtre des Réphaïm, cités dans la Bible (Gn 15,20 et Jos 17,15), un des peuples qui habitait le pays de Canaan lorsque les Israélites vinrent s'y installer. Ils étaient connus pour leur très grande taille (Dt 2,20-21) et leur difformité (1 Ch 20,6).
Ce peuple a-t-il réellement existé ? La description que l'on fait d'eux permet d'en douter. Bien sûr, il n'est pas totalement invraisemblable de rencontrer un homme de très grande taille, possédant une force exceptionnelle. Mais qui pourrait prétendre avoir déjà croisé un homme avec vingt-quatre doigts ? Les Rephaïm semblent donc plutôt appartenir au monde imaginaire des peuples du Proche-Orient ancien. Leur nom figure dans les textes de Ras Shamra qui les présentent comme des héros à demi-mythiques.

→ 21,15-22

[13]David emporta de là les ossements de Saül et ceux de son fils Jonathan et les réunit aux ossements des suppliciés. [14]On ensevelit les ossements de Saül, ceux de son
fils Jonathan et ceux des suppliciés au pays de Benjamin, à Çéla, dans le tombeau de Qish, père de Saül. On fit tout ce que le roi avait ordonné et, après cela, Dieu eut pitié du pays.

Exploits contre les Philistins.

[15]Il y eut encore une guerre des Philistins contre Israël.
David descendit avec sa garde. Ils combattirent les
Philistins, et David était fatigué. [16]Il y avait un cham-
pion d'entre les descendants de Rapha. Le poids de sa lance était de trois cents sicles de bronze, il était ceint
d'une épée neuve et il se vantait de tuer David. [17]Mais
Abishaï fils de Çeruya vint au secours de celui-ci, frappa le Philistin et le mit à mort. C'est alors que les hommes de David le conjurèrent et dirent : « Tu n'iras plus avec nous au combat, pour que tu n'éteignes pas la lampe d'Israël ! »
[18]Après cela, la guerre reprit à Gob avec les Philistins. C'est alors que Sibbekaï de Husha tua Saph, un descendant de Rapha.
[19]La guerre reprit encore à Gob avec les Philistins, et Elhanân, fils de Yaïr, de Bethléem, tua Goliath de Gat ; le bois de sa lance était comme un liais de tisserand.
[20]Il y eut encore un combat à Gat et il se trouva là un homme de grande taille, qui avait six doigts à chaque main et à chaque pied, vingt-quatre doigts au total.
Il était, lui aussi, un descendant de Rapha. [21]Comme
il défiait Israël, Yehonatân, fils de Shiméa, frère de David, l'abattit.
[22]Ces quatre-là étaient descendants de Rapha à Gat et ils succombèrent sous la main de David et de ses gardes.

Psaume de David.

22. [1]David adressa à Yahvé les paroles de ce cantique,
quand Yahvé l'eut délivré de tous ses ennemis et de la
main de Saül. [2]Il dit :

Yahvé est mon roc et ma forteresse,
et mon libérateur, [3]c'est mon Dieu.
Je m'abrite en lui, mon rocher,
mon bouclier et ma corne de salut,
ma citadelle et mon refuge.
Mon sauveur, tu m'as sauvé de la violence.
[4]Il est digne de louanges, j'invoque Yahvé
et je suis sauvé de mes ennemis.

[5]Les flots de la Mort m'enveloppaient,

"Justice marchera devant lui et Paix sur la trace de ses pas" (Ps 85,14)

Grèce, Santorin

les torrents de Bélial m'épouvantaient ;
6les filets du Shéol me cernaient,
les pièges de la Mort m'attendaient.

7Dans mon angoisse j'invoquai Yahvé
et vers mon Dieu je lançai mon cri ;
il entendit de son temple ma voix
et mon cri parvint à ses oreilles.

8Et la terre s'ébranla et chancela,
les assises des cieux frémirent
(sous sa colère elles furent ébranlées) ;

9une fumée monta à ses narines,
et de sa bouche un feu dévorait
(des braises s'y enflammèrent).

10Il inclina les cieux et descendit,
une sombre nuée sous ses pieds ;
11il chevaucha un chérubin et vola,
il plana sur les ailes du vent.

12Il fit des ténèbres son entourage,
sa tente, ténèbre d'eau, nuée sur nuée ;
13un éclat devant lui enflammait
grêle et braises de feu.

14Yahvé tonna des cieux,
le Très-Haut donna de la voix ;
15il décocha des flèches et les dispersa,
il fit briller l'éclair et les chassa.

16Et le lit des mers apparut,
les assises du monde se découvrirent,
au grondement de la menace de Yahvé,
au vent du souffle de ses narines.

17Il envoie d'en haut et me prend,
il me retire des grandes eaux,
18il me délivre d'un puissant ennemi,
d'adversaires plus forts que moi.

19Ils m'attendaient au jour de mon malheur,
mais Yahvé fut pour moi un appui ;
20il m'a dégagé, mis au large,
il m'a sauvé, car il m'aime.

21Yahvé me rend selon ma justice,
selon la pureté de mes mains il me rétribue,
22car j'ai gardé les voies de Yahvé
sans faillir loin de mon Dieu.

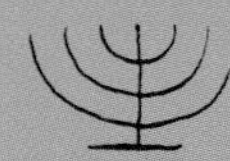

Ton serviteur David

L'office du matin du rituel juif se souvient des cantiques de David :

Loué soit Celui qui par sa parole a créé le monde. Loué soit-il, Lui qui a tout produit. Loué soit Celui qui tient ce qu'il promet et qui exécute ce qu'il a décidé. Loué soit Celui qui étend sa miséricorde sur la terre, sa compassion sur ses créatures, et qui récompense dignement ceux qui le craignent. Loué soit Celui qui vit et subsiste à jamais. Loué soit Celui qui rachète et qui sauve ; honneur à son nom ! Sois loué, Éternel, notre Dieu, Roi de l'univers, père céleste et miséricordieux, objet des louanges de ton peuple, célébré et glorifié par la bouche de tes fidèles et de tes serviteurs. *Oui, nous te louons, Éternel, notre Dieu, par les cantiques de ton serviteur David ;* nous te glorifions, te célébrons et t'exaltons par des chants et des hymnes. Nous prononçons ton nom en te proclamant notre Roi, notre Dieu unique et éternellement vivant, le Roi dont le nom auguste sera célébré à jamais. Sois loué, Éternel, Roi digne de toute louange.

Rituel des prières, traduction E. DURLACHER, © Éditions Sinaï

→ 22,1

Un instrument de ta paix

Dans le psaume de David, c'est surtout Dieu qui agit. Dans la prière de saint François d'Assise, l'homme doit s'engager personnellement.

Seigneur, fais de moi un instrument de ta paix.
Là où est la haine, que je mette l'amour.
Là où est l'offense, que je mette le pardon.
Là où est la discorde, que je mette l'union.
Là où est l'erreur, que je mette la vérité.
Là où est le doute, que je mette la foi.
Là où est le désespoir, que je mette l'espérance.
Là où sont les ténèbres, que je mette ta lumière.
Là où est la tristesse, que je mette la joie.
Seigneur, que je ne cherche pas tant
à être consolé qu'à consoler,
à être compris qu'à comprendre,
à être aimé qu'à aimer.
Car c'est en se donnant qu'on reçoit,
c'est en s'oubliant qu'on se trouve,
c'est en pardonnant qu'on est pardonné,
c'est en mourant qu'on ressuscite à l'éternelle Vie.

Saint FRANÇOIS D'ASSISE (1082-1126)

→ 22,1-55

États-Unis, Indien Navajo

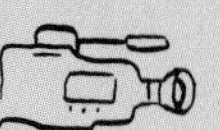 **Enfants de guerre**

Chez eux
la violence creuse sa tanière.
Ils mettent les forces de leur intelligence
à perfectionner leurs armements.
Ils entretiennent le commerce
des machines à tuer.
Ils se font de l'argent
avec des semences de mort.
D'où leur vient ce goût irrépressible
pour la fureur et le meurtre ?
Ne sont-ils pas tes enfants
marqués de ton amour ?

Chez eux
la brutalité s'engraisse.
Les bombes ouvrent leurs charniers.
Les purifications ethniques
se programment
au vu et au su des nations.
Les machettes fracturent les corps.
La terre est violée
par profit économique.
Pourquoi ne se dressent-il pas
tous ensemble
pour s'opposer à l'œuvre de mort ?

Qui donc leur souffle
la guerre au coeur ?

Tes enfants, Seigneur,
sont-ils devenus définitivement
des enfants de guerre ?

→ 21,11-22

Turquie, Istanbul, Musée de la Mosaïque

23 Ses jugements sont tous devant moi,
ses décrets, je ne les ai pas écartés ;
24 mais je suis irréprochable avec lui,
je me garde contre le péché.

25 Et Yahvé me rétribue selon ma justice,
ma pureté qu'il voit de ses yeux.
26 Tu es fidèle avec le fidèle,
sans reproche avec l'irréprochable,

27 pur avec qui est pur
mais rusant avec le fourbe,
28 toi qui sauves le peuple des humbles
et rabaisses les yeux hautains.

29 C'est toi, Yahvé, ma lampe,
mon Dieu éclaire ma ténèbre ;
30 avec toi je force l'enceinte,
avec mon Dieu je saute la muraille.

31 Dieu, sa voie est sans reproche,
et la parole de Yahvé sans alliage.
Il est, lui, le bouclier
de quiconque s'abrite en lui.

32 Qui donc est Dieu, hors Yahvé,
qui est Rocher, sinon notre Dieu ?
33 Ce Dieu qui me ceint de force
et rend ma voie irréprochable,

34 qui égale mes pieds à ceux des biches
et me tient debout sur les hauteurs,
35 qui instruit mes mains au combat,
mes bras à bander l'arc d'airain.

36 Tu me donnes ton bouclier de salut
et tu ne cesses de m'exaucer,
37 tu élargis mes pas sous moi
et mes chevilles n'ont point fléchi.

38 Je poursuis mes ennemis et les extermine
et je ne reviens pas qu'ils ne soient achevés ;
39 je les frappe, ils ne peuvent se relever,
ils tombent, ils sont sous mes pieds.

40 Tu m'as ceint de force pour le combat,
tu fais ployer sous moi mes agresseurs ;
41 mes ennemis, tu me fais voir leur dos,
et ceux qui me haïssent, je les extermine.

42 Ils crient, et pas de sauveur,
vers Yahvé, mais pas de réponse ;

43je les broie comme la poussière des places,
je les foule comme la boue des ruelles.

44Tu me délivres des querelles de mon peuple,
tu me mets à la tête des nations ;
le peuple que j'ignorais m'est asservi,

45les fils d'étrangers me font leur cour,
ils sont tout oreille et m'obéissent,
46les fils d'étrangers faiblissent,
ils quittent en tremblant leurs réduits.

47Vive Yahvé, et béni soit mon Rocher,
exalté, le Dieu de mon salut,
48le Dieu qui me donne les vengeances
et broie les peuples sous moi,

49qui me soustrait à mes ennemis.
Tu m'exaltes par-dessus mes agresseurs,
tu me libères de l'homme de violence.

50Aussi je te louerai, Yahvé, chez les païens,
et je veux jouer pour ton nom.
51Il multiplie pour son roi les délivrances
et montre de l'amour pour son oint,
pour David et sa descendance à jamais.

Dernières paroles de David.

23. 1Voici les dernières paroles de David :

Oracle de David, fils de Jessé,
oracle de l'homme haut placé,
de l'oint du Dieu de Jacob,
du chantre des cantiques d'Israël.

2L'esprit de Yahvé s'est exprimé par moi,
sa parole est sur ma langue.
3Le Dieu de Jacob a parlé,
le Rocher d'Israël m'a dit :

Qui gouverne les hommes avec justice
et qui gouverne dans la crainte de Dieu
4est comme la lumière du matin au lever du soleil,
(un matin sans nuages)
faisant étinceler après la pluie le gazon de la terre.

5Oui, ma maison est stable auprès de Dieu :
il a fait avec moi une alliance éternelle,
réglée en tout et bien assurée ;
ne fait-il pas germer tout mon salut et tout mon plaisir ?

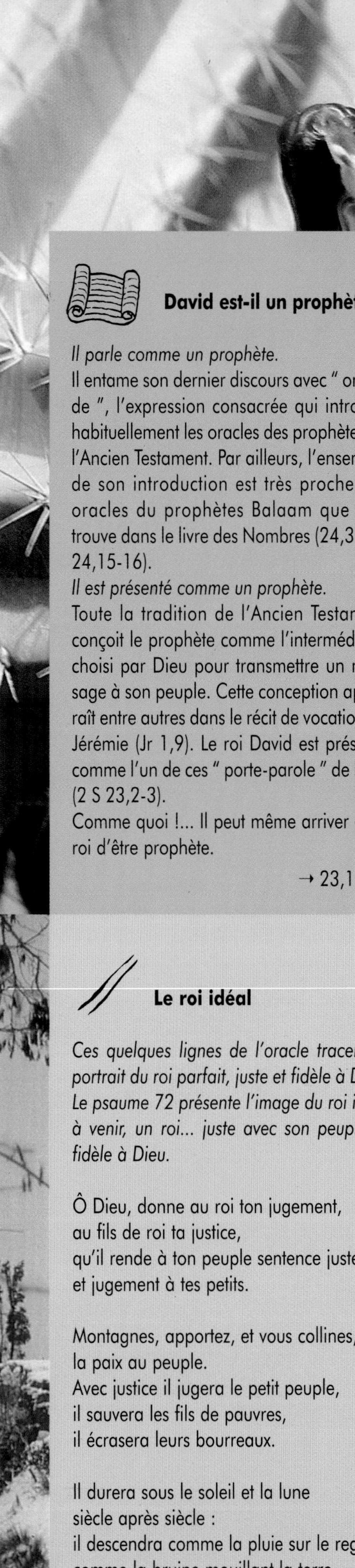

David est-il un prophète ?

Il parle comme un prophète.
Il entame son dernier discours avec " oracle de ", l'expression consacrée qui introduit habituellement les oracles des prophètes de l'Ancien Testament. Par ailleurs, l'ensemble de son introduction est très proche des oracles du prophètes Balaam que l'on trouve dans le livre des Nombres (24,3-4 et 24,15-16).
Il est présenté comme un prophète.
Toute la tradition de l'Ancien Testament conçoit le prophète comme l'intermédiaire choisi par Dieu pour transmettre un message à son peuple. Cette conception apparaît entre autres dans le récit de vocation de Jérémie (Jr 1,9). Le roi David est présenté comme l'un de ces " porte-parole " de Dieu (2 S 23,2-3).
Comme quoi !... Il peut même arriver à un roi d'être prophète.

→ 23,1-3

Le roi idéal

Ces quelques lignes de l'oracle tracent le portrait du roi parfait, juste et fidèle à Dieu. Le psaume 72 présente l'image du roi idéal à venir, un roi... juste avec son peuple et fidèle à Dieu.

Ô Dieu, donne au roi ton jugement,
au fils de roi ta justice,
qu'il rende à ton peuple sentence juste
et jugement à tes petits.

Montagnes, apportez, et vous collines,
la paix au peuple.
Avec justice il jugera le petit peuple,
il sauvera les fils de pauvres,
il écrasera leurs bourreaux.

Il durera sous le soleil et la lune
siècle après siècle :
il descendra comme la pluie sur le regain,
comme la bruine mouillant la terre.
Psaume 72,1-6

→ 23,3b-4

Mexique

France, Ungersheim, Écomusée

6 Mais les gens de Bélial sont tous comme l'épine qu'on rejette,
car on ne les prend pas avec la main :
7 personne ne les touche,
sinon avec un fer ou le bois d'une lance,
et ils sont brûlés au feu.

Les preux de David.

8 Voici les noms des preux de David : Ishbaal le
Hakmonite, chef des Trois, c'est lui qui brandit sa
lance sur huit cents victimes en une seule fois. 9 Après
lui, Éléazar fils de Dodo, l'Ahohite, l'un des trois
preux. Il était avec David à Pas-Dammim quand les
Philistins s'y rassemblèrent pour le combat et que les
hommes d'Israël se retirèrent devant eux. 10 Mais lui
tint bon et frappa les Philistins, jusqu'à ce que sa
main engourdie se crispât sur l'épée. Yahvé opéra
une grande victoire, ce jour-là, et l'armée revint derrière lui, mais seulement pour détrousser. 11 Après lui
Shamma fils d'Éla, le Hararite. Les Philistins étaient rassemblés à Léhi. Il y avait là un champ tout en lentilles ;
l'armée prit la fuite devant les Philistins, 12 mais lui se
posta au milieu du champ, le préserva et battit les
Philistins. Yahvé opéra une grande victoire.
13 Trois d'entre les Trente descendirent et vinrent, au
début de la moisson, vers David à la grotte d'Adullam,
tandis qu'une compagnie de Philistins campait dans le
val des Rephaïm. 14 David était alors dans le refuge et
un poste de Philistins se trouvait à Bethléem. 15 David
exprima ce désir : « Qui me fera boire l'eau du puits qui
est à la porte de Bethléem ! » 16 Les trois preux, s'ouvrant
un passage au travers du camp philistin, tirèrent de
l'eau au puits qui est à la porte de Bethléem ; ils l'em-
portèrent et l'offrirent à David, mais il ne voulut pas
en boire et il la répandit en libation à Yahvé. 17 Il dit :
« Que Yahvé me garde de faire cela ! C'est le sang des
hommes qui sont allés risquer leur vie ! » Il ne voulut
pas boire. Voilà ce qu'ont fait ces trois preux.
18 Abishaï, frère de Joab et fils de Çeruya, était chef
des Trente. C'est lui qui brandit sa lance sur trois
cents victimes et se fit un nom parmi les Trente. 19 Il
fut plus illustre que les Trente et devint leur capitaine,
mais il ne fut pas compté parmi les Trois.
20 Benayahu fils de Yehoyada, un brave, prodigue en
exploits, originaire de Qabçéel, c'est lui qui abattit les
deux héros de Moab, et c'est lui qui descendit et abattit le lion dans la citerne, un jour de neige. 21 C'est lui
aussi qui abattit un Égyptien de grande taille.
L'Égyptien avait en main une lance, mais il descendit
contre lui avec un bâton, arracha la lance de la main

de l'Égyptien et tua celui-ci avec sa propre lance.
22 Voilà ce qu'accomplit Benayahu fils de Yehoyada,
et il se fit un nom parmi les Trente preux. 23 Il fut plus
illustre que les Trente, mais il ne fut pas compté parmi
les Trois ; David le mit à la tête de sa garde personnelle.
24 Asahel, frère de Joab, faisait partie des Trente.
Elhanân fils de Dodo, de Bethléem.
25 Shamma, de Harod.
Éliqa, de Harod.
26 Héleç, de Bet-Pélèt.
Ira fils d'Iqqèsh, de Teqoa.
27 Abiézer, d'Anatot.
Sibbekaï, de Husha.
28 Çalmon, d'Ahoh.
Mahraï, de Netopha.
29 Héled fils de Baana, de Netopha.
Ittaï fils de Ribaï, de Gibéa de Benjamin.
30 Benayahu, de Piréatôn.
Hiddaï, des Torrents de Gaash.
31 Abibaal, de Bet-ha-Araba.
Azmavèt, de Bahurim.
32 Élyahba, de Shaalbôn.
Yashèn, de Gimzo.
Yehonatân 33 fils de Shamma, de Harar.
Ahiam fils de Sharar, de Harar.
34 Éliphélèt fils d'Ahasbaï, de Bet-Maaka.
Éliam fils d'Ahitophel, de Gilo.
35 Hèçraï, de Karmel.
Paaraï, d'Arab.
36 Yigéal fils de Natân, de Çoba.
Bani, le Gadite.
37 Çéleq, l'Ammonite.
Nahraï, de Béérot, écuyer de Joab fils de Çeruya.
38 Ira, de Yattir.
Gareb, de Yattir.
39 Urie, le Hittite.
En tout trente-sept.

Le dénombrement du peuple.

24. 1 La colère de Yahvé s'enflamma encore contre
les Israélites et il excita David contre eux : « Va, dit-
il, fais le dénombrement d'Israël et de Juda. » 2 Le roi
dit à Joab et aux chefs de l'armée qui étaient avec lui :
« Parcourez donc toutes les tribus d'Israël, de Dan à
Bersabée, et faites le recensement du peuple afin que je
sache le chiffre de la population. » 3 Joab répondit
au roi : « Que Yahvé ton Dieu accroisse le peuple
de cent fois autant, pendant que Monseigneur
le roi peut le voir de ses yeux, mais pourquoi
Monseigneur le roi aurait-il ce désir ? »

L'armée de David

Selon l'auteur du second livre de Samuel, l'armée de David compte trois niveaux de distinction :

- Les " Trois " sont les trois guerriers les plus valeureux, qui se sont distingués par les exploits les plus glorieux et la plus grande témérité.
- Les " plus illustres que les Trente " sont des guerriers particulièrement méritants, qui se distinguèrent à l'occasion d'un combat. Le roi leur assigne une fonction de commandement.
- Les " Trente " sont une sorte de corps d'élite qui se compose probablement des meilleurs et des plus fidèles compagnons de David.

→ 23,8-39

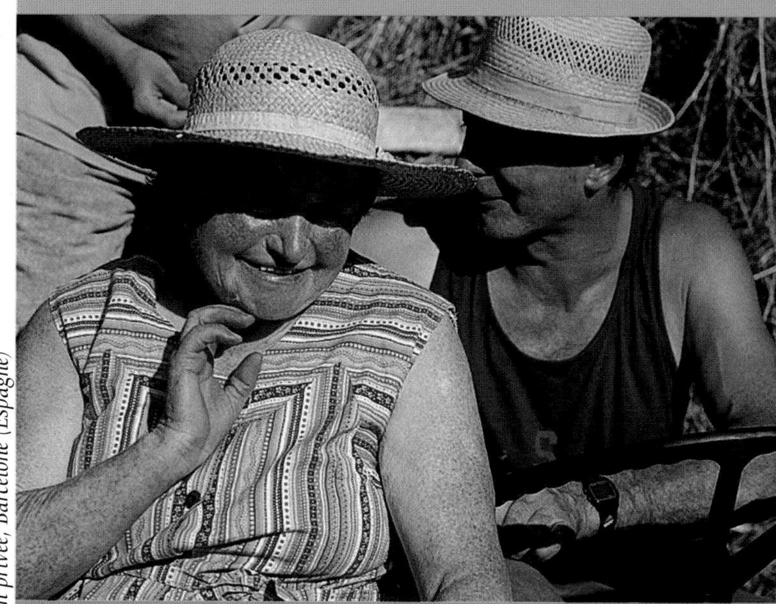

France, Serraval

« L'homme », © Collection privée, Barcelone (Espagne)

Un passager fantôme

Le corps des " Trente " semble être en fait composé de trente et un membres (v 24). En outre, l'auteur conclut son énumération des soldats de David en disant qu'ils sont " en tout trente-sept " (v 39).

Si l'on ajoute aux trente et un noms cités les autres preux mentionnés précédemment dans le texte, Ishbaal, le chef des " Trois ", ainsi qu'Éléazar et Shamma (2 S 23,8.9.11), puis Abishaï et Benayahu (2 S 23,18.20), on arrive à un total de trente-six.

Alors qui est le trente-septième ?

Certains pensent qu'il s'agirait de Joab, le chef de guerre incontesté de David, bizarrement non mentionné ici, si ce n'est à travers son écuyer.

D'autres proposent, pour arriver à trente-sept, un calcul différent : ajouter aux " Trente " (qui ne seraient que trente) les " Trois " et les quatre héros mentionnés deux chapitres auparavant (2 S 21,15-22).

Aucune tentative d'explication ne s'impose comme une évidence et l'énigme reste posée : qui est le passager fantôme ?

→ 23,24-39

• Bible2000 •

"Fais le dénombrement d'Israël et de Juda" (2 S 24,1)

Espagne, Valencia

Le trajet parcouru par les artisans du recensement

Joab et les chefs des armées commencent leur travail de recensement à Aroër, à la frontière sud de Juda. Ils rejoignent le nord via Yazer et le pays de Galaad, passent par toutes les villes de Canaan pour achever leur travail à Bersabée. Les villes visitées par les recenseurs sont mentionnées sur la carte ci-dessous.

→ 24,1-9

4Cependant l'ordre du roi s'imposa à Joab et aux chefs
de l'armée, et Joab et les chefs de l'armée quittèrent
la présence du roi pour recenser le peuple d'Israël.
5Ils passèrent le Jourdain et commencèrent par Aroër
et la ville qui est au milieu de la vallée, allèrent chez
les Gadites et vers Yazèr. 6Puis ils allèrent en Galaad et
au pays des Hittites, à Qadesh, ils se rendirent à Dan
et de Dan ils obliquèrent vers Sidon. 7Puis ils attei-
gnirent la forteresse de Tyr et toutes les villes des
Hivvites et des Cananéens et aboutirent au Négeb de
Juda, à Bersabée. 8Ayant parcouru tout le pays, ils rentrèrent à Jérusalem au bout de neuf mois et vingt
jours. 9Joab donna au roi le chiffre obtenu pour le
recensement du peuple : Israël comptait huit cent
mille hommes d'armes tirant l'épée, et Juda cinq cent
mille hommes.

La peste et le pardon divin.

10Après cela le cœur de David lui battit d'avoir recen-
sé le peuple et David dit à Yahvé : « C'est un grand
péché que j'ai commis ! Maintenant, Yahvé, veuille
pardonner cette faute à ton serviteur, car j'ai commis
une grande folie. » 11Quand David se leva le lendemain
matin – cette parole de Yahvé avait été adressée au prophète Gad, le voyant de David : 12« Va dire à David :
Ainsi parle Yahvé. Je te propose trois choses, choisis-
en une et je l'exécuterai pour toi. » – 13Donc Gad se
rendit chez David et lui notifia ceci : « Faut-il que
t'adviennent trois années de famine dans ton pays,
ou que tu fuies pendant trois mois devant ton ennemi qui te poursuivra, ou qu'il y ait pendant trois
jours la peste dans ton pays ? Maintenant réfléchis et
vois ce que je dois répondre à celui qui m'envoie ! »
14David dit à Gad : « Je suis dans une grande anxiété...
Ah ! tombons entre les mains de Yahvé, car sa miséricorde est grande, mais que je ne tombe pas entre les
mains des hommes ! » 15David choisit donc la peste.
C'était le temps de la moisson des blés. Yahvé envoya
la peste en Israël depuis le matin jusqu'au temps fixé,
le fléau frappa le peuple et soixante-dix mille hommes
du peuple moururent depuis Dan jusqu'à Bersabée.
16L'ange étendit sa main vers Jérusalem pour l'exter-
miner, mais Yahvé se repentit de ce mal et il dit à l'ange qui exterminait le peuple : « Assez ! retire à présent
ta main. » L'ange de Yahvé se trouvait près de l'aire
d'Arauna le Jébuséen. 17Quand David vit l'ange qui
frappait le peuple, il dit à Yahvé : « C'est moi qui ai
péché, c'est moi qui ai commis le mal, mais ceux-là,
c'est le troupeau, qu'ont-ils fait ? Que ta main s'appesan-
tisse donc sur moi et sur ma famille ! »

La belle offrande
Ni objet ni trésor
ni rien !
Je n'ai rien à te présenter
en offrande, Seigneur,
qui te prouverait à quel point
devant toi
je suis en adoration.
D'ailleurs que t'importent, Seigneur,
les objets précieux
dont on se sépare ?
Ils ne prouvent rien
sinon qu'ils sont inutiles !
Je te présente en offrande
ce que je suis
ou plutôt
ce que je tente d'être
afin d'être fidèle
à ton image et à ta ressemblance
déposées en moi.
Je te présente en offrande
ma prière, balbutiante,
mais qui t'ouvre
le secret de mon coeur
et mon amour, fragile,
mais qui rêve de tout livrer
et mon action, hésitante,
mais qui, à ton appel,
cherche à renouveler la terre.
Me voici,
sans orgueil mais avec joie,
je me présente
en humble offrande.
→ 24,24

Böcklin Arnold (1827-1901), La Peste, © *Photo AKG – Kunstmuseum, Bâle (Suisse)*

Construction d'un autel.

18Ce jour-là, Gad se rendit auprès de David
et lui dit : « Monte et élève un autel à Yahvé
sur l'aire d'Arauna le Jébuséen. » 19David
monta donc, suivant la parole de Gad,
comme Yahvé l'avait ordonné. 20Arauna
regarda et vit le roi et ses officiers qui
s'avançaient vers lui. – Arauna était en
train de battre le froment. – Il sortit et se
prosterna devant le roi, la face contre terre.
21Arauna dit : « Pourquoi Monseigneur le roi
est-il venu chez son servi-
teur ? » Et David répondit :
« Pour acquérir de toi cette aire,
afin de construire un autel à
Yahvé. Ainsi le fléau s'écartera
du peuple. » 22Arauna dit alors
au roi : « Que Monseigneur le
roi la prenne et qu'il offre ce
qui lui semble bon ! Voici les
bœufs pour l'holocauste, le
traîneau et le joug des bœufs
pour le bois. 23Le serviteur de
Monseigneur le roi donne tout
au roi ! » Et Arauna dit au roi :
« Que Yahvé ton Dieu agrée ton
offrande ! »
24Mais le roi dit à Arauna :
« Non pas ! Je veux te l'ache-
ter en payant, je ne veux pas
offrir à Yahvé mon Dieu des
holocaustes qui ne me coûtent
rien. » Et David acheta l'aire et
les bœufs pour de l'argent, cinquante sicles. 25David construisit là un autel à Yahvé et il
offrit des holocaustes et des
sacrifices de communion. Alors
Yahvé eut pitié du pays et le
fléau s'écarta d'Israël.

Sri Lanka, Jaffna

Rien n'est fini

Au début de l'histoire racontée au livre de Samuel, l'avenir était béant, indécis, riche d'inconnu et de possibilités, aussi chanceux qu'incertain, redoutable et merveilleux. Et ce fut la grande et admirable histoire que nous avons lue, que nous serons sans doute enclins à relire et à revivre, comme on retourne à des amis, comme on va revoir un film cher, comme on prend des vacances tonifiantes. Quand s'achève ou plutôt quand s'interrompt ce livre, rien n'est fini, tout même reste à faire. Nul n'en aurait été plus convaincu que David. Il en est toujours ainsi, à tout moment de l'histoire. S'il est un testament que nous laisse le grand ami et serviteur de Dieu, c'est que la vie est toujours innovation, marche vers le nécessaire dépassement, histoire en incessant accomplissement. Tout moment est commencement et création, aventure et liberté. Tout est possible, invitation au départ. Notre temps n'en a-t-il pas une conscience aiguë à en être troublé ? Peut-être le monde, avec ses rides, ne présente-t-il encore que le visage d'un nouveau-né. Et l'homme est ce grand adolescent qui se sent mûrir et qui, fronde ou cithare en main, fait face à son aventure, veut accomplir son histoire et trouver l'arche de Dieu.

La danse devant l'arche de Georges AUZOU, © Éditions de l'Orante

→ 24,25